应用型本科财务管理专业人才培养模式研究

郑宇梅　孙金刚　宋春梅　著

吉林科学技术出版社

图书在版编目（CIP）数据

应用型本科财务管理专业人才培养模式研究 / 郑宇梅，孙金刚，宋春梅著. -- 长春：吉林科学技术出版社，2019.8

ISBN 978-7-5578-5850-6

Ⅰ. ①应… Ⅱ. ①郑… ②孙… ③宋… Ⅲ. ①高等学校—财务管理—人才培养—培养模式—研究—中国 Ⅳ. ①F275

中国版本图书馆 CIP 数据核字 (2019) 第 167359 号

应用型本科财务管理专业人才培养模式研究

著　　者　郑宇梅　孙金刚　宋春梅

出 版 人　李 梁

责任编辑　朱 萌

封面设计　刘 华

制　 版　王 朋

开　　本　185mm×260mm

字　　数　400 千字

印　　张　18

版　　次　2019 年 8 月第 1 版

印　　次　2019 年 8 月第 1 次印刷

出　　版　吉林科学技术出版社

发　　行　吉林科学技术出版社

地　　址　长春市福祉大路 5788 号出版集团 A 座

邮　　编　130118

发行部电话 / 传真　0431—81629529　　81629530　　81629531
　　　　　　　　　　81629532　　81629533　　81629534

储运部电话　0431—86059116

编辑部电话　0431—81629517

网　　址　www.jlstp.net

印　　刷　北京宝莲鸿图科技有限公司

书　　号　ISBN 978-7-5578-5850-6

定　　价　75.00 元

前　言

中国高等教育进入大众化教育阶段后，由于社会生产力的不断发展，社会对于专业技能的需求也趋向专业化、多样化，社会的需求导致高等学校面临着重新确定办学定位以及高等学校如何进行分类、分层与分化的重要课题，在高等教育大众化发展趋势下，如何找准符合办学定位和办学指导思想的人才培养模式，对各高校来说既势在必行又意义深远。随着《国家中长期教育改革和发展规划纲要》的颁布，创新人才培养模式，促进人的全面发展，实施人才强国已成为我国教育的重大决策。其中应用型人才的培养就是教育的重要内容。

本书通过对比中外高等院校的人才培养模式，并结合我国应用型本科财务管理专业人才培养模式的现状，阐明中国应用型本科的人才培养模式的发展趋势，当前教育质量观和应用型本科人才培养模式的特征及构建；对应用性人才培养的基本原则、培养规格、培养目标，课程体系设置作了详细论述，并阐明应用型本科人才培养模式特征、内涵；通过理论教学、实践教学、德育体系构建，阐明应用性人才培养的基本途径和应用型大学人才德育培养体系。

全书共包含九个章节的内容。阐述了我国应用型大学概述、应用型本科人才培养模式、人才培养模式的理论沿革、人才培养模式改革创新的理论分析、财务管理应用型人才培养模式探索、应用型本科人才培养体系、应用型本科课程开发探究、学生学习模式改革与创新、推动人才培养模式改革的对策研究等内容。

本书注重应用型人才培养的实证研究，把对应用型人才培养的理论研究和实践研究有机地结合起来，进一步深刻探究应用型人才培养的本质和规律。同时将应用型大学和高职院校、研究型大学进行了对比，通过对比，揭示出应用性人才培养的本质和规律，探索应用性人才培养模式，丰富和完善了高校素质教育的科学内涵，探究出一条把高校应用性人才培养的教育理论与应用性人才培养的教育实践相结合的可行性道路。

本著作由河北水利电力学院的郑宇梅、沧州职业技术学院的孙金刚和石家庄财经职业学院的宋春梅共同编写完成。具体分工如下：郑宇梅负责编写第三章至第六章（共计177千字）；孙金刚负责编写第八章和第九章（共计151千字）；宋春梅负责编写第一、二章及第七章（共计102千字）。

本书在写作和修改过程中，皆参阅了国内外教科书和相关资料，在此表示由衷的感谢。对于书中的缺点和不尽如人意之处，恳望读者同人和专家学者批评指正。

目 录

第一章　我国应用型大学概述

第一节　我国应用型大学的产生

随着中国 20 世纪 70 年代以来改革开放的深入进行，中国高等教育面临着如何适应新的经济形势而进行全面而深刻的改革。20 世纪 90 年代，在我国高等院校普遍开展了教育思想大讨论。人们在深刻反思和总结我国高等教育发展过程中，一方面肯定了新中国成立以来我国高等教育事业取得了巨大的成就，培养了大量的社会主义建设人才，另一方面也反思了高等教育在长期计划经济体制下所产生的一些弊端，有些专家学者将这些弊端概括为"教育观念过时、教育内容陈旧、教育方法落后"，主要反映在教育脱离社会经济，高校封闭与社会办学。

针对我国高等教育的这些弊端，2001 年教育部《关于加强高等学校本科教学工作提高教学质量的若干意见》中强调"以社会需求为导向，走多样化成才培养之路。高等学校要根据国家和地区、行业经济建设与社会发展的需要和自身特点，结合学校实际和生源状况，大力推进因材施教，探索多样化人才培养的有效途径。"同年，教育部又在《关于做好普通高等学校本科学科专业结构调整工作的若干原则意见》中，再次强调"大力发展与地方经济建设紧密结合的应用型专业。随着我国高等教育规模的扩大以及产业结构调整步伐的加快，社会对高层次应用型人才的需求将更加迫切。高等学校尤其是地方高等学校，要紧密结合地方经济建设需要，科学运用市场调节机制，合理调整教育资源，加强应用型学科专业建设，积极设置主要面向地方支柱产业、高新技术产业、服务业的应用性学科专业，为地方经济建设输送各类应用型人才"。

2001 年 4 月，教育部在长春召开了"应用性本科人才培养模式研讨会"。本次会议探讨了应用性本科人才培养目标的定位、应用性本科人才的设计，以及应用型人才培养方案和途径等具体问题。

2002 年，党的十六大报告指出"要造就数以亿计的高素质劳动者、数以万计的专门人才和一大批拔尖创新人才。"该报告不仅提出了国家发展需要的人才培养的战略目标，而且明确了按不同层次类型对人才进行分类培养的战术思想。从而在一定意义上指明了不同的高校应该具有不同类别的人才培养功能。应用型教育、应用型人才、应用型大学和应用型专业的概念及其内涵，在我国社会和高等教育界逐渐清晰并得到明确。潘懋元教授指出，目前越来越多的高等院校将原来的综合性、研究型的大学定位转变为多学科性、应用性或职业性、技能型院校。他强调，每所高校在制定发展战略时，必须实事求是地研究地方经济、文化、高教、生源等客观环境和不同类型、层次、专业的社会需求，并结合文化积淀和社会声誉、师资力量与特长等自身的特点和优势，在各自层次和类型中争创一流。应用型大学则是其中的一个重要类型。所以，应用型大学在我国的出现既是社会经济需求的必然，也是改革发展的结果。

印度的高等教育改革与发展之路，对我国高等教育具有典型的借鉴意义。20 世纪 80 年代中期，印度高等教育进行了较大的规模扩张，并经受了一系列高等教育改革的阵痛，最为明显的是许多大学生毕业后难以就业。然而，经过十几年的发展，印度经济发生了巨大变化，尤其是软件产业的崛起，引起了人们对印度模式的重新反思。人们发现，正是印度高等教育的大发展，为其后来的经济腾飞储备了大量人才，尽管这些人才当时在国内并没有很好的发展空间，纷纷走到国外，但是，十几年之后，他们重返祖国，并且给印度带回了技术和经济的优势。

精英教育一直是高等教育的传统，也是其发展过程中一个相对稳定的价值选择。在某种意义上，精英化是传统高等教育中一个永恒的价值取向。但历史的发展总是辩证的，昔日高等教育得以存在的价值标准，也许以后会成为高等教育诉求新的合法性来源、进行新的价值观选择的一个障碍。因为，传统上高等教育的精英化在一定程度上是由于历史的局限性造成的，而不是在精英之外人们没有接受高等教育的需求。当高等教育主要是为国家培养政治领袖和经济精英服务时，高等教育的精英选择是当然正确的。但今天的社会，随着社会的发展，高等教育不再是精英教育的特权，大众出于职业考虑以及自身发展的需要接受高等教育，开始成为高等教育合法性的基础。换言之，高等教育的存在价值开始取决于大众的需要，只有满足了大众接受高等教育的需要，高等教育的存在才有其合理依据。

精英高等教育的重要特征是学校远离社会。但从世界高等教育大众化的趋势来看，我国的高等学校，尤其是地方高校应重视从"学"向"术"转变。即从"追求、发展和传播知识"向"敏感、积极地应对市场反应"转变。为了适应这种转变，我国政府从 20 世纪 80 年代就提出了推进素质教育的教育战略，让素质教育贯穿于课程体系和教育教学中。这里的素质教育有两层含义：第一，"素质教育"相对于"专业教育"，它强调了每个专业宽厚的知识基础，使专业在精深的同时能汲取更广阔的发展养分；第二，素质教育要解决现存工具化倾向使人客体化的问题，培养全面发展的人，从以人为本的科学发展观来讲，这正是我国推进高等教育大众化的真正目的所在。

第二节　我国应用型大学的发展途径

应用性高等教育已经成为我国大众化高等教育的必然产物和发展趋势。从高等教育发展的特征看，21世纪是中国高等教育优先发展的世纪，我国高等教育由精英化走向大众化，并在办学规格、办学层次、办学类型上出现了多样化特征，发展应用性高等教育培养应用型人才正是顺应了高等教育这一发展规律的正确抉择。国际高等教育的发展经历告诉我们，在大众化高等教育阶段，高等教育规模将持续扩大，但主要不是扩大学术性精英教育，而是应该大力发展应用性高等教育，大大增加培养应用型人才的数量，这是许多发达国家高等教育大众化历程总结出来的经验和规律。

借鉴国外及我国台湾地区应用型大学发展的途径，结合应用型大学的特征以及我国大陆的实际情况。我们认为我国应用型大学的发展主要有以下三种途径。

一、由教学型大学向应用型大学发展

教学型大学在我国为数众多，并且多属于以本科层次教育为主的地方院校。它们侧重于教学，科研规模和力量相对较小。随着近年来的扩招，教学型大学的录取分数线越来越低，生源主体多数为居于高考成绩中间段甚至是中间偏下的学生。对于这样的大学，从理论上分析可以有两种发展途径，一种是按照我国高校发展的传统途径，向着研究型大学发展；另一种是向着应用型大学发展，基于对两种发展途径的可行性分析，可以看出根据我国目前的实际情况，教学型大学向研究型大学发展是很难成功的：首先，研究型大学在高等教育大众化阶段实施的是一种"质"的教育，是着重优秀的教育。因此，其科研规模、教学经费以及生源质量都与优秀教育相匹配。从教学型大学目前的实力看，它想要发展成研究型大学是在短时间内无法实现的。其次，研究型大学培养的是未来的国家政界、商界、科技界以及教育界的领导人，这些人才是我国社会发展所必需的，但是需求量较小。我国目前的经济建设还需要数以万计的面向生产第一线的应用性人才、实用性人才。这些人才的培养仅靠专科层次的高等职业教育来完成是不能满足社会需要的。因而，作为本科层次教育的教学型大学必然要成为培养应用型人才的主力军，它如果继续向着研究型大学的方向前进就会与社会发展产生矛盾，不符合高等教育的发展规律。综上所述，我们认为教学型大学向着应用型大学的方向发展才符合科学的发展观，与我国高等教育改革和发展的主旋律保持一致，教学型大学已经具备成为应用型大学的办学基础和条件。但是受精英教育的影响，当前我国多数教学型大学仍采用学术性教育的办学理念和办学模式，这种办学理念和模式的存在就成为其发展为应用型大学的障碍，必须进行改造：

（1）转变办学理念。教学型大学应认识到不同类型大学应有不同的人才质量标准。应用型大学承担的是为国家培养面向生产一线的应用性人才，与研究型大学同等重要，而且也能在自己的层面上办出水平，达到一流。

（2）进一步明确办学定位。教学型大学要建成应用型大学，还须进一步明确自身的定位。它首先应能为地方生产、建设、管理、服务第一线培养下得去、留得住、用得上的大量高级应用型人才，为地方经济的发展提供智力保障；其次能为地方经济建设与社会发展解决难题，尤其是为生产、建设、服务与管理第一线推广高新实用技术，为提升地方企业的科技含量，提高产品的市场占有率服务；最后能为地方各类专业技术人才继续教育、终身教育提供培训基地与教育基地。

（3）转变办学模式。主要有三方面：第一，应改变传统的"先理论、后实践"的教育理念和"正三角型"课程模式，按照"学科—应用型"理念设计课程体系；第二，应要加强具有应用能力的教师队伍建设；第三，应紧密依托行业和当地政府与企业，建立产学研密切结合的运行机制，推进教育和应用性科研的结合。

二、由高职院校向应用型大学发展

高职院校升本发展成为应用型大学应注意以下几点：

（一）注重应用性学科体系的构建，发展应用性科学研究

高职院校的课程摆脱了学科系统化的三段式模式课程，其专业学科体系让位于专业的职业能力体系，在学科建设方面与本科层次的院校有很大差距。所以，高职院校要建成本科教育层次的应用型大学，就必须加强工程性学科、技术性学科和复合性学科等应用性学科的建设，制定鼓励应用性研究的政策措施。

（二）课程设计应注意本、专课程衔接

由于高职院校注重学生职业能力的培养，使学生在专门技术能力的掌握和熟练程度上要优于本科生，但其缺少的是学科基础和职业能力的进一步提升。因此，课程设计应注意学科基础知识的补充和职业能力的提升，尤其是加强对学生技术研发能力和分析解决问题的方法能力等应用能力的进一步培养。

（三）加强师资队伍建设，提高其从事应用型教育的执教能力

高职院校的师资整体条件和实力与应用型大学要求的师资条件还有一定距离，特别是学术水平和科研能力。因此，高职院校必须加强师资队伍建设，不断提升教师学历层次和应用性研究能力，促进教师提高从事应用型教育的执教能力。

（四）进一步突出产学合作教育

凡是已取得良好社会声誉的高职院校基本都是在产学合作教育方面取得了很多成绩，建立了良好的产学合作运行机制的学校。但是，应用型大学不仅要为本地区培养大批应用型人才，更要有通过应用性研究，将研究成果转化成生产力，从而促进区域经济的发展方面的服务。就目前而言，高职院校在产学合作教育方面，所欠缺的是科研成分较少。因此，高职院校除继续加强产学合作教育外，还应鼓励教师开展应用性研究，积极参与企业的科技创新活动，促进科研成果的转化。此外，一些民办高职院校在向应用型大学发展的过程中还应注意规范教学管理和基本教学要求。

三、独立设置的重点大学二级学院尝试以新机制向应用型学院发展

除上述两种应用型大学的发展途径外，还有一种途径就是独立设置的重点大学二级学院尝试以新机制向应用型大学发展。独立设置的重点大学二级学院在向应用型学院发展的过程中，除应与教学型大学一样在办学理念、办学定位以及办学模式方面进行改造外，还应注意：第一，二级学院要充分利用重点大学的声誉和学术优势与行业和企业建立良好的产学研合作关系，以促进应用型教育的发展；第二，重点大学应给予二级学院更多的自主权利和优惠政策，扶持其发展应用型教育。同时，通过发展应用型教育，改变目前大学教育的传统模式和培养目标，加强同企业和地方的联系，进而提高自身的竞争能力；第三，重点大学应为二级学院创设条件，建立学术型教育和应用型教育的相互融通和交流。学生可以在两条教育通道互换跑道。

上述是我国应用型大学发展的主要途径。为了保障我国应用型大学的顺利发展，国家和地方政府机构必须为这些学校提供必要的政策和经费支持：第一，地方政府要加大对应用型本科教育的投入，提高应用型本科教育投入在高等教育投入的比重，并在办学用地以及其他社会资源等方面给予优惠政策或政策性的倾斜；第二，政府应分类指导，针对不同类型的本科教育制定不同的评估标准和评价方案，鼓励学校按照自己的定位要求，健康发展，争创一流。同时国家应像实施"211工程"那样，实施建设优秀应用型大学工程。

第三节 应用型大学的内涵与基本特征

一、应用型大学的内涵

大学的属性和类型是由它的内涵决定的，学校的基本内涵包括办学定位、办学模式、人才培养目标等方面。

1. 学以致用、应用为本的办学定位

教育部在本科教育与教学评估的有关文件中明确规定，学校的办学定位一般包括办学目标定位、学校类型定位、教育层次定位、学科专业定位和服务面向定位5个方面。目前，我国的应用型大学多是改革开放以后新建的大学以及适应地方经济发展需求兴办的地方性大学。办学目标以培养为地方经济或区域经济服务的具有适应现场、基层、一线生产、服务、管理等方面专业能力的应用性人才；学科专业的设置以地方经济发展需求或行业对人才的需求为导向；这些大学多以本科层次教育为主体，兼顾高等职业教育和少量研究生层次的教育。总之，学以致用是应用型大学的办学宗旨和基本定位。

2. 以行业需求为导向的学科专业设置

应用型大学产生的历史背景和社会背景决定了这些大学必须适应我国经济改革所推动的产业结构变化，和地方经济迅猛发展对人才的需求。因此，应用型大学的学科专业设置必须符合地方和区域经济的发展需求，做到学科专业布局合理，面向地方或行业的急需培养人才，才能保证专业的生源和专业建设的活力。

3. 以突出实践性教学和培养应用能力为主旨的教学体系

应用型人才的培养，要由应用性教学实现。应用性教学的显著特征，是以能力为本位的教学体系，通过教学行为过程，使学生获得能够适应基层工作岗位所需要的知识、能力和素质。教学的本位和教学的目标决定了教学体系的设计应该是：保证学科知识的同时，必须强调专业能力的培养；既要保证课堂理论课程对现实经济技术发展所必需的信息要求，还要突出课堂实践课程对专业能力、工程技术、技术技能等实践性能力的培养。因此，在课程体系设置中，除了理论课程体系外，实践性教学环节、实践性教学体系在整个课程体系中占有特殊的重要性。

实践能力的培养应该贯穿整个教学体系，是教学体系中的主线。教学设计中，能力的培养是设计的重心；在理论课教学中，能否反映启发和培养学生分析问题和解决问题的能力，以及能否适时地在理论教学中引入新思想、新技术核心的管理方法，是评价理论课教学质量的重要指标；在毕业设计（论文）中，选题是否联系社会实际，是否具有应用价值，以及毕业设计作品（论文）能否反映学生运用专业知识解决实际问题的应用能力，是衡量毕业设计（论文）的重要判据。

4. 具有以应用能力和实践经验的教师为主的师资队伍

教学是由教师完成的。应用性的教学体系，需要由具有应用能力和实践经验的教师进行设计和实施。既具有教学技能又有实践经验可以称之为"双师型"教师，师资来源渠道的多元化是实现"双师型"教师队伍的有效途径。多元化的途径包括：从生产、服务、管理的一线岗位聘请具有教师素质的人员作为教师，还可以从社会的企事业单位聘请一批具有实践经验的人员作为兼职教师；另外从教师中选派一批到企事业单位一线岗位做实践性进修，使其提高实践应用能力。总之，能够承担并能实现应用性教学任务的师资队伍建设，是决定应用型大学办学定位和办学质量的关键。

5. 产学研合作教育成为常规的人才培养模式

从理论上人们都承认并接受产学研合作教育是培养现代人才的重要途径。无论是应用型大学还是其他类型的大学都在强调校企合作，推进产学研合作的模式。改革开放以来，高等教育的改革推进了各类高校的产学研合作教育，并取得了一定的成效。不同的高校，根据自身的特点和教育需求，与社会、行业、企事业单位进行着不同方面的教育合作，有的侧重于学生实习、实训、毕业设计和社会实践，有的侧重于科学研究、技术研发、教育培训。

二、应用型大学的基本特征

"应用型大学"是伴随着高等教育大众化而兴起和发展的"新型大学"。在国际上，特别是经济发达的国家和地区，应用型本科教育早已有之。从 20 世纪中叶起，随着西方各发达国家进入高等教育大众化阶段，以工程教育为代表的应用型本科教育在各国迅速崛起。美国有四年制工程教育，德国有应用科学大学，法国有大学校。其在专业设置上侧重应用技术、重视实践教学、以培养各类高级专门人才为主。

可见，应用型大学是一种随着经济社会发展需要应运而生的新型大学，它与传统的研究型大学相比，具有比较明显的区别。当前对"应用型大学"的定义虽不尽一致，但也表现出一些共同的特征。

（一）教育目标突出应用性

随着高等教育大众化阶段的到来，应用型大学将培养目标调整为具有较强的社会适应性，一专多能，既懂得专业基础知识理论和基本技能，又掌握各种现代化工具的高素质复合型人才。

（二）人才去向基层化

随着精英教育向大众化教育阶段的转变，应用型大学本科毕业生的就业层次逐渐下移和基层化，博士生和硕士生从事原先本科生从事的工作，应用型大学本科生则更多的来到生产、管理、建设的基层部门。因此，应用型大学培养的应用性人才具备有为生产第一线服务的特点。

（三）教育内容和课程体系实用化

随着大众化教育进程中生源质量差异化，教育目标多元化和人才界定基层化的转变，应用性教育的教学内容和课程设置也随之发生变化。这些变化体现在：

（1）缩减纯理论性的教学内容，增加实践性、操作性强的教学内容；

（2）课程设置多样化，给学生更多的选择余地和空间，学生在选择组合方面由被动转为积极主动，学习时间也更加灵活多样。

（四）教学方式的多样化

由于精英教育时期的本科教育是培养理论型、研究型的高层次人才，教学方式多采用传统的课堂讲授方式，而大众化应用性教育侧重培养具有较强适应性的基层实用型人才的理论应用能力和实际操作能力，因此除了传统的课堂讲授，还要采用案例教学，模拟实验教学，分组研讨教学、项目教学、社会调研以及社会实践等丰富多彩的教学方式，这样才有助于培养学生的实践能力，培养具有较强社会适应性的复合型人才。

第四节　我国应用型大学及发展战略

我国应用型大学萌芽于改革开放之初，兴起于 20 世纪 90 年代，在 21 世纪初得到了迅速发展。应用型大学作为一种新的高等教育类型，经过不断改革和实践，已经取得丰硕成果，而且在我国高等教育体系中具有不可替代的特殊战略地位和作用。

应用型本科院校构成了地方院校的主体。从办学历程上看，应用型大学大致可以分为以下几类：

第一类是随着高等教育规模的不断扩大，高等教育大众化的教育背景下，改革开放前成立的部分本科院校逐渐由研究型大学转型为应用型高校，如北京工商大学、上海对外贸易学院、郑州航空管理学院、西安工业大学等。

第二类是改革开放初期建立的本科院校。如 1985 年由北京地区 12 所大学分校组建而成的北京联合大学，是地方院校的一个代表。1985 年由上海交通大学机电分校和华东纺织工业学院分院组建的上海工程技术大学，还有 1986 年建立的宁波大学、1980 年成立的合肥联合大学。

第三类是由高等工程专科学校升格的本科院校。1949 年后，为满足经济社会发展对工程技术人员的大量需求，新建了一批高等工程专科学校。随着社会对更高层次工程人才的需求，这批高等工程专科学校纷纷在 20 世纪 90 年代或 21 世纪初升格为高等工程院校。如长春工程学院、黑龙江工程学院、徐州工程学院、杭州应用工程技术学院等。

第四类是由高职院校升格为本科院校。1998 年至 2007 年的 9 年间，我国新增设本科院校 211 所，如上海电机学院、上海应用技术学院、东莞科技学院等。

第五类是由高等师范专科学校升格的本科院校。除培养师范生还培养大量的非师范生。在教育类型上，以应用型本科教育为主。如西安文理学院、临沂师范学院、绍兴文理学院、重庆文理学院等。

一、校企结合、应用为本的发展战略

应用型大学应坚持应用为本的发展定位，应用型不等于层次低，学校层次的高低不是由学校类型决定的，培养理论型人才的大学不一定就是重点大学、研究型大学。应用型大学可以培养理论型人才，研究型大学也可以培养应用型人才。历史证明，以应用为主的教育可以成为世界一流的教育。创建于1861年的麻省理工学院当时只是一所技术学院，虽然后来增设了人文、社会科学等系科，但学院仍保持了纯技术性质的特色，"有用"始终是麻省理工学院的核心理念。斯坦福大学在1891年创建时就认为，大学不是搞纯学术的象牙塔，而是研究与发展工作的中心，"实用教育""创业教育"成为其办学的优良传统，在科学研究上也更多地偏重于应用或具有应用前景的课题。"校企合作"的发展战略对应用型大学而言，校企合作的根本意义在于将学校的单一人才模式转化为校企合作、双轨培养模式，即从培养方案的制订到教学内容的选择，从教学时数的分配到教学方法的确定，从考试到毕业设计的选题、范式和评价标准等全部教学过程，不再是学校独家的运作，而必须还有社会、企业以人才培养为目标和指向的直接参与者。大学与企业合作的一个重要表象就是高校利用科研成果开展创业活动，企业为高校的科技成果、项目转化提供环境和多方位的服务，使企业减少初始投资，降低风险，同时，企业的技术水平提高也促使高校进一步提高科研水平。

二、为地方经济建设服务的发展战略

应用型大学一般由当地政府投资与管理，必然要服务于地方经济建设的需要，服务地方是其存在的基本前提和价值体现。服务地方经济也有利于高等学校在管理体制、运行机制、专业设置、资源利用等方面进行深入改革。不仅要注意研究国家经济政策的变化，也要研究与地方高校技术优势相匹配的技术市场的变化。

三、培养复合型应用型人才的发展战略

当前，在我国高等教育迈向大众化阶段的时候，也出现了有关质量问题的种种质疑。究其原因，一方面固然是与近几年，特别是1999年和2000年两年，在缺乏准备的情况下的大扩招，导致许多学校办学条件过于紧张有关；但恐怕也与人们长期形成的"大一统"的质量观有关。对于前一个问题，可以通过以政府投入为主的筹措经费的办法予以解决；至于后一个原因，解决起来难度更大，但意义深远。

随着我高等教育大众化阶段的到来，我们必须重新审视今天的高等教育，树立新的高等教育质量观，其最显著的特点是质量和质量标准的多样化。从传统到现代教育质量观转变的主要标志是1998年联合国教科文组织在巴黎召开的首届高等教育大会。在此之

前，各国对高等教育质量观的认识仍然停留在传统的意义上，之后，各国则普遍认同了联合国教科文组织的新的界定：高等教育的质量是一个多层面的概念，在确定国际公认的可比较的质量的同时，对国家、地区和学校具体情况予以应有的重视。

传统的高等教育质量观是精英高等教育的质量观，一是强调以学术、分数为考核的基准，很少考虑以人为本的全面素质的培养与提高。二是强调质量标准的单一性。三是强调"精英式"的质量标准。我国高等院校的在校学生都是经过层层选拔的，从小到大所接受的都是精英式教育。所面临的都是不断地竞争、升学与考试。而现代意义上的高等教育质量观，是从全新的视角和多层面的意义上加以解释的，它最主要的特点是"质量"和"质量标准"的多样化。这个新界定包括以下几个方面：一是高等教育的质量是一个多层面的概念；二是高等教育的质量包括国际交往与合作；三是建立独立的国家评估机构和确定国际公认的可比较的质量标准。现代高等教育的明显变化之一是高等教育质量观是一个多层面的概念。高等学校对社会有三层责任：提供科研服务；服务社会；培养人才。不仅要体现学术和精英，还要体现大众和职业要求。变化之二是教育质量评估更加公正、科学和国际化。联合国教科文组织提出通过"建立独立的国家评估机构和确定国际公认的可比较的质量标准"以体现公正，同时这也是质量评估科学性的保证，因为"独立的国家评估机构"避免出现方案的制订者、实施者与评估者混为一体，进而影响评估的科学性和公正性。没有经过国际公认显然没有说服力，而且在很大程度上会被认为是缺乏科学性和公正性的表现。变化之三是高等教育质量评估标准不唯一。精英型高等院校有其自身的教学质量评估标准，而应用型大学显然要制定一套符和切身实际的教学质量评估标准，应客观地看到，保持各类大学自身的特色是社会所需要的。

第二章　应用型本科人才培养模式

第一节　人才培养模式概述

在汉语中，模式的"模"，有模型、模范和榜样等含义，模式的"式"指样式、形式，现代汉语词典对模式的解释为：某种事物的标准形式或使人可以照着做的标准。在西方，"模式"一词是从一般科学方法或科学哲学中引用而来，其英文词为 model，原意是模式、模型、典型、范型等。它表示用实物或符号形式将原物、活动、理论等仿制、再现出来。美国两位著名比较政治学者比尔和哈德格雷夫在研究一般模式时所下的定义有三个要点：一是模式是现实的再现，是对现实的抽象概括，来源于现实，不是凭空捏造或闭门设想的；二是模式是理论性的，它是一种理论的表达，代表着一种理论内容，不是简单的某种方法，如果把模式等同于方法，那就降低了它的理论层次与价值；三是模式是简化的形式，是对理论的精心简化，是一种最经济明了的表达。模式作为一种科学认识手段和思维方式，它是连接理论与实践的中介。教育工作者将模式研究引入教育科学的研究中来，主要是为了透过教育现象，撇开教育中非本质、次要的属性和因素，凸显其结构、关系、状态、过程，以便获得对教育更深刻、更本质的认识，用于指导教育实践。《国际教育百科全书》对模式的叙述是："对任何一个事物的探究都有一个过程。在鉴别出影响特定结果的变量，或提出与特定问题有关的定义、解释和预示的假设之后，当变量或假设之间的内在联系得到系统的阐述时，就需要把变量或假设之间的内在联系合并成为一个假定的模式"。

一、人才的内涵及分类

（一）人才的内涵

"人"为万物之灵，"才"为人中之英。不同的文献资料对"人才"的界定不同，标准和尺度也不一样。人才通常指智能水平或实际贡献比较杰出的人。新编《辞海》对人才的界定是：有才识学问的人，德才兼备的人；王鹏在《用人之道》中提出："人才，有脑力劳动者，也有体力劳动者，在有学历、文凭的人员中有，在无学历、无文凭的人员中也有。只要知识丰富，本领高强，对社会进步有贡献者，皆可成为人才。"可见，人才是一个相对的、发展的概念，不同的社会环境、不同的时代背景、不同的社会需求，也会提出不同的人才标准。而且，人才标准一旦确立，会对不同层次、类型的教育提出不同的要求。

人才的内涵相当丰富，随着时代的变化及历史进程阶段的不同其含义亦有所差异。进入新世纪，随着经济全球化和科学技术的迅猛发展，人才全球化趋势进一步增强；全球范围内的经济结构调整对人才素质提出了更高要求；综合国力的竞争更加倚重于科技进步和人才开发。可以说，20世纪世界的财富源于物质资源，而21世纪世界财富则源于人力资源。以综合国力为核心的国际竞争归根结底是人才竞争。谁能加快培养创新人才，谁就能抓住历史机遇，在未来的发展中赢得主动权，抢占国际竞争的制高点。概括来说，21世纪需要的人才是复合型人才，既掌握了丰富的知识，又具备独立思考和解决问题的能力，善于自学和自修，并可以将学到的知识灵活运用于生活和工作实践，懂得做事与做人的道理，勤奋好学而且融会贯通的人才；是能通晓相关专业、相关领域的知识，并善于将来自两个、三个甚至更多领域的技能结合起来，综合应用于具体的问题的跨领域的综合型人才；是能以创新推动实践，以创新引导实践，将创新与实践相结合的人才；是富有创意，善于独立思考和解决问题，具有认识自我、控制情绪、激励自己以及处理人际关系、参与团队合作等相关个人能力，能分辨是非、甄别真伪的人才；是热爱所从事的工作，乐观向上，具有开展全球化合作交流和沟通能力的人才。瞬息万变的21世纪，还是能力需求多元化的世纪，理论与技术走向一种互补的综合的发展趋势，传统的职业岗位也需要一定的专业理论，同时传统的学术领域也需要有大量的动手能力强的高技术人员。

（二）人才的分类

通才：具有广博的知识，且基础知识和专业知识的关系比较松散；此类人才基础理论扎实、知识面宽、适应性强，在工程科学技术的某一领域有多种发展的可能性人才。

专才：受过经济建设直接相关的专业教育和高度专业化的工程训练。基础知识和基本能力与专业知识之间具有较密切的关系，基础为专业服务，专业面一般比较狭窄，在课程体系上重理轻文。

复合型人才：跨学科、跨专业，学生具有本专业较扎实的基础理论知识、专业知识，以及人、文、经、管、等方面的知识，又具有本专业以外第二或第三个专业方面的基本知识与技能。如硬科学与软科学知识兼备、理工结合的复合型工程技术人才；既懂生产技术，又懂经济管理，既有国际贸易知识，又掌握外语工具的复合型技术经贸人才。

交叉型人才：随着科学技术突飞猛进的发展，新型的学科专业不断涌现。这些新兴的科技领域打破了传统的学科专业界限，产生并形成新的学科交叉融合，生成新的交叉学科专业。如生物学与电子学的结合生成生物电子学；艺术的再度复兴，并向工程学渗透，出现了建筑艺术、产品艺术新学科；以及新能源、新材料等学科的产生。鉴于以上新型交叉学科专业的出现，交叉型人才应运而生。

二、应用型人才的内涵

任何社会的发展都依赖于两种需要的推动，一种是认识世界的需要。即认识世界的本质属性及其客观规律；另一种是改造世界的需要。即利用客观规律以服务于社会实践。众所周知，人类认识世界的终极目的在于改造世界，也就是说，要把客观规律转化为具有社会使用价值的物质或非物质形态。在客观规律转变为社会直接利益的过程中，存在着两个转化；一个是把客观规律转变为科学原理，比如相对论、量子论、电磁波、热力学原理等；另一个是把科学原理应用于社会实践，从而转化为产品（物质的或非物质的），第一个转化是科学原理的发现过程，应属于科学"研究"的范畴，第二个转化显然属于科学"应用"的范畴。人类活动可归结为认识世界（认识世界的本质属性及其规律）和改造世界（利用客观规律服务社会实践）。

与此相对应，社会的人才需求也可分为两大类，一类是发现和研究客观规律的人才，称为学术型人才，他们主要致力于将自然科学和社会科学领域中客观规律转化为科学原理。比如物理学家、经济学家等；另一类是应用客观规律为社会谋取直接利益的人才，称为应用型人才。即将科学原理演变为或新发现的知识直接用于社会生产生活密切相关的社会实践领域。

根据在活动过程中所运用的知识和能力所包含的创新程度、所解决问题的复杂程度，可以将应用型人才分为不同的层次。第一层次的应用型人才，主要从事应用性研究活动，他们富有创造能力和对技术革新的新要求，在经济和社会发展过程中主要承担发明创造的重任。第二层的应用型人才，主要是从事设计、开发、管理、决策等活动，他们把发现、发明、创造变成可以实践或接近实践，主要承担转化应用的职责。第二层次的应用型人才，把决策、设计、方案等变成现实，转化为不同形态的产品，主要承担生产实践任务。每一种应用型人才都是社会生产链条上不可或缺的一环，对于社会经济发展各有其独特的作用。从概念本身而言，应用型人才是相对于理论型（学术型）人才而言的，他们只是类型的差异，而不是层次的差异。前者强调应用性知识，后者强调理论性知识；前者强调技术应用，后者强调科学研究；前者强调专精实用，后者强调宽口径厚基础。从推动社会生产的角度来说，两者都是国家不可或缺的人才；从提高生产的效益和工艺水平上讲，应用型人才的作用更为显著。目前，我国正处于高新技术发展与产业结构调整转型的重要时期，生产过程不仅需要大量的技术工人和普通技术管理人员，而且更需要大量的高级工程技术人才和高级生产管理经营型人才。有技术有技能的应用型人才已经成为我国社会经济发展中非常关键的因素，因为很多创造最终效益的活动往往是在生产实践中产生的，而不是全在实验室里产生的；很多产品的质量问题不是理论问题，而是技术问题。每一种类型的人才只是类型的差异，不存在高低贵贱之分。

三、应用型人才的能力结构

应用型人才究竟应当具备什么样的能力，已是教育界多年来探讨的热门话题，也是许多高校教育教学改革所探讨的一个重要内容。我们认为，在现实的社会生产实践中，各行各业及岗位、岗位群对应用型人才应具备的能力要求，无法统一，但作为一名合格的应用型人才，至少应当具备以下几个方面的基本能力。

（一）学习能力

学习能力是知识的获取与再现能力。知识获取能力指大脑对知识的吸收、加工、储存能力。在现代社会里，信息量之大难以统计，一个人能捕捉到多少有效信息和他的获取知识的能力有关。知识再现能力指一个人面对实际的学习情景或工作情景对知识的回忆与表现能力。它包括三个层面，第一层面是机械性的功能回忆，即面对新的学习情景或具体的工作情景，回忆起过去所学知识。第二个层面是简单的知识加工，即将已有的知识进行简单的加工，用于解决一般性学习问题或完成一般性工作任务。第三个层面是知识创新层面，即将所获取的知识进行深度加工、重组，形成新知识用于解决比较复杂的学习问题或实际问题，这是较高层次的再现形式。

对应用型人才而言，在知识上既要有一定的深度，又要有一定的广度。即不仅要具有扎实的专业基础知识和过硬的应用性知识，还要有一定的人文、科技、方法论、财务、管理、社交等方面的知识。因此，应用型人才必须具有很强的学习能力。

（二）实践能力

应用型人才学习知识的目的在于将知识直接应用于社会实践，因此，实践能力是应用型人才最本质的特征。应用型人才的实践能力包括组织工作能力、动手操作能力、谋划决策能力、调查研究能力。

（三）创新能力

应用型人才的创新能力是指具有凡事不墨守成规，不循规蹈矩，力求推出新构思、新设计，运用新方法、新方案解决问题的能力。应用型人才必须具有积极的创新意识。创新意识是开展创新活动的前提，只有在强烈的创新意识的引导下，才能产生强烈的创新动机，树立创新目标，充分发挥创造力，才能具有强烈的事业心和进取心，有理想、有抱负、追求真理，不甘平庸。要在探索未知的过程中能够积极地运用新颖独特的方式获得新答案与成果，追求思维方向的求异性、思维结构的灵活性、思维进程的飞跃性、思维表达的新颖性。要在实践中不断创造出新技术、新理论、新观念、新办法，这是应用型人才的创新能力的最突出的表现。

（四）协同能力

协同能力表现为人与人合作的能力。现实中的工作客体往往比较复杂，完成一项工作往往需要各方面人才的配合，这种配合主要体现在良好的人际关系和合作精神上。维持事业的旺盛生命力的竞争力归根到底来自团队的创造力、团队的合作精神、团队的进取心，因而信任、信用、合作以及默契等协作精神应是应用型人才的必备品质。应用型人才善于与他人合作的能力本身，就体现着自身的竞争能力。随着科技的进步、生活节奏的不断加快，创造工作越来越依靠团体的力量，个体需要与其他个体进行各种有效的交流，才能促进创造事业的共同发展。因此，应用型人才需要加强自身的人格修养，培养健全的人格，提高个人的人格魅力，学会共同生活和与人合作的能力。

（五）国际合作与交流能力

随着经济全球化步伐的加快，社会对人才素质的要求已发生变化，懂得国际运行规则和具备国际交往能力的人才备受社会欢迎。因此，应用型人才除了要有宽厚的基础知识外，还要有较强的社会活动能力，特别是要有较强的国际合作与交流能力。

第二节　人才培养模式的含义与分类

一、人才培养模式的提出与发展

20世纪50年代，我国高等教育主要是照搬苏联的人才培养模式，十分强调专业教育，专业划分庞大而细致，以适应社会主义经济建设对大量专门人才的需要。应该说，在计划经济体制下，这种人才培养模式确实为社会主义各条战线及时输送了对口人才。

20世纪80年代以来，中共中央先后颁布了关于经济体制改革、科学技术体制改革和高等教育体制的决定，标志着我国进入了由计划经济向社会主义市场经济的历史过渡。同时，随着现代科学既高度分化又高度综合，社会职业结构不断分化重组以及知识增长速度加快，知识的老化和更新周期进一步缩短，按行业甚至是按岗位、产品设置对口专业的过度专业化的人才培养模式所带来的专业口径过窄、人才适应性差成为高等学校人才培养的主要弊端，要求高等教育人才培养模式变革的呼声开始出现。

作为一个学术名词，"人才培养模式"真正进入教育理论研究者的视野，在20世纪90年代中期。教育学术界能在这一时期关注"人才培养模式"，与国家全面启动和实施高等教育教学改革密不可分。1994年，原国家教委制定、实施了《高等教育面向21世纪教学内容和课程体系改革计划》，作为我国高等教育的最高管理层首次明确提出了"人才培养模式"这一术语，并规定"未来社会的人才和培养模式"是"高等教育面向21世纪教学内容和课程体系改革计划"所设研究项目的主要任务之一。高等教育诸多的改革中，教学内容和课程体系的改革是重点和难点，也是人才培养模式改革的核心内容。因此，该计划的出台带动了人才培养模式改革的热潮，由此也使得人才培养模式的理论研究逐渐成为我国教育界所关注的焦点。

1996年，第八届全国人民代表大会第四次会议批准的《中华人民共和国国民经济和社会发展"九五"计划和2010年远景目标纲要》指出，高等教育要"改革人才培养模式，由应试教育向全面素质教育转变"。这样，人才培养模式作为我国教育教学改革的重要内容首次载入了我国国民经济和社会发展纲要，被赋予了至高的教育教学改革地位。

1998年，教育部在《关于深化教学改革，培养适应21世纪需要的高质量人才的意见》

中，对"人才培养模式"内涵进行了正式界定，指出"人才培养模式是学校为学生构建的知识、能力、素质结构，以及实现这种结构的方式，它从根本上规定了人才特征并集中地体现了教育思想和教育观念"。这是我国高等教育管理权威部门首次对人才培养模式这一概念所下的官方定义，意义重大，影响深远，成为我国高等学校人才培养模式改革的一项重要理论依据。

《国家中长期教育改革和发展规划纲要（2010-2020 年）》第十九条指出："提高人才培养质量。牢固确立人才培养在高校工作中的中心地位，着力培养信念执着、品德优良、知识丰富、本领过硬的高素质专门人才和拔尖创新人才。加大教学投入。教师要把教学作为首要任务，不断提高教育教学水平；加强实验室、校内外实习基地、课程教材等教学基本建设。深化教学改革。推进和完善学分制，实行弹性学制，促进文理交融；支持学生参与科学研究，强化实践教学环节；推进创业教育。创立高校与科研院所、行业企业联合培养人才的新机制。全面实施高校本科教学质量与教学改革工程。严格教学管理。健全教学质量保障体系，充分调动学生学习积极性和主动性，激励学生刻苦学习，奋发有为，增强诚信意识。改进高校教学评估。加强对学生的就业指导服务。"

由此可见，人才培养模式受到社会政治、经济、文化、受教育者个性需求等因素的制约。在不同的时代，大学具有不同的人才培养模式。大学自产生迄今，其人才培养模式经历了三个历史阶段：工业社会以前，大学的人才培养以绅士为目标，以知识的传授为导向；工业社会，大学的人才培养以科学知识为目标，以学科为导向；知识经济社会，大学的人才培养以创新为目标，以素质和能力为导向。

在现代大学制度下构建新型的大学人才培养模式应考虑两个因素：一是以国家社会发展需要为标准，调整大学的专业设置以及专业培养目标和规格，以适应国家经济与社会发展的需要；二是以大学的人才培养目标为基础，调整专业的培养方案、培养方式与培养途径，提高人才培养质量与人才培养目标的符合程度。

二、人才培养模式的构成

关于人才培养模式的描述虽然多种多样，但是人才培养模式归根结底是围绕着"为什么要改革或构建人才培养模式""培养什么样的人才""怎样开展人才培养"三个问题开展。即人才培养模式的构成一般包括人才培养目标、过程、途径、方式、制度等多种要素。

（一）人才培养目标

培养目标指教育目的或各级各类学校、各专业的具体培养要求。是整个人才培养模式构建的出发点和依据，也是学校教育教学活动的最终归宿。一般包括人才根本特征、培养方向、培养规格、业务培养要求等内容。它是人才培养模式中的决定因素，是对人才培养的质的规定，即培养什么样的人的问题。它同时也是专业设置、课程设置和选择教学制度的前提和依据。它既受国家、社会对人才类型、规格的需求的制约，也受学生自身的基础条件及发展要求的制约。一定的培养模式是服务于实现一定的培养目标这一根本任务的。

（二）人才培养过程

培养过程，是指为实现培养目标，根据人才培养制度的规定，运用教材、实验实践设施等中介手段，以一定的方式从事人才培养活动的过程。因而，它是人才培养模式的平台属性。培养过程主要包括专业设置、课程体系、培养途径和培养方案等。专业设置是根据学科分工和产业结构的需要所设置的学科门类，它规定着专业的划分及名称，反映着人才培养的业务规格和服务方向。课程体系是人才培养活动的载体。衡量课程体系构造形态的指标主要有课程体系的总量与课程类型、课程体系的综合化程度、结构的平衡性、设置的机动性和发展的灵活性等五个方面。培养途径是指在人才培养活动中一切显现和隐性的教育环境和教育活动。培养方案是指人才培养模式的实践化形式，主要包括培养目标的定位、教学计划和教学途径的安排等。

（三）人才培养途径

教学方法、手段与组织形式的改革是实现培养目标，落实人才培养模式，提高教育质量的重要因素。高等学校要根据专业的人才培养体系，选择有利于实现目标的人才培养途径，包括教学方法、教学手段以及各种具体的教学模式。

（四）人才培养机制

培养机制是指在制度层面上关于人才培养的重要规定、程序及其实施体系，是人才培养得以按规定实施的重要保障与基本前提，也是培养模式中最为活跃的一项内容。对培养过程及所培养人才的质量与效益做出客观衡量和科学判断的一种方式。它是人才培养过程中的重要环节，对培养目标、制度、过程进行监控，并及时进行反馈与调节。

三、人才培养模式的类型

魏所康在《培养模式论》一书中，把培养模式分为三个维度；按教育目的角度，分为英才模式与大众模式、传承模式与创新模式；按教育内容角度，分为学术定向模式与职业定向模式、刚性模式与弹性模式；按教育方法角度，分为师本模式与生本模式、接收模式与探究模式、文本模式与实践模式。就人才培养模式研究而言，当前人们认为主要有以下几种人才培养模式。

（一）英才模式与大众模式

英才模式强调教育封层的功能，强调教育筛选和教育淘汰，认为教育应该分别培养学术人才和普通劳动者，在教育教学过程中进行分流、分轨，或在同一教育机构内部进行分流、分轨或者分班。而大众模式强调教育公平和教育普及，一般不实行教育分流制度和按照学业成绩的分班制度，往往实行一种普遍的更开放的入学制度。

（二）单科模式与复合模式

单科模式的人才是用单学科知识与方法培养出来的单向性人才，如学工科的不懂经济管理，学贸易的不懂工科知识，知识结构"隔行如隔山"。复合模式的人才是运用跨学科方法培养出来的一种新型规格人才，其知识、能力结构构成，在多个学科领域都具有一定程度的专业水平的人才。复合型人才是在学科领域横向上呈现较高强度的一种很有发展潜力的人才规格，适用于专科、本科和研究生各个人才培养层次。

（三）专才模式与通才模式

专才模式培养规格侧重于对学生按照专业划分领域进行专业化教育，但又由于其注重专业的学科逻辑体系而有别于高等职业教育。通才模式的培养规格则侧重于对全体学生实行构成高等教育各个学科共同基础、不直接服务于具体专业的普通高等教育，又称通识教育。两者关系反映的是人才培养过程中知识内容结构上的宽窄关系，体现的是不同知识内容结构的比例关系。

（四）学术型模式与应用型模式

学术型与应用型则主要反映人才知识与能力结构的指向性。学术型主要培养从事科学研究的人才，应用型则主要培养适合与技术、开发、推广、经营、管理、社会服务、教学等类型工作的人才。通才和专才都可以有学术型与应用型之分。

当然，还有观点认为，从怎样组织和提供知识的角度，人才培养模式可以有弹性模式与刚性模式之分，也即教学管理制度是实行学分制还是学年制度的模式差异，从学习活动的主体是谁的角度，人才培养模式可以有师本模式与生本模式之分等。

四、人才培养模式多样化原因

（一）人才培养模式多样化是我国社会经济现状及其发展的必然要求

从我国社会经济的现状来看，我国是一个幅员辽阔的大国，社会经济发展很不平衡，各地区在生产力发展水平、产业结构、地理环境、发展战略、资源优势、发展方式和途径及其相关的传统文化、生存方式等的差异，形成了地区经济发展的不均衡性、差异性、多样性与动态性。生产力水平的差距，导致各地高等学校人才培养规格和质量要求的差异；产业结构及地理环境的不同，会直接影响不同地区高等学校的学科门类结构；经济发展战略和方式的差异，也会对高校专业设置产生重要影响。我国在全面建设小康社会的进程中，大力发展教育是经济社会、区域共同发展的客观要求，相应地必然要求高等教育建立能与地区经济、社会发展的不平衡性、差异性和动态性相适应的、多样化的人才培养模式。同时，我国加入 WTO 后，我国的经济体制、经济运行规划、经济法规等都将与国际惯例和国际通行的准则接轨，不同地区的各行各业均要面对激烈的国际竞争，以面对经济市场化、国际化和现代化的挑战，从而加剧了全社会对各类国际型人才的需求，推动着高等学校创建多样化的人才培养模式。

从我国社会经济的发展态势来看，市场经济体制日益完善，我国正在实现由计划经济体制向市场经济体制的转变，经济增长方式由粗放型向集约型转变。随着这两种根本性转变的实现，必将伴随着产品结构的调整、企业集团跨行业的重组和经营机制的转变等，各类专门人才跨行业的交叉、流动将越来越普遍，使得社会对人才的需要更加多样化。高等教育要主动适应并促进社会经济的发展，实现科教兴国战略，就必须在教育思想、培养目标、人才规格、专业设置以及培养过程、课程结构、教学内容等方面进行改革，培养多种类型的人才以满足社会多方面的需求。

（二）人才培养模式多样化是我国社会经济现状及其发展的必然要求

我国原来的高等教育体制是在实行高度集中同意的计划经济体制下形成的，基本特征是"大一统"，培养人才的规格和人才培养模式比较单一。这一特征在名牌老校中更为突出，大都是培养学理型人才。改革开放以来，随着市场经济的发展，特别是 20 世纪90 年代知识经济的到来，社会对人才类型与规格的需求越来越多样化。单一的人才培养规格不再适应社会对多种类型的人才的需求，也不适应不同地区发展区域对人才规格的不同要求。人才培养的规格单一化与社会人才类型与规格的需求越来越多样化的矛盾越来越尖锐。这种越来越尖锐的矛盾，正是催生本科应用型人才教育的强大动力。应用型人才培养模式将在较大程度上改变我国高等教育培养人才规格单一化倾向。

（三）人才培养模式多样化是学生个体发展的必然需要

我国正在向现代知识社会迈进，全社会需要接受高等教育的成员不断增加，这种趋势加剧了学生年龄、知识、能力、素质、家庭环境、社会经历、入学基础、发展潜力等的差异性、复杂性和多样性。同时，个体的需求要受到社会经济变革等外部动力因素的驱动和自身社会责任感、追求理想、提高综合素质、完善人格等内部动力因素的启迪；对新观念、新思想、新文化、外来文化的批判与继承等学习需求，与创造力、竞争力和工作效益，追求崇高的政治信仰，更高的工作和生活目标，谋求改善精神和物质生活质量等瞬息万变、层出不穷的需要连接在一起，驱动着多样化人才培养。

（四）高等教育走向大众化是人才培养模式多样化的动因

高等教育从精英教育到大众化教育，是一个国家社会、经济、科技、文化发展的必然产物。国际高等教育发展的历史经验表明：许多国家的工业化过程同时伴随着高等教育大众化的过程。我国正处在工业化和经济的社会化、市场化、现代化发展的历史时期，高等教育也正经历由精英教育向大众化教育的转变。现代化建设对人才的需求是多样化的，既需要学术性的高级专门人才，也需要应用型、技术型、职业型的各级各类专门人才，而后者的需求量是数以千万计的。

（五）教育终身化、社会化的发展趋势要求人才培养模式多样化

科学技术的日新月异和知识经济的发展，使知识，尤其是专业知识的有效性大大缩短；经济全球化的发展，则正在迅速地改变传统的生产方式和管理理念，人才的知识和能力要素与结构正在发生重大变化，人们也不能期望一生中只做一份工作或从事一个行业。因此，同时，随着人们生活水平的改善和生活质量的提高，终生不断学习新知识、新技能、新思想、新事物，已经成为人们生活的基本需要。要构建全民学习、终身学习的学习型社会，就必须构建现代化的终身教育体系，而继续教育应当是终身教育的主要形式，成人学习是学习型社会的主体。

终身教育包括正规、非正规和非正式教育形式。实施终身教育的形式可以是回到大学学习第二专业、企业或研究机构自己培训或是社会培训。《中华人民共和国教育法》第十一条明确规定"国家适应社会主义市场经济发展和社会进步的需要，推进教育改革，促进各级各类教育协调发展，建立和完善终身教育体系"；第四十一条规定"国家鼓励

学校及其他教育机构、社会组织采取措施，为公民接受终身教育创造条件"。我国已从国家法律和国家政策的高度，确立了终身教育的地位，已建立了普通教育、高等教育、职业教育和成人教育体系，并在不断加强各个教育体系之间的联系，为人们终身学习创造了条件。

终身学习社会的形成和发展，必然要求把正规的普通高等教育纳入终身教育体系。普通高等教育不再是人生接受教育的终点，而是知识青年转变为社会人之前的主要教育阶段。普通高等教育的重新定位，必将引发体系重组：纵向不同层次、不同形式高等教育之间的相互开放、连接和沟通；横向同一层次的不同学科、不同类型、不同规格之间，既相对独立，又互相交叉，通过人才培养模式多样化，使社会和学习者的不同需求与高等学校不同的办学条件、特色进行有效的组合。另外，教育手段的科学化、多样化，也大大促进人才培养模式的多样化。

（六）人才培养模式多样化是高等教育和高等院校自身发展的需要

高等教育实际上发挥着沟通社会需求与个人需要之间联系的纽带和桥梁作用。现代社会各层面各岗位所体现的价值观念、技术条件、专业或职业知识能力、运行方式方法是多种多样的；各人的成长经历和社会期望、天赋与性格、家庭经济条件、爱好特长和学业成绩等，同样是丰富多彩的。只有人才培养模式多样化，才能使社会需求与个人要求的两个多样化得以统一和实现。然而地区性理工科院校由于资源有限，必须有所为、有所不为，明确目标，找准位置，扬长避短，发挥优势，相对集中的资源管理和使用，办出水平和特色。只有这样，才能促进地方高校的发展，促进高等教育的不断进步和优化。

五、建立与大众化阶段相适应的高等教育人才观

根据人才观的双重特征和当今经济建设与社会发展的需求，结合当前我国高等教育培养人才的实际，我们必须建立与中国高等教育大众化相适应的人才观。

（一）人才是有知识的

知识是一个神圣的词汇。在哲学领域，知识被定义为"经过辩护的真实的信念"。柏拉图在《论知识》一书中详尽地探讨了知识的定义。他的古典定义为："知识是与感觉、意见有区别的一种判断，知识是确实的判断，知识是一种伴之以论究的判断"。此后千百年来，人们没有停止过对知识的研究。进入知识经济时代，人们对知识的理解有了新的认识。1996 年，经济合作与发展组织（OECD）发表了《以知识为基础的经济》的报告，报告中把人类迄今为止创造的知识分为 4 种形态，即事实知识——指可以直接

观察、感知或以数据表现的知识；原理知识——知道为什么的知识；技能知识——知道如何去做的知识；人力知识——知道某件事，并且知道如何做某件事的知识。人才之所以是人才，就是他在知识的把握上与众不同。因为，知识是有层次的，低层次的知识是一种客观记录下来的数据及经过整理而成的信息。中间层次的知识是主体对各种数据和信息进行价值解释与价值选择，并赋予意义之后的知识。高层次知识是智力，即是一种将有效的数据和可靠的信息内化为有用知识的能力。由此，我们在大学教育中应该进行什么样的知识教育，对人才的培养和评价应该是具有什么样的标准，就显而易见了。

（二）人才是发展的

人才的成长有一个过程，在这个过程中，影响人才发展的因素很多，比如：家庭教育、学校教育、社会环境、自身素质等。我们要抓住人才成长的发展规律，利用这种规律充分调动每个人的潜质，因此，要用发展的观点看待人才，重视培养人才的过程，不能用传统的人才观来衡量今天高等教育所培养的人才。

（三）人才是多元的

中央《人才工作决定》对人才的标准做出了新的界定，明确提出了"只要具备一定的知识或技能、能够进行创造性劳动，为推进社会主义物质文明、政治文明、精神文明建设，在建设中国特色社会主义伟大事业中做出积极贡献者，都是党和国家需要的人才"。这一人才观念是一个历史性突破，充分强调了人才的广泛性，扩大了传统人才概念的内涵和外延，指出人人都能成才，人才是多元的。

（四）人才的价值在于奉献

人才的成长离不开社会，要将个人发展与社会发展相结合，爱因斯坦说过"我们吃别人种的粮食，穿别人缝的衣服，住别人造的房子。我们的大部分知识和信仰都是通过别人所创造的语言由别人传授给我们的……个人之所以成为人，以及他的生存之所以有意义，与其说是靠他个人的力量，不如说是由于他是伟大的人类社会的一个成员，从生到死，社会都在支配着他的物质生活和精神生活"。

六、应用型本科应找准人才培养定位

随着我国大众化教育的到来，高等教育要深化教育改革已成必然，由此，应用型大学在新的人才观的指引下，必将找到适合自己的办学定位。培养出更多的有真才实学并能为社会贡献力量的人才。

（1）更新教育观念，兼顾社会发展的需要和人的发展需要，人才培养由强调对口性转向强调适应性，以适应不断变化的社会需求；注重素质教育，强调融知识传授、能力培养与素质提高为一体；重视学生独立学习能力和创新精神的培养，为学生的终身学习和继续发展奠定基础。

（2）培养目标多样化、多层次，并根据社会发展的需要保持动态变化。我国幅员辽阔，各地生产力发展不平衡，产业结构、就业结构呈现出多样性，需要各种不同类型与层次的人才，而且，时代在不断进步与发展，对人才的要求是不断变化的，过去单一、僵硬的人才培养模式显然不能适应这种要求。研究表明，培养目标的多样化、多层次的动态模式已成为高等教育的发展趋势。

（3）专业设置通识化、综合化。随着社会经济科技发展步伐的加快，传统的以培养专门人才为目标的面向狭窄的专业设置已显示出种种弊端。为了培养知识面广博、基础扎实、专业口径宽、适应性强的人才，为了与新兴交叉学科的建立与发展相匹配，我国理工科高等学校的专业设置日趋通识化、综合化。

（4）课程设置在价值体系上趋于整体融合，注重充分发挥课程的整体功能，追求学生、社会、学科发展需要之间最大限度的统一，寻求其整体价值的融合，以及课程结构的优化整合；在课程设置模式方面，传统的基础课——专业基础课——专业课的"三段式"线形模式被打破，课程设置模式日益多样化；在理论课与实践课的比重方面，强调培养学生解决实际问题的能力，实践性课程的比重逐步增加；在必修课与选修课的比例方面，选修课的比例逐步扩大，在提高学生专业素质的同时，拓宽其知识面，增强其适应性。近年来，为适应国际经济竞争形势和科学技术迅猛发展的趋势以及满足本国社会经济发展的需要，美、德、日、英、法等发达国家对高等理工教育纷纷采取了一系列改革举措，其主旋律就是改革传统的人才培养模式以适应新的情境。由于各国传统与现实状况客观存在着差异，各国改革在体现规律性与共性要素的同时，也呈现出多样化的改革局面。事实上，制定与探索多样化的人才培养模式以满足现代社会发展的多元需要，已成为当代发达国家高等理工院校人才培养模式改革所努力追求的共同目标。以下着重比较分析发达国家人才培养模式改革的基本取向。

大学生作为一个群体，是由不同的个体构成的。正是由于学生之间的个别差异，必须要遵循"因材施教""因需施教"的人才培养原则和人才成长规律，即：一是在培养目标上，让学生认识自己的智能基础、发展方向、志趣、爱好、特长等条件，扬长补短，引导学生朝最能发挥自己的优势的方向发展。二是在教学过程中，根据不同学生的个性差异，采用不同的教学方法达到教学目标，并促使学生通过努力，在构建知识、能力、素质结构、发展智力、体力、情感、个性品质等方面达到自己所能达到的最高水平，获得相对于它自身而言（不是与别人相比）最好的发展，要做到这些，需要人才培养模式的多样化。人才培养模式多样化是高等教育的特点和自身非平衡发展的必然结果。高等教育区别于其他层次教育的本质特征在于它的学术性和职业性。高等学校是分门别类的专业教育，以培养各级各类高级专门人才为目的。专业教育的多样化决定了人才培养模式的多样化。我国高等学校数量众多、规模不一、办学层次丰富，各高等学校已有的传统、办学基础、办学条件和办学水平以及所处地位有较大差异。国家、所在地区对他们的要求和期望也不同。因此，不同类型、层次的高等学校有不同的分工。不同的发展目标、重点和特色，呈现出互补关系，彼此不可替代，必然导致高等性教育在办学目标和人才培养模式上的多样化。

学校培养人的过程是通过教育活动使学生逐渐成为人才的过程。人才培养是状态的变化，模式是状态中表现出来的特征。人才培养模式的内涵是指在一定的教育思想和教育理论指导下，为实现培养目标而采取的教育教学活动的组织形式和运行方式，这些组织形式和运行方式在实践中形成了一定的风格与特征，具有明显的计划性、系统性和规范性。其外延一般是指专业设置、课程体系、教学方式、教育教学活动运行机制和非教学培养途径等。人才培养模式的构造是按照一定方式将传统教育模式中的合理内核与创造出的有利于人才培养活动的要素进行优化综合。换言之，每种人才培养模式都有特定的目标指向、组合形式、操作原则和动作范式。

实现人才培养模式的主要形式是课程模式。我们所说的"课程"，一般指学校按照一定的教学目的所建构的各学科和各种教育、教学活动的系统。课程是教学活动中内容和实施过程的统一，是学校实现教育目的的一系列内容和实施过程的统一，是学校实现教育目的的一系列内容和手段的核心部分，是实现素质教育目标的基本手段，是培养学生创造力的重要改革途径和必经环节。所谓"课程模式"，亦指在一定观念指导下课程的结构模式，包括课程设置、课程实施及其管理等一整套环节。由于人才培养的目标内化于课程，学生在达到课程要求的同时也达到了培养目标。因此，人才培养模式要切实落实到课程模式之用，按人才培养模式的要求指导课程模式的建立和改革；课程模式支撑人才培养模式的实现，它随着人才培养模式的不断完善而做相应变化和调整。所以说，课程结构、教学体系、内容、方法的改革，是人才培养模式改革的具体体现，是教学改革的核心。

美国学者马丁·特罗指出："进入大众化阶段以后，高等教育不仅在数量上有明显增长，而且在高等教育的观念、教学内容和形式、学识标准、办学模式、招生和聘请教师的政策与办法等方面，都会发生一些质的变化。"如果说高等教育大众化是增加了人们上大学的学习机会，那么人才培养模式多样化则是用尽可能多的方法提供适合人们需要的高等教育内容。这是因为在大众化阶段，社会对高等教育的需求越来越大，希望接受高等教育的人数也更多，生源的类型和层次将更复杂，个别差异更大。根据因材施教的原则，高等教育的结构和人才培养方式必然比原来更趋向多样化。

第三节　应用型本科人才培养模式构建

一、应用性人才培养模式内涵

所谓应用性人才培养模式，就是学校为实现应用型人才培养目标并围绕应用型人才培养目标组织起来的比较稳定的教育活动的结构样式和运行方式，它们在实践中形成了对应用型人才培养的风格或特征，具有明显的系统性与范型性。

在应用性人才培养模式的构建中，高校必须适应社会对人才知识面宽、能力强、素质高的要求，培养的人才既要具有共性，又要具有个性，具有较强的知识基础、创新精神和实践能力。因此，构建人才培养模式应当以传授知识为基础，以能力培养为中心，以提高素质为主线，以培养技术应用型专门人才为目标。这里所要求的"能力"不仅是岗位能力，更应是职业岗位群能力，不仅是专业能力，更应是综合能力，不仅是就业能力，更应是一定的创业能力，不仅是再生性技能，更应是创造性技能。这里所要求的"技术"是在一定的科学理论基础上，超越于一般技能，具有一定复合型和综合性特征的技术，不仅包括经验技术，也包括理论技术。

二、应用性人才培养模式特征

（一）以社会需求为导向，以应用型人才为培养目标

高等教育大众化必然带来教育对象的多样化和社会对人才需求的多样化。从发达国家工业化、现代化的进程总结出的经验来看，经济社会发展对人才的需求最终将呈现出"橄榄型"趋势，即学术型的拔尖人才和一般劳动者占少数，大量的是具有一定知识技术能力的应用型人才。因此，承担大众化的应用型大学应以社会和人的双重需求为依据，以培养应用型人才为目标，为社会和人的发展服务。

本科应用型人才知识方面的目标是"较厚基础，较宽口径"，能力是以具备创新、开发、应用的工程师水平为目标，品格方面的要求是综合素质高，具备社会主义的道德标准。由此，本科应用型人才培养目标可以概括为：以市场为导向，以通识教育为基础，提高学生的综合能力和素质，为学生的专业学习和可持续发展奠定基础；以能力培养为本位，

培养学生解决实际问题的能力。应用型人才应该既要有知识，又要有能力，更要有使知识和能力得到充分发挥的素质，应当具备较厚基础、较宽口径、注重实践、强调应用四个突出特点，尤其是要具备较强的二次创新与知识转化。

（二）改革人才培养计划，体现应用型人才特点

人才培养计划是人才培养的总规划，是高等学校人才培养模式的核心内容，是人才培养模式的实践化形式。高校在本科应用型人才培养计划的制订中要正确处理好以下几个方面的内容：第一，遵循传授知识、培养能力、提高素质、协调发展和综合提高的原则，加强学生全面素质的培养；第二，注重加强基础与强调适应性的有机结合，使公共基础平台、学科基础平台、专业基础平台的构建更加科学；第三，灵活设置专业方向，使专业方向模块更加符合应用型人才对专业的要求和学生个4性化发展的需要；第四，突出应用型与实践能力的培养，加大实践教学的比例，强化学生的动手能力、应用知识解决实际问题的能力和创新精神的培养；第五，根据学生毕业后所从事的岗位群的技能要求，设置职业技能教育培养模块，提高学生的执业能力，增强学生就业竞争力；第六，跟踪现代科技的发展，注重课程的更新与提高。

（三）改革课程体系，优化教学内容

应用型本科教育作为高等教育的一种类型和具有特色的组成部分，在课程设置和教学内容方面，必须有自己的特点：第一，以能力为本位选择课程内容、设置课程体系。具体可以采取"四大模块"的方式，即基础课模块、专业基础课模块、专业方向课模块和实践教学模块；第二，强化基础课教学，努力加强文化修养和语言、计算机等工具性课程的教学，为学生的发展奠定坚实的基础；第三，为了适应素质教育的需要，按照因材施教和个性发展的原则，还可以设置一定比例的任选课程，以满足不同学生的不同需要；第四，精设专业课，专业课要宽而新；第五，注重实践教学体系的改革，通过强化实践教学环节来提高学生的动手能力和实际操作能力，从而培养学生的创新精神和适应能力。

（四）改革教学方法，发展学生个性，突出创新能力的培养

教学方法与手段改革作为提高教学质量的重要举措，能够积极推进课程教学方法与教学手段改革的研究，鼓励教师树立创新教育、素质教育、开放教育观念，更新教学方法，大力推广利用多媒体和网络技术进行教学，充分调动学生学习的积极性、主动性和创造性，培养学生分析问题和解决问题的能力，加强学生创新精神、创新能力和创业能力的培养。在教学方法和教学手段上，积极采取提问式、自主式、情景式、启发式、讨论式和案例式等教学方法，结合现代教育技术，注重学生创新能力培养和个性发展，爱护和培养学

生的好奇心、求知欲、帮助学生自主学习、独立思考，增强学生收集处理信息的能力、分析解决问题的能力、团结协作和社会活动能力。

三、我国应用型本科人才培养模式研究历程

在我国，"应用型本科"作为一种高等教育类型是一种尚在探索中的新概念。在国内，第一次完整提出"应用型本科"概念的是龚震伟于1998年在《江南论坛》第3期上发表的《应用型本科应重视创造性培养》一文。该文提出应用型本科人才要具有创新意识和能力。

随着我国高等教育大众化的发展，高等学校人才的培养目标逐渐开始重新定位，对于新建本科院校和独立学院而言，怎样培养具有自身特色的人才成为这些学校生存与发展的关键。

2001年5月，在长春举办了"应用型本科人才培养模式研讨活动"。会上提出了一个问题，即"在经济发展以后，普通高校本科教育是否应当适当发展应用型本科教育"。与会代表讨论认为，"应用型本科教育作为一个教育概念，在我国提出时间不长。改革开放20年来，国际上先进的制造技术进入我国企业的生产领域，为了适应社会现代化生产的人才需求，一些高等专科学校，特别是高等专科工程学校提出了'高等技术应用型人才'的培养目标，如同职业大学一样，积极开展相应的教育教学改革，培养高等技术应用型人才成为地方大学、高等工程专科学校以及广大专科学校的任务"；并指出，"在国际上特别是经济发达国家和地区，应用型本科教育早已存在"；所以，"发展应用型本科教育，既是我国的经济发展和社会进步的要求，也是追赶国际高等教育发展潮流的一种需要"。

2002年7月，教育部高教司在南京召开了"应用型本科人才培养模式研讨会"，会议所取得的一项成果是成立了"全国工程应用型本科教育协作组"，作为进行工程应用型本科教育改革与发展研究的学术性协作组织。

2005年6月15日，《光明日报》采访了北京联合大学应用文理学院院长孔繁敏教授，进行了有关北京联合大学应用文理学院建设应用型大学方面的报道。

2005年11月，中国教育报2005年11月10日报道了题为"培养高级应用型人才，服务地方经济社会发展，新建本科院校科学定位是关键"，对"第四次全国新建本科院校教学工作研讨会"进行了报道，全文如下："在全国701所本科院校当中，新建的本科院校有198所，占本科院校的近1/3。今天在洛阳师范学院召开的第四次全国新建本科院校教学工作研讨会上，教育部副部长吴启迪指出，新建本科院校要着力解决好科学定位问题，以培养高级应用型人才为主，服务于地方经济建设和社会进步"。

2007 年 8 月，全国高等学校教学研究会在成都召开，在这次会议上成立了"应用型本科院校专门委员会"。

表 2-1 为应用型本科人才培养与高职院校人才培养以及研究型大学人才培养模式特点对比。

表 2-1   应用型本科人才培养与高职院校人才培养以及研究型人才培养模式特点对比

	应用型本科	高职院校	研究型大学
培养目标	应用型人才	产学结合技能型人才	研究型高级人才
培养途径	知识、能力、素质并重	应用操作能力	理论研究
培养体系	教学内容优化 学术性与职业性 知行综合 专业与素质结合	教学内容适当 职业性	理论深厚
创新特点	应用性创新	技能型创新	研究型创新

四、应用型本科人才培养类型

（一）产学研人才培养模式

产学研人才培养模式是学校与企业分工协作，理论教学以学校为主，技能培训和实践教学以企业为主，这种模式主要是在借鉴德国的双元制模式的基础上逐步形成的。这种模式有利于学生将所学知识尽快运用到实践中去，有利于学科专业建设，是应用型大学与相关企事业单位合作培养学生的重要方式。这样做有利于学生尽早了解生产的实际和要求，有利于学生动手能力的提高，从而能使他们尽快进入到岗位角色中去。从长远来说，有利于学生一生的职业生涯设计。产学研结合的方式有多种，如应用型大学的法学专业应当与地方法院和地方企业、事业单位结合，新闻专业和地方的宣传媒体结合，金融专业与地方的银行结合，旅游专业与地方旅游结合，档案专业与地方档案馆部门结合等。有了这种结合，应用型大学的人才培养就有了依托和强大的后盾，人才的质量也会大幅度提高。

（二）以市场需求为导向的人才培养模式

以就业为导向的人才培养方式是指以提高毕业生就业率和就业质量为目标，以市场所需要的人才素质为出发点和归宿，建立与社会就业价值取向相适应的一种人才培养模式。将就业指导与生涯规划相结合，职业生涯规划贯穿全过程，从一入学直至毕业的整个过程，以课程的形式纳入学校的整个教学计划，依据学生个人能力、兴趣、发展潜力，指导学生选择适合自己的专业或职业，注重学生的创业教育，培养创业意识。这种培养模式建立在校企双方相互信任、紧密结合的基础上，就业导向明确，企业参与程度深，能极大地调动学校、学生和企业的积极性，提高人才培养的针对性和实用性，实现学校、用人单位与学生三赢的一种具有明显特色的人才培养模式，目前是我国应用型大学人才培养模式改革的新热点。

（三）I 型的应用型本科人才培养模式

应用型人才应更注重学生的专业课程，基础则以够用为度。所以在这类学校的课程体系中通识基础、专业基础和专业课程三者的比重相差无几。因此，这种课程体系犹如一根柱子，也可用一个大写的英文字母 I 表示，称为 I 型课程体系。

（四）H 型的应用型本科人才培养模式

坚持"双轨并重"的实践教学理念。在校内建设实践教学基地；在校外，充分利用本市广阔的市场资源，建立和运行基于"加强合作、互惠互利"的产学研合作办学机制，完成基于工程项目（工程设计＋工程项目管理＋技术研发）的"H"型实践教学体系的构建。

（五）T 型的应用型本科人才培养模式

T 型人才培养模式，它体现了确保核心能力，突出专业实践能力的原则，"T"上面的"—"表示学生作为社会人一般能力和基本素质的横向拓宽，以增强毕业生对社会的适应性，"T"下面的"I"表示专业能力的纵向深化，且特别；强调专业实践能力，以加强毕业生就业的针对性。

五、应用型本科人才培养中存在的问题

近些年，在各方的共同努力下，应用型本科教育取得了明显的进步。但是应用型本科教育作为一个教育概念在我国提出的时间并不长，人们对应用型本科人才的认识比较模糊，措施不到位，应用型本科人才培养方面还存在着许多问题，主要表现在以下几个方面。

（一）教育思想

中国传统的教育思想是重理论，轻应用；重书本，轻实践。这种教育思想在办学的各个方面都得到一定的反映。高校的评估指标体系主要以学术型大学的标准来制定，没有应用型大学的评估标准，分类指导不够。因此，只有从教育思想上真正认识到"应用型"

人才的重要性，才可能切实改革人才培养的各个环节。

（二）培养目标和规格

对应用型本科人才的培养目标和规格还存在认识理解上的模糊不清。许多应用型本科院校在思考应用型本科人才的培养目标和规格问题时提出要区别对待应用型本科人才、学术型本科人才和高职高专人才。但是往往是两种规格的叠加，既想要符合一般本科人才的要求，又想同时兼顾高职高专人才的"应用型"。对于应用型本科人才到底应该是什么样的人才认识不清，导致措施不力，许多学校在"宽口径、厚基础"与"应用型"之间始终找不到切合点、平衡点，认识上存在很大的误区。

（三）课程体系

课程体系与当代科技、经济和社会的发展不相适应。一是反映在课程设置上，基础课、专业基础课之间的比例不尽合理，应用型课程偏少，作为知识载体的教材建设远远落后于应用型人才培养的步伐；教学内容与研究型大学雷同，没有形成"应用型"本科人才培养的特色，往往强调学科的系统性和完整性。

（四）实践教学

实践教学设备陈旧，教学内容脱离实际，不能符合社会与科技发展的需求，验证性实验多，设计性试验和综合性实验少，虚拟课题多，联系实际的课题少，造成学校教育与社会需求脱节，学生的实践能力、技术创新能力不强。

（五）教学方法

教学方法的改革力度不够，还是沿用传统教学方法。项目教学法、案例教学法、研讨教学法、现场教学法等形式运用得不够，在素质教育中过于依赖人文素质课程的开设，素质教育与专业教育脱节。

第四节　几种主要类型的人才培养模式

一、通识教育人才培养模式

通识教育是一种自由教育，源于亚里士多德提出的自由教育思想。亚里士多德主张自由教育是自由人应受的教育，它的目的在于发展人的理性、心智，以探究真理，而不是为了谋生和从事某种职业做准备。在当时的时代背景下，他精辟地指出：人的最值得选取的生活是在免于为生计劳碌的闲暇中自由地进行纯理论的沉思，沉思事物的本质及其发展的起因和终极目的。沉思的生活是最高尚、最值得追求的。这就是自由教育最初的本质要求，它是亚里士多德追求的一种教育理想，它的存在有两个哲学基础：一是理性对于人的重要性的学说；二是知识对于人的心智重要性的学说。这种教育之所以被称之为自由教育，一方面是因为它的提出是以等级观念作为基础的，即以自由人作为教育的对象，但另一方面从教育哲学的角度，它是把教育当作人的心智的解放过程，并把人的本性作为决定教育价值观的最高尺度。毕业于牛津大学的红衣主教纽曼是 19 世纪公认的、最有权威的教育思想家和神学家，剖析纽曼的名著《大学的理想》可以看出，他的最大贡献是积极、系统地倡导自由教育，继承和发展了亚里士多德的自由教育思想。纽曼和一切坚守理性主义和古典人文主义传统的教育思想家一样，认为大学传授的不应该是实用知识，而是以文理科知识为主的自由教育。他深刻地指出：大学教育，对于学生来说，就是自由教育，以正确的推理来培养人的理性，使之接近真理，这主要是因为大学是训练和培养人的智慧的机构，大学讲授的知识不应该是具体事实的获得或实际操作技能的发展，而是一种状态或理性（心灵）的训练。纽曼的《大学的理想》及其所倡导的以古典人文学科教育为主要内容和以注重理性的开发为主要内涵的自由教育理想，在当时及其以后都对世界教育的发展产生了广泛而深远的影响。

通识教育实际上又是一种博雅教育，注重理智的培养和情操的陶冶，它具有四个明显特征：第一，知识的基础性和经典性。通识教育非常重视基本理论、基本知识、基本技能和基本方法的训练，重视培养学生解决各种复杂问题的能力；第二，内容的综合性和广泛性。通识教育的教学内容相当丰富，它不仅涵盖了整个学科领域，而且还充分体现了学科之间的相互交叉、渗透和综合；第三，教育形式的多样性和灵活性。通识教育的目标可以通过各种不同的途径来实现，如设置通博类型的课程、开设综合学科讲座、举办专题讨论会等；第四，过分通博，学科的深入发展受到影响，经典性的知识与实际生活相脱节。

现在人们一般所说的"通才"，可以从两个意义上理解：一是历史上哲学意义的"通才"，指在一定历史时期其知识面有可能覆盖当时人类已经积累下来的所有知识的主要部分或大部分，他们的才智有可能在许多相异或相关的学科和专业，甚至在两个完全不同的领域有所造诣和建树。这只是一种多才多艺、百科全书式的"通才"，古希腊的亚里士多德、文艺复兴时期的达·芬奇便属此类。这种通才毕竟有限，是一种理想的模式，在科学发展的今天，事实上是不可能存在的；二是高等学校学术上的"通才"，亦称"横向型人才"，指发展较全面、知识面较活动领域较宽的人才。

二、专才教育人才培养模式

专才又称"纵向型人才"，指专业方向较为集中，只在某一个领域或某一领域的某个方向具有专门知识和技能的人才，其知识面和职业适用面相对有限，但其掌握的知识有较高的深度。专才教育最早出现在欧洲的中世纪大学。中世纪大学实行分科教学，共分四科，其中文科被视为基础学科，以"七艺"为教育内容，用那些被世代证明为永恒真理的古典学科对学生进行通识教育，并在此基础上再通过法学、神学、医学三科的分科教学来培养律师、牧师和医生，这三科已具有专门人才的属性。17世纪，资产阶级革命运动萌芽，随之兴起的产业革命在客观上对传统的等教育提出了新的要求和挑战，迫使它在人才培养上做出变革以适应资本主义大机器生产发展的需要，为社会提供大量的专门人才。同时，随着科学革命的到来，学科大量分化，这又为专才教育的实施提供了可能。这一变化首先在美国得以实现。19世纪中叶，南北战争以北方的胜利彻底结束了美国的封建制，从此美国全面走上了资本主义大工业发展的历程。在实用主义和功利主义哲学的影响下，美国在19世纪50年代创办了许多以专业教育为主要任务的新型学院，如多种技术学院、工学院等。1862年，政府颁布了《莫雷尔法》，允许各州以政府赠予的土地开办为本州农业和工业发展服务的农业大学，这决定彻底改变了传统大学脱离社会、穷究学术的单一化、封闭的办学格局，使高等教育向着多样化、市场化和专业化方向发展。高等学校的任务不光是培养有修养的公民，而且面向社会、面向职业，培养促进社会经济发展的专业人才。

第二次世界大战以后，随着世界经济的飞速发展，一些发达国家的高等教育开始走向大众化，各国花费大量的教育投资发展高等教育，为各行各业培养输送专门人才。各大学纷纷增设新的专业，而原来的专业则被分割得更细，重点实施专才教育。专才教育给予学生的基础知识主要是为其专业需要而设置的，基本能力也是为专业服务的，基础知识和基本能力与专业之间具有较紧密的联系。20世纪无论在苏联还是在一些西方国家，专才教育都得到了较快的发展，使之成为高等教育的主流。与通识教育不同，专才教育是培养专门人才的教育，其目的是通过系统的讲授某一学科专门知识，培养掌握一定专业知识，同时具备一定专门技能的人才。专才教育的特点在于：一是专才教育主要是通过分科进行，培养的人才短期内具有不可替代性；二是教学内容与社会生产和生活紧密联系，偏重应用；三是比较注重学生实际工作能力的培养，学生在毕业之后能较快地适应社会的需要；四是在专业划分过细的情况下，片面强调职业教育，会造成学生知识面不宽，使学生在实践中运用范围狭窄，其知识和技能的积累充分体现出"隔行如隔山"的感觉，并影响其后期发展。

三、通识教育与专才教育相结合的人才培养模式

通识教育与专才教育相结合的模式，梅贻琦先生早在六十多年前就有过精辟的论述，1941年他在《大学一解》中指出：今人言教者，动称通与专之二原则。故一则曰大学生应有通识，又应有专识，再则曰大学卒业之人应为一通才，亦应为一专家，故在大学期间之准备，应为通专并重。此论固甚，然有不尽妥者，亦有未易行者。窃以为大学期内，通专虽应兼顾，而重心所寄，应在通而不在专。通识，一般生活之准备也，专识，特种事业之准备也，通识之用，不止润身而已，亦所以自通于人也，信如此论，则通识为本，而专识为末，社会所需要者，通才为大，而专家次之，以无通才为基础之专家临民，其结果不为新民，而为扰民。此通专并重未为恰当之说也。这段话的主要意思是，大学生应当通专结合，但通专不能并重，而应以通识为本，专识为末，这在当今时代仍然具有深刻的哲理性和很强的指导性。

20世纪中叶以来，特别是进入90年代，科学技术飞速发展，以微电子技术、光子技术、通信技术、计算机技术及生物技术为主要标志的新一轮科学技术革命改变着人类生活的方方面面。无论是产业结构还是劳动内涵都发生了巨大的变化。一方面，由于大量浅易的问题早已解决，许多科学问题都需要较专较深的知识和技术，如航天技术、克隆技术；另一方面，一些复杂的社会问题，如工程问题、环境问题、人口问题、资源问题等，又必须有多个学科、多方面的专家学者进行立体攻关。现代科学技术不断交叉、融合的趋势，使得各行业之间的界限越趋模糊，工作的专业化和综合化高度结合，从而迫使人们

的合作观念进一步加强。科学与技术的这种发展特征，对高等学校人才的培养模式与知识结构也提出了新的要求。高校所培养的人才不仅需要具备某类专门知识，而且还必须具备更为宽广的知识背景。显然，偏窄的专才教育已不适应现代科学技术和社会发展的需要。高校仅仅根据职业市场的需要对学生进行范围狭窄的技术性训练，为他们提供就业的证明文件，不仅影响到毕业生在职业领域的才能发挥，也使他们不适应职业转移的需要。专门知识和技术可以使人成为有用的机器，但不能使其成为一个真正意义上的现代高级专门人才，也不能给他一个和谐的人格。现代高级专门人才首先应该是和谐发展、人格完整的人，其次才是所在学科领域的专家。鉴于专才教育的不足，世界各国都主张拓宽知识面，在更高层次上将通才教育与专才教育结合起来。这种结合主要体现在科学知识与人文知识的整合上，并依此确定科学的教学内容和合理的课程体系；加强文理渗透，在科学教育中加强人文性，并提高人文教育的科学性；大量开设一些学科前沿课程、边缘学科和交叉学科的课程，为学生提供一个开阔的知识视野。

四、产学研结合的教育人才培养模式

产学研结合又称产学研合作，是指企业、大学、科研院所三者之间的合作，它的发祥地是美国。其产生的主要原因在于，19世纪在传统教育思想指导下的欧美高等教育被封闭在校园围墙内，游离于社会之外，不关注社会的要求，独立性很强。可是，到了20世纪，经济和科学技术的发展不仅使欧美国家的社会生活发生了很大变化，而且对高等教育也提出了新的要求，而在传统教育思想指导下的教育与社会脱离、理论与实践脱离的弊端逐渐显现。针对这种情况，美国哲学家和教育家约翰·杜威（John Dewey）提出了实用主义教育思想：第一，教育必须适应现实需要，不仅要与社会生产相结合，还必须与社会生活相联系；第二，教育应该注重实用的知识和技能的传授；第三，应使受教育者为将来进入社会做好准备；第四，教育与生产相结合应该与受教育者的实际需求结合起来。合作教育便是这种思想理论指导下发展的结果。实施产学研合作教育的第一人是美国俄亥俄州辛辛那提大学教授赫尔曼·施奈德（Herman Schneider）。他于1905年提出了一项后来被称为合作教育的"工读课程计划"，并于1906年在辛辛那提大学实施，取得了较好的成效。此后，产学研合作教育在北美中学和高等学校中流行，20世纪60年代以后得到迅速发展，并在世界范围内产生较大影响。如英国的"三明治"教学、日本的"产学协同"教学模式等。美国产学研结合教育模式在其发展过程中出现过各种不同的子模式。其中，最具代表性并产生了广泛影响的主要有科技、工业园区模式、企业孵化器模式、专利许可和技术转让模式、高技术企业发展模式、工业大学合作研究中心及工程研究中心模式。这些模式的形成，使得学术界与产业界建立起多种形式的联系和合作关系，从而推动了科研成果产业化的进程。

在我国，产学研结合早在解放初期，毛泽东就提出了教育与生产劳动相结合的思想，并且由行业部门兴办大学，为当时的经济建设培养了大批急需的应用型人才。但是，到"文革"期间，这种良好的教学模式遭到了破坏。改革开放以后才逐渐恢复走上正轨。

在 20 世纪 80 年代，国家先后发布了经济、科技、教育各方面体制改革的决定，在体制与机制各方面都实行了改革，科技、教育、经济各领域增强了活力，也形成了生存与发展的压力。产学研合作的内容、形式、特点也因地区、行业性质、企业目标、竞争程度等，呈现多样化的发展。1986 年，国家经委、国家教委、中国科学院商定成立"经济科技合作协调小组"，在 100 个大中型企业中推行了"百项合作计划"，这是我国政府第一次提出产学研合作的政府行为。同时，为推动经济发展，加速科技向现实生产力的转化，我国于 1986 年建立了"863"计划，1988 年建立了"火炬"计划。这一时期无论是企业，还是高等院校、科研院所都向市场化方向演进，为后来产学研结合的提出和发展奠定了必要基础。

进入 90 年代，随着改革的不断深入，社会主义市场经济体制的逐步建立，国际竞争日趋激烈，对企业、高等院校、科研机构的生存和发展提出了新的挑战。为此，两委一院于 1992 年 4 月正式在全国范围内组织实施"产学研联合开发工程"，同时推出"星火"计划项目。1993 年颁布实行的《中华人民共和国科学技术进步法》明确指出："鼓励企业、高等院校、科研机构联合和协作，增强研究开发、中间试验和工业性试验能力。"1995 年《中共中央国务院关于加速科学技术进步的决定》也提出："继续推动产学研三结合，科研院所、高等院校的科技力量以多种形式进入企业或企业集团，参与企业的技术改造和技术开发以及合作建立试验基地、工程技术开发中心等，加快先进技术在企业中的推广应用。"江泽民同志也为产学研合作的形式、目标、作用指明了方向。他说："采取多种形式，推进产学研结合，争取在一些重大的高新技术项目上取得突破性进展，更好地为国家的经济建设服务。"

我国的产学研结合的宗旨是建立国有大中型企业与高校、科研院所之间密切而稳定的交流合作制度，逐步形成产学研共同发展的运行机制，探索一条适合中国国情的产学研结合之路。自我国的产学研联合工程启动以来，全国各地的科研人员、教育工作者和产业技术人员高度重视，积极参加产学研结合工作尝试，有力地推动了整个工程的迅速发展。到 1997 年底我国先后建立了 52 个国家级产学研科技园区。如清华大学先后与 10 个省市、1000 多家企业建立了协作关系；中科院与 40 多个省市、部门、大企业开展了科技合作，并与全国上百个市、3000多个企业建立了合作关系；东北大学于1981年建立工程研究中心，1992年建立科学园，到1994年科学园面积从原来的80亩发展到850亩，占地670亩的软件科学园于1995年动工，2005年竣工，当时，这个软件园的目标是建设成为具有世界先进水平的中国一流的科学园。随着产学研联合工程的发展，我国的产学研联合不仅在学校与企业，企业与科研院所的单向或个别的相联合，而且已发展到多向、多个的大联合。如全国轻工总会直属院校联合创办的企业集团就是一家以轻工教育系统全民所有制企业和科研设计单位为主体，众多的校办企业为骨干组成的法人联合体。

第三章　人才培养模式的理论沿革

研究和知晓高等教育人才培养模式的历史变迁是十分重要的，历史是沟通过去，现在和未来的桥梁，它可以帮助我们了解川流不息的历史事件以及过去怎样制约着现在。要想提示现行高等教育人才培养模式存在的问题和未来的改革发展走向，一个基本前提就是必须要了解它的历史变迁过程。

第一节　我国高等教育人才培养模式的演变

关于培养模式的演变，冷余生教授坚持认为：中国的高等教育模式与世界的高等教育模式是不能分的。这句话只在中国古代是个例外。从近代开始，中国的高等教育模式经历了从"近代学习欧美模式"——"现代照搬苏联模式"——"现当代既受苏联模式影响、又正在向欧美模式回归"的三个阶段。

一、新中国成立前的人才培养模式

在古代中国，进行高等教育的机构早在两千年前就已出现，那时称之为"太学"，随后逐步演变为一种称之为"国子监"的教育制度，它包括伦理教育、政治与文学教育等。纵观古代高等教育，主要有以孔子的培养君子和致仕人才为目标的培养模式以及以朱熹为代表的书院模式。它们的职能主要是培养"士""君子"，即德才兼备、以德为主的人才。可以说，从培养目标、培养内容到教育管理都具有百分之百的中国特色：一是注重道德伦理的教育和个人修养；二是提倡在任何环境与条件下，可以由个人自由钻研学问；

三是可以因材施教，教学不因班级中有落后学生而受到影响。这种局面到了近现代开始被打破。

中国近代高校学习欧美教育模式的典范是由蔡元培任校长的北京大学和由梅贻琦任校长的清华大学。前者主张学术自由、教授治校；后者主张博雅教育、造就通才。这些都是典型的欧美作风，实际上是一种"通识教育"，它注重的是学生的基础知识及基本技能。"高校专业设置一般按大学科系，系下不设专业，有些系的四年级再分设几个组，选修一些专业课。高校主要是打基础，学生毕业后大约要经两年左右的见习期才能适应工作。这是符合当时旧社会自谋职业需要的，与当时我国科技水平极端落后相适应。"近代中国的高校主要以综合性大学为主学科门类庞杂，文、理、法、商、医、农、工七大类齐全；在学生人数方面，1947年文科学生占46%，其中政法学生就占学生总数的24.4%。

二、新中国成立初期的专才教育人才培养模式

新中国成立后，高等教育人才培养模式发生了很大的变化，因为这个时期国家面临的主要任务是巩固新政权和进行大规模的经济建设，需要大批的专业人才。为了适应国家经济建设对专门人才的迫切需要，1950年召开的第一次全国高等教育会议做出了进行高等学校课程改革的决定。会议提出的《关于实施高等学校课程改革的决定》中指出，高等学校应以院系为培养人才的教学单位，各系课程应紧密配合国家经济、政治、国防和文化建设当前与长远的需要，在系统的理论知识的基础上，实行专门化。根据会议精神，政务院颁布了《高等学校暂行规程》。规程中明确规定，"适应国家建设的需要，进行教学工作，培养通晓基本理论与实际运用的专门人才"是中华人民共和国高等学校的重要任务。这个时期我国高等教育有以下几个特点：

（一）办学模式从欧美模式到苏联模式的转变

从20世纪50年代开始，中国高校进行院系调整，一边倒地学习和照搬苏联的专业教育模式，这实际上是从"通识教育"向"专才教育"转变，它是当时计划经济体制下的产物。

苏联模式是一种"专才教育"，它强调高等教育是国家建设事业的一个组成部分，必须为国家经济建设服务；它以培养工农出身的专业人才作为其教育的根本方针；建立的是以单科学院为主的高等教育体制；根据行业、岗位甚至是产品设置专业；理工科分家，削弱文科和综合大学；建立培养专业人才的教学制度。因此，新中国成立初期我国的高

等教育主要是照搬苏联的专业教育模式,并把它当作我国高等教育的楷模。在培养目标上,参照苏联的"各种专家和工程师"的培养目标,将我国高等学校培养目标定为"德才兼备,体魄健全,既具有高度政治觉悟,又能掌握现代科学技术的专门人才"。在专业设置上,为了同国民经济的业务部门对口,各高校普遍设置专业,按专业培养人才。文理、医科一般按一级、二级学科设专业,工科则分得更细,不少专业是按工艺、装备、产品行业设立的,专业面很窄。

1949 年,我国的综合大学共有 49 所。1953 年只有 14 所,减少 2/3,而且是只有文理科的综合大学,而高等工业学校新中国成立前仅 18 所(1947 年),而在新中国成立初期的调整过程中,就新设了钢铁地质、水利、矿业、冶金、机械、电力、化工、纺织、轻工、建筑、铁道、海运、河运、航空等类学校 31 所。其中工业院校 11 所、农业院校 8 所、师范院校 3 所、医药院校 2 所、财经院校 3 所、政法院校 2 所、文科院校 1 所、艺术院校 1 所。从旧有综合性大学独立出来的各种专门学院有 23 所。其中工业院校增加了 35.7%,农业院校增加了 61.1%,医药院校增加了 31.8%,尤其是师范院校增加了 175%。全国招生人数由 1949 年的 30573 人迅速扩大到 1953 年的 81544 人,其中工科招生人数由 10820 人增加到 34165 人。工科学生所占比重由 1947 年的 17.8% 增加到 1957 年的 37%,师范学生由 3% 增加到 26%。旧中国全国仅有 10 多种业务口径很宽的系科。1953 年初全国高校共设置专业 215 种,其中工科类 107 种,理科类 16 种,文科类 19 种,农林类 21 种,医科类 4 种,师范类 21 种,财经类 13 种,政法类 2 种,体育类 1 种,艺术类 11 种。

在教学计划上,全国高校各专业实行统一的教学计划,也基本上是引进苏联高校同类型专业的教学计划。各高校在教学方法和教学制度上也普遍采用了苏联的模式,如课堂讲授、课堂实习、实验课、生产实习、课程论文、毕业论文、课程设计等,全套照搬。

(二)办学形式从多元办学到单一办学的转变

20 世纪 50 年代以前,我国的高等教育存在多元化的办学主体,即国家办学、私人办学和教会办学等同时存在。"当时全国有私立高校 65 所,占全国高校总数的 28.65%,学生约 2.1 万余人,而接受外国教会津贴的高校 24 所,占全国高校总数的 10.55%,学生约 1.4 万余人。在中国的 20 所教会高等学校中间,受美国津贴的即占 17 所之多。新中国成立初期,人民政府对私立学校采取了积极维持,逐步改造,重点补助的方针,以便在为国家培养建设人才的总目标下,使公私立学校各尽其力"。随后,国家为了集中有限资源推动工业化建设,在短时间内缩小与发达国家的差距,建立起部门齐全的国民经济体系,而采取了高度集中的计划经济体制。与之相适应的,1950 年 12 月,政务院第 65

次会议通过《关于处理接收美国津贴的文化教育救济机关及宗教团体的方针的决定》，将私立高等学校全部改为公立，收回了中国的教育主权，一些在历史上颇有名气的教会大学，如燕京大学、辅仁大学、齐鲁大学、之江大学、震旦大学、东吴大学、圣约翰大学等从中国现代大学名册中彻底消失。

（三）国家统一计划管理高等学校

在计划经济时期，国家对高校实行高度的统一计划管理。国家不仅掌握办学的审批权，同时对高校的结构、类型设置、教学计划内容，甚至招生计划和毕业生分配都统包统管。因此，高校的学科类型、层次类型、管理类型都是由国家规定，高校无法自主选择。这种情况下，高校是政府事业单位的一个组成部分，高校无须直接考虑面向社会需求的办学问题，而只需要对政府主管机关负责就可以了。在这种机制下，高校很少考虑如何面向社会需求发展高等教育，调整自己的专业结构和学科设置，办出特色和名牌的问题。所以，长此以往，我国的高校办学存在千校一面的状况。而且，随着社会和科技的发展，高等教育过分专业化的弊病也开始逐渐显露出来，培养出来的人才基础较弱、素质较差，不能适应社会发展的变化。后来，国家也注意到这一情形，开始纠正过度专业化的问题。比如，1962 年教育部召开的高等学校理科教学工作会议指出，综合大学理科专业设置应当根据国家需要和学科发展情况来决定专业范围应当宽一些，而不宜搞得太窄，更不宜按科学研究方向来设置专业。可惜，由于"文革"的爆发，此次会议精神没有得到贯彻。

三、20 世纪 80 年代以来的通才与专才教育相结合的人才培养模式

现当代的高等教育模式处在既受苏联模式影响、又正在向欧美模式回归的改革与探索阶段，基本的趋向是克服过去一边倒的做法，以我为主，借鉴欧美的通才教育模式的经验，保留苏联专才教育模式的合理性的一面，构建符合中国国情、有中国特色的高等教育人才培养模式。因此，就出现了 20 世纪 80 年代以来的素质教育与通识教育改革。

（一）改革的动因

我国计划经济体制向市场经济体制转换，虽然不是社会制度的根本性变革，但也是一场涉及人们生活各个领域的深刻变革，尤其是高等教育受到的影响更为广泛和深刻。20 世纪 80 年代以来，我国高等教育开始改革原来的专业化教育，按照市场经济体制的要求重新构建新的模式。

改革的动因是原有的办学类型与市场经济体制发生冲突。在计划经济体制下形成的高等学校的办学类型，是单一的国有公办类型，国家对高校包得过多，管得过死。一方面，

国家不堪重负，高等学校建设和发展经费严重不足。高校想扩大规模和提高办学效益质量也成为遥不可及的事情。另一方面，高校自身缺乏自我调整、自我发展的机制，无法自主办学。而市场经济条件下，以公有制为主体多种经济成分并存的格局已经基本形成，单一的国有公办高校类型根本无法满足多种经济成分的所有制企业对高级人才的需求。再者说，国家财力也不可能支撑全部高等教育体系的建设和发展，所以，高校的办学类型必须多样化。

在学科类型设置上，单科性院校过多，专业设置重复，专业划分过细，人才培养模式单一。所以，培养出来的学生知识结构不合理，适应性差，发展后劲不足，不能适应社会主义市场经济对人才素质的要求。不仅如此，还阻碍学科发展和科研水平的提高。

在这种背景下，20世纪80年代以后我国高等教育的指导思想开始发生变化，将素质教育和通识教育相结合作为指导思想。针对高等教育长期以来过分强调专业教育而忽视综合素质培养的状况，这一时期高等教育开始从纯粹的专业教育向专业教育与普通教育相结合转变，注重学生综合素质的培养。

（二）改革的内容及存在的问题

1985年中共中央《关于教育体制改革的决定》中指出：改革教学内容、教学方法、教学制度、提高教学质量，是一项十分重要而迫切的任务。要针对现存的弊端，积极进行教学改革的各种试验，例如改变专业过于狭窄的状况，精简和更新教学内容、增加实践环节、减少必修课、增加选修课、实行学分制和双学位制，增加自学时间和课外学习活动。1993年又颁发了《关于印发〈普通高等学校本科专业目录〉等文件的通知》，这次专业目录的调整从原来的813种调整为504种；按照上述精神，各高校都不同程度地改革人才培养模式，修订培养方案。总体来说，在培养目标上，强调素质教育。素质教育内涵十分丰富：目标是培养人的全面素质，灵魂是思想道德教育，重点是提高创新精神和实能力。在培养内容上，拓宽专业圈及提高适应性，重视培养学生获取知识的能力；学科体系与专业设置上强调基础化、综合化，其核心内涵是厚基础、宽口径，即学生必须学习并掌握坚实的基础理论知识和正确的方法论，必须了解跨专业、跨学科的广泛知识，并有在跨学科领域内学习新知识的能力；课程设置上增加通识教育课程，包括全校必修课和文化素质教育选修课，包括限选课和自由选修课，涉及人文科学类、社会科学类、思想政治类、艺术类、基本技能类等方面。例如，有的高校实施学分制、"双学位、双专业、辅修"的管理制度；有的高校尝试把基础相同的狭窄专业合并，然后在合并后的大专业内设专业方向，供学生自由选择；有的高校采取同一学科内按大类招生，打通基础课，三年级再分专业。这样，调整归并了一批专业，充实扩大了专业内涵，高等学校培养的人才综合素质有了明显提高。

但是，由于体制上的局限和根深蒂固的传统惯性，我国高校人才培养模式从培养目标、专业设置、课程体系和教学内容、教学管理体制、教学方法和手段等方面并没有从根本上跳出原来的框框，以专业教育为导向的教学体制，以计划经济为主体的管理模式并没有根本改变，学生个性发展和创造力培养还受到不同程度的束缚，人才培养的灵活性和适应性不够，人才的质量和结构与经济建设和社会发展的要求呈现出较大的差距，仍存在着专业口径较窄、人文素质薄弱、培养模式单一等问题。

四、20世纪90年代以来人才培养模式改革的多样性与创新性

进入20世纪90年代，我国经济体制改革进一步深化，经济发展迈入一个新阶段，对高层次人才的需求量大大增加。高等教育开始了人才培养模式改革的新探索。如果说计划经济时代人作为一种重要的经济活动的要素被纳入统一的经济计划之中，统一性是那个时代教育的主要特征，那么，进入20世纪90年代以来，人的作用和价值被赋予新的内涵，高等教育既要面向社会经济，又要服务学生个体，既不能脱离专业教育，又不能囿于专业教育，于是多样化和创新性便成了这个时代教育的必然趋势。

（一）人才培养模式的多样化

由于我国社会职业技术岗位的分工不同、行业和地区之间存在的发展不平衡以及高等学校办学基础、办学条件的差异，决定了人才需求的多层次、多类型、多规格。为了更好地满足经济建设对人才的迫切需要，教育部在《关于深化教学改革培养适应21世纪需要的高质量人才的意见》中明确指出，努力实现人才培养模式的多样化是人才培养模式改革的一个重要方面，要求高等学校根据国家的教育方针和政策，根据社会的实际需求和自身条件，确立人才培养模式。1990年在兰州召开的全国高等理科教育工作会议指出，高等理科教育培养的人才应该既包括从事基础性科学研究和从事教学工作的学术型人才，也包括从事应用性工作的应用理科人才，其中以后者为主。这一时期，在有关政策的积极鼓励下，各高等学校积极探索人才培养的有效途径，人才培养模式呈现出多样化的特点。

有的通过调整专业结构和专业方向，增加应用型人才的培养数量；有的通过改革教学过程，实行"2.5+0.5-1"等教学方案或学期制等，加强实践教学环节；有的从学制上进行人才培养模式改革以及与之相配套的弹性学制、学分制；更多的是改革课程结构，增加应用型教学内容和环节，培养应用型人才。还有的尝试中外合作办学、校际合作办学、校企合作办学等办学形式，开拓交叉与联合培养渠道，让学生超越单一校园文化的熏陶，

形成对单一专业教育时空的补充和扩展状态。

（二）人才培养模式的创新性

"创新"是一个历久弥新的话题，面对知识经济的挑战，科技的日新月异，国家间激烈的竞争，世界各国都在加强国家创新体系建设；社会各行各业也在探索创新之路。1996年，联合国教科文组织国际21世纪教育委员会的报告《教育——财富蕴藏其中》指出："教育的任务是毫无例外地使所有人的创造才能和创造潜力都能结出丰硕的成果。"并认为这一目标比其他所有目标都要重要。由此可见，创新已成为当今世界的主旋律。

人是创新的主体，要创新必须有创新型人才，而人才的培养靠教育。在1996年6月的第三次全国教育工作会议上，江泽民同志指出："面对世界科技飞速发展的挑战，我们必须把增强民族创新能力提到关系中华民族兴衰存亡的高度来认识。教育在培养民族创新精神和培养创新人才方面肩负着特殊的使命。"针对高等教育在培养创新人才中的重要地位，全国人大1998年通过的《中华人民共和国高等教育法》规定"高等教育的任务是培养具有创新精神和实践能力的高级专门人才，发展科学技术文化，促进社会主义现代化建设。"教育部在1998年12月制订的《面向21世纪教育振兴行动计划》也明确规定："高等学校要跟踪国际学术发展前沿，成为知识创新和高层次创造性人才培养的基础。"2006年7月12日，在上海举行的第三届中外大学校长论坛以"创新与服务"为主题，高校如何能培养出创新人才，从而更好地为社会和经济发展服务便再一次成为研究的热点。

关于高等教育如何培养创新人才，许多学者和教育工作者进行了多方面的理论研究和实践探索，但是通过对已有研究文献的检索和分析发现，关于高校创新人才培养的理论研究，从总体上看，还存在一些不足的地方：（1）对于创新人才的概念与特征的理解不是很全面，缺少一定的理论作为支撑，所以具有片面性的倾向；（2）对于培养创新人才意义的认识，仅仅停留在为民族国家服务的层面上，而未能从人之本身出发，忽视了高校培养创新人才对于个体生命和谐与发展的积极意义，所以具有工具性的倾向；（3）对于创新人才的培养，视野比较狭窄，绝大多数的研究者都是从某一侧面进行研究，研究不够深入。

在培养创新人才的实践中，国内高校对学生的创新能力和创新品质培养总体可分为四类：一是专门开设创造类课程，从创造学、心理学等角度使学生了解创新，并促进他们创造力的培养，如一些院校开设的创造性思维、创造发明技法等课程；二是将学生创新品质培养渗透到常规教学中，如上海交大的机械工程与自动化专业教学试点、湖南大学的机械原理和机械设计两门课程的创新设计；三是设立多种单科和跨学科竞赛，如数学建模竞赛、电子设计竞赛、计算机程序竞赛、"挑战杯"科技竞赛等；四是有组织有计划地让学生参加科研活动。

　　总之，最近几年来我国高校创新人才的培养工作已经起步，并且也都取得了一些经验，但到目前为止整体上还没有取得突破性进展，也没有寻找到特别有效的培养方法，满足社会对创新型人才的需求。这一方面说明创新人才培养工作可能比我们预想得更复杂更艰难，另一方面恐怕也反映出人才培养模式的一些深层次问题还没有真正解决好。

第二节 发达国家人才培养模式的发展与走向

一、美国高校人才培养模式的发展与走向

（一）美国高校人才培养模式的历史考察

美国高等教育自 1636 年哈佛学院成立算起，已经走过了 370 多年的历程。其发展速度、发展规模和普及程度都是世界上首届一指的。美国高校不仅培养了许多世界一流的科学家，而且也为美国各个时期的国民经济发展和社会进步培养了大量的各级各类专业人才。若要借鉴美国高校人才培养的成功经验，针对其历史发展进行简单的考察也显得必不可少。

1.培养目标由单一的宗教性到逐渐世俗化

北美大陆在独立之前一直是英国的殖民地。1636 年马萨诸塞海湾总法院和该殖民地总督批准，拨款建立一所学院。次年 11 月 5 日，总法院命名学院的所在地为坎布里奇（Cambridge），校名为坎布里奇学院。1639 年该校更名为哈佛学院（Harvard College），以纪念临终前将一半家产及 400 册藏书捐给该校的牧师约翰·哈佛。这就是以哈佛大学的前身为代表的殖民地学院的缘起。继哈佛学院之后，殖民地时期又相继创办了耶鲁等八所学院。这时期的学院是以欧洲传统大学为原型而创办的。

殖民地时期的九所学院除宾夕法尼亚学院外，包括哈佛学院在内的其他八所学院的创建都有着明确的宗教动机，即都是为了满足殖民地对传统基督教文化的迫切需要和培养有教养的教士的现实要求。弗兰西斯·赫金斯在《新英格兰殖民地》一书中以满怀激情的笔写道："令我们倍感安全，并赋予我们抵御一切异己势力的强大动力，源于我们拥有真正的宗教，源于万能的上帝对我们的神圣启示。而假若上帝与我们同在，谁又能反对我们呢？""在上帝施惠庇佑我们安抵英格兰之后，在我们修筑了房屋，准备了生活必需品之后……一项我们长久期盼并孜孜以求的事业便是提高我们的宗教知识的水平，并使之逐步繁荣。"于是造就基督教教士及养成一般民众的宗教信念便成为这些学院的首要任务。在这种机构里，为教会和国家服务的经过严格挑选的一批基督教绅士便是高

等教育的人才培养目标。如哈佛学院最早的章程规定，该校的主要目的是培养学生能够造就永生的上帝和耶稣救世主。哈佛早年印行的一本小册子中是这样描述的："每一个人应对自己生命的终极表示关怀，因而应了解、接近上帝和耶稣基督，这才是永恒的生活……应把基督作为一切知识和学习的基石。"同样，威廉·玛丽学院的创办，正如其创建者称道的那样，在于为教会培养合格的年轻教士。虔诚的信仰，优雅的举止以及良好的教养是他们不可或缺的评判标准。此外，学院还要担负起在印第安人中传播基督教信仰的职责。1701 年耶鲁学院则宣称要把耶鲁学院办成这样一所机构，青年人可以在这里学习艺术和科学，并借助于对万能上帝的赞颂而适合在教会和政府中任职。1754 年，耶鲁学院院长声称，"学院是传教士上的社团，以养成从事宗教事务的人员为己任"。普林斯顿学院也以培养具有新教信仰的牧师作为办学目标。1754 年成立的国王学院，办学目的也相当明确："本校主要任务，在于教育和指导青年理解耶稣基督，热爱并服从上帝，养成优良习惯，获得有用知识。"拉特格斯学院也把学院的工作确定为：用具有学术性的语言，向青年学生传播神学及文理学科知识，这是其能够胜任宗教和其他社会工作的保障。

殖民地学院的创立除了受来自牛津大学与剑桥大学等英格兰因素的影响外，还深受苏格兰大学传统的影响。苏格兰大学表现出不同于英格兰大学的特征，即大学教育表现出为从事一定职业做准备的倾向。这种影响在威廉·玛丽学院、国王学院和普林斯顿学院中表现得较为明显，世俗化色彩较其他学院也更明显一些。

到了 18 世纪中叶，由于殖民地教派发展的多样化趋向，在一定程度上形成了各教派并存的格局。伴随着殖民地商业的迅速发展，出现了举办世俗院校的要求。这些趋势对当时的殖民地教育产生了很大的影响，不同教派支持的学院逐渐改变了自己的培养目标，从单纯的培养教士到同时也为世俗社会培养政治和经济发展所需的官员和专业人员。哈佛、耶鲁等院校的校长和教授都为办学世俗化做出了努力，拓宽了人才培养的方向，如哈佛学院加强对法律、医学专门人才和地方行政官员的培养。进入 18 世纪以后，威廉·玛丽学院的重点也不再是培养教士，同时也承担起培养未来的律师和医生的职责。1770 年，该校的教授们发表了一个声明，宣布该校的人才培养目标是为三种传统的精深职业（神、法、医）培养青年。另外值得提的是学院毕业生中成为教士的比例也日趋卜降。在 18 世纪上半叶，学院毕业生中大约有一半成为教士，到了 1761 年这一比例下降到 37%。所有这些都是殖民地学院摆脱教会控制，培养目标由单一的宗教性向世俗化迈进的重要见证。这为独立后美国社会政治和经济文化的发展提供了一定的人文科学和自然科学发展的人才储备。

美国建国后，随着政治民主化的进程和西部边疆的不断拓展，各种专门技术的实干人才越来越匮乏。殖民地时期教派成立的学院已远不能满足需要。1802年美国军事院校西点军校创立，专门用以培养军事和工程技术人才。1824年成立了伦塞勒多科技术学院，该学院注重理论和实用学科相结合，主要培养农业和市政工程等实用人才。1862年《莫雷尔法案》的颁布使美国农业和多科技术学院得到了迅速的发展，如著名的MIT就是此时创办的。这些学院的建立已完全没有宗教因素的存在，纯粹是适应当时社会需要的结果，这为美国工农业的发展培养了一大批实用技术人才。而到了20世纪，人才培养目标与社会的结合性更加紧密。特别是第二次、第三次技术革命的出现为人才培养提供了良好的契机，社会对专业人才需求的变化成为人才培养目标演变的重要依据，高校也走出了"象牙塔"，为自身的生存和发展赢得了更广阔的空间。

2. 通识教育与专业教育在不同历史时期各有侧重

在美国高等教育的发展历程中，以"通识教育"为特征的古典主义传统和以"专业教育"为主旨的实用主义传统是长期并存的，但由于历史原因，在课程设置中不同时期各有侧重。

殖民地学院基本上承袭了英国的传统，实施的是传统的自由教育（liberal education），这是通识教育的源头。如1640年初，在毕业于剑桥大学的麦克达林学院（Magdalene）的哈佛第一任校长亨利·邓斯特（Henry Dunster）的领导下，哈佛大学完全遵循英国牛津、剑桥等大学的惯例。哈佛的正式课程是1642年由邓斯特首次开设的。他把欧洲教育发展的三种倾向归结在一起：即中世纪的"七艺"、文艺复兴时期人文主义对希腊及拉丁古典作品的兴趣，以及体现宗教改革思想的宗教教育。课程中六科来自"七艺"：文法、修辞、逻辑、算术、几何、天文，也包括亚里士多德的道德哲学（伦理学和政治学）及自然哲学（物理）在语言上，强调希腊文、希伯来文及东方语言，大多数教科书以及各科讲授，均采用拉丁文。宗教教育强调新旧约和新教神学。即使"道德哲学"等其他科目的讲授也必须与基督教教义结合起来进行，务必使学生获得正确的思维习惯，以及有关道德和宗教问题的正确观念和价值。学生在课堂上学习基督教教义，课余被组织参加各种宗教活动，熟悉宗教礼仪，培养自己对万能的上帝拥有虔诚的信仰。其他殖民地学院的课程设置和所强调的重点和哈佛也大同小异。

进入18世纪后，由于受到欧洲启蒙运动的强大影响和英国非教派学院及苏格兰大学课程设置的榜样作用，殖民地学院的课程体系开始出现了一些改革的趋向。一方面，哈佛、耶鲁等学校对自然科学的兴趣日益增长。哈佛于1728年开始设立霍立斯数学和自然哲学教授职位，其职责就是用实验的方法来进行教学。同时学校还购置了许多科学仪器，为学生了解天文学、物理学和化学的基本原理做好了硬件上的准备。另一方面，实用性课程也开始出现。如1754年英皇学院校长提出该校除了开设传统的课程之外，还应开设测量、航海、家政、矿物学地理、商业和管理等课程，以满足纽约地租商贸的需要。在汤姆斯·克莱普（Thomas Clap）任耶鲁学院院长时期，克莱普开设讲座，讲授有关"国民政府的性质""法院种类""宪法、土地法、民法、惯例法军事与海事法规""农业、商业、航海、医学、解剖学"等专业领域内的知识。美国建国后，随着政治民主化的进程和向西部边疆的不断拓展，越来越需要具有专门知识的实用型人才。于是，专业教育（profession education）和技术教育（technical education）进入美国高校，传统上需要高深学问和特殊训练的职业也从学徒制逐渐转变为正规的专业学校教育。一些院校先是开设法学、医学讲座，后来就建立了医学院和法学院。与此同时，技术教育也开始出现。1802年美国军事学院西点军校创立，1824年成立了伦塞勒多科技术学院。弗吉尼亚大学更是打破了传统学院的课程设置，它压缩古典学科的教学，强调数学和自然科学知识的传授，不仅重视神、法、医科，也注意满足农业、工业和商业的需要。所有这些引发了传统的文理学院在学科专业和课程设置上的改革。

1828年以坚持正统宗教权而著称的耶鲁学院校长戴依和一个老教授共同执笔的《耶鲁报告》出台。《耶鲁报告》维护古典语文凌驾于其他学科之上的特殊地位，认为它是训练心智的有效途径；以"精修古典语言"为特征的必修课程对于学院是唯一适当的课程体系。耶鲁大学甚至决心要将专业科目有计划地被逐出大学的教学领域，给文学以充足的发展空间。报告还认为心灵的陶冶必须进行严肃甚至强制性的训练，学生必须接受长辈的指导和严格管理。这一报告公布后，传统教育思想和观念在高校内更加稳固，一些高校兴起的专业教育课程改革也一时受阻

1862年美国国会通过《莫雷尔法案》后，各州纷纷建立了州立大学，这些公立大学打破了原来的高等教育的传统，将注意力集中在职业与技术教育，实用主义学风覆盖了整个美国的大学教育。它们的课程设置与传统院校截然不同，开设了农业和工艺等新学科，使一向被人所鄙视的农业生产科目在高校中有了一席之地。到了20世纪初期，约翰杜威（John Dewey）提出，为了解决高校课程过于密集的问题，应当设立一种关于世界一般知识的概论性课程（survey course）。设置概论课程最成功的或最有影响的是哥伦比亚大学。该校在第一次世界大战期间就设立了"战争问题"课程，战后该课程演变为著名的"现代文明概论"，作为通识教育课程。

第二次世界大战以后，以哈佛大学1945年发表的《自由社会中的通识教育》为开端，高校曾出现了"恢复基础教育运动"。但这次运动是短暂且不成功的。1957年苏联人造

地球卫星发射成功的冲击，使人们在评价高等教育时把失败的原因归咎于过于"专门化"。因此，许多高校再次开始加强对本科生的通识教育计划，增加通识教育的课时。据美国学者德塞尔（Paul dress）对 322 所大学本科生课程设置进行的调查证实，1967 年这些学校对学士学位课程的要求是：基础课占 37% 左右，专业课占 25% 左右。又据卡内基教学促进基金委员会的调查，1967 年美国各类高校本科生通识教育所用的课时，大体都占总学时的 40% 以上。

进入 20 世纪 90 年代以来，在大学仅仅学会某一职业或专业技能显然不能适应未来社会的发展要求，因此通识教育和人文教育的重视是普遍的发展趋势，目的是培养更为全面发展的人才。1998 年 3 月哈佛大学校长陆登廷（NeiI L. Rudenstine）就指出："大学开展研究以推动经济的发展是无可厚非的，同时，大学帮助学生寻求使用和令人满意的职业也是必要的。然而，更重要的是，大学要提供无法用金钱衡量的最佳的教育。这种教育不仅赋予我们较强的专业技能，而且使我们善于观察、勤于思考、勇于探索，塑造健全完善的人格……正是这样，尽管在复杂的条件下，无论是哈佛还是美国其他大学都在竭尽全力为更好地传承文理融合的'通识教育'而努力。在本科生四年的学习中，除主修像化学、经济学、政治学或文学等各个专业外，还要跨越不同学科，从道德哲学、伦理到数学、逻辑，从自然科学到人文，从历史到其他文化研究广泛涉猎。"

可以说，通识教育与专业教育是高等教育人才培养过程中一个问题的两个方面，它们并不是截然对立的。在不同的历史时期，由于不同的历史原因，导致过分地强调一面，而忽视另一面。实质上，在美国高校的人才培养内容方面，通识教育与专业教育一直都是长期并存的。古典主义传统对美国教育中实用主义倾向的抵制是通识教育发展的动力，但是，随着高等教育的大众化和普及化，纯粹的古典主义传统已不合时宜。因此，在高等教育的发展中，将通识教育与专业教育相互调和，使大学教育中"人的培养"和专业知识的教育在统一中协调发展，在高等教育改革中是有必要且具备客观基础的。

3. 建立在选课制基础上的学分制取代学年制

选课制的诞生对美国高等教育产生了巨大影响，导致了一系列重要的变化，它使科学第一次提高到人文学科同样的地位。学分制经过曲折的发展历程最终取代了传统的学年制，为美国培养出了大量的创新型人才，为美国经济的飞速发展发挥了积极的作用。

19 世纪以前，美国高校沿袭欧洲一些知名大学如剑桥大学、牛津大学的传统，采用的是学年制，这种教学制度以班级为单位组织管理教学，规定学生所修课程、顺序和进度等要求；这种教学管理模式使得学校教学计划呆板僵硬，学生没有太多的学习自主性和自由性。与此同时，随着科技的迅猛发展，新兴学科不断涌现，课程体系越来越复杂化，传统学年制缺乏灵活多样性的弊端日益突出。在这种形势下，产生于德国的选课制于19世纪初叶在美国高校中进一步得到改进并不断完善，其中弗吉尼亚大学率先在学生选择课程方面采用了这种自由的选课制，并将其体现于教学计划当中。之后，1872年哈佛大学引入选课制度，取消本科四年级的必修课程，到1885年大学一年级的必修课程也相应减少。这是美国历史上一次重大的课程改革运动。

但是，由于美国教育体制采取地方分权管理，没有全国统一的课程及教学大纲，不安排全国性的统一考试，因此美国中学的质量管理存在很大的差异性。为了保证大学的入学质量，1894年，该委员会拟定了一套统一的大学预科课程，课程规定以学分计量，并对教学进度进行了规定。20世纪初期，卡内基教学发展基金会为了统一学分的概念，并使花费在学分上的时间标准化，将"一门课不少于120学时"确定为一个卡内基学分（Carnegie Unit）。到19世纪末20世纪初，选课制已经相当普及。1901年的一项调查表明，在97所被调查的有代表性的院校中，选修课占全部课程70%以上的学校有34所，占50% ~ 70%的有12所，占50%以下的有51所。然而，随着选择课程的增多，学生学习成绩出现难于计量的问题，选课制下的学位授予也缺乏灵活性，于是以学分为计量手段的选课制随之产生。在选课制基础上采用学分这种灵活的计量方法，为选课制注入了一股强大的活力，使得选课制更加灵活自由，学分计量也由课程学分向学位学分转变。这使得高校在采用选课制并引入学分概念后，不仅为选课制提供了学习计量方式，而且使弹性学制成为现实。在卡内基教学基金会推动下，学分制很快在高校和中学被广泛采用。高校采用学分制，巩固和完善了高校选课制的改革成果，学分融入选课制后也获得了远远超过其最初只是作为学习计量方式的含义，发展成为一种不同于传统学年制的现代教学制度。

4. 人才培养的横向扩展与纵向发展并举

美国高校人才培养的横向扩展表现为传统大学的变革与新型大学的建立。它们的变革与发展使得高校人才培养的内涵得到扩展，具体表现为培养人才的类型更加多元，从而为社会的发展提供了各类所需人才。

殖民地时期的九大学院可称为美国的传统大学。它们虽然根植于欧洲，但在北美的环境下，并不像欧洲大学那样过于保守，在科学和社会技术发展的推动下，它们自身也在不断的改革中缓慢前进。进入19世纪以后，在德国、法国高等教育改革的影响下，传统大学也进行了一系列的改革，如在大学增开新课程、增设新系科、增办新学院，传统大学逐步向现代大学转变。美国的新大学运动也同样对美国高校人才培养的变化起到了巨大的促进作用。它起于19世纪初，以弗吉尼亚大学的建立为起点。弗吉尼亚大学为南方各州的大学提供了活生生的样板，对美国南部、西部和北部地区的大学的发展产生了重大的影响。尤其是杰弗逊的州立大学观念在西部延伸，西部地区相继建立起一些州立大学。到南北战争前夕，美国的 27 个州已有 25 个相继建立了州立大学。新型的州立大学面向实际，注重学以致用，为美国提供了众多的实用人才，因而它显示出了强大的生命力。在《莫雷尔法案》颁布之后，美国又有一大批农工学院和以农工学院为主的州立大学（这些大学在美国统称为"赠地学院"）建立起来。这些新建大学没有传统大学的包袱，在课程设置上也多能适应当时社会的需要和科学技术的发展要求。它们以面向本州，满足地方需要为主，在系科与课程方面不仅广泛而且世俗、实用，职业性与学术性并重。因此它们为美国培养了大批各类职业所需要的人才，为美国经济的发展提供了充足的人才条件。正如我国美国学研究专家贺国庆所指出的："赠地学院通过培养大批实用的经济发展所急需的科学技术人才，为美国工农业现代化做出了卓越的贡献。"

美国高校的人才培养在横向扩展的同时，也迅速地向纵向发展。研究生教育的出现是其纵向高层次发展的有力证明，而社区学院的兴起与发展使美国高校人才培养在向上发展上也向下延伸。从 19 世纪初开始，受德国新大学办学思想的影响，美国大学中出现了研究生教育的萌芽。哈佛、耶鲁、康乃尔等大学先后开设了研究生课程，并授予高级学位。1876 年，约翰·霍普金斯大学成立，标志着研究生教育在美国高校中确立。在约翰·霍普金斯大学的带动下，一方面原有的有些学院，如私立学院哈佛、哥伦比亚、耶鲁、普林斯顿等，州立学院如康奈尔、密执安、威斯康星等，也都采取了设立研究生院的方式，实现了学院到大学的过渡；另一方面也为新的研究型大学的创立开辟了道路。这一时期，研究型大学数量不断增多，规模不断扩大。据统计，到 1900 年，美国开设研究生课程的学院和大学已达到 150 所左右，其中近 1/3 开设了博士课程。1876 年 25 个机构授予了 44 个博士学位。1890 年美国大学共授予 164 个博士学位，10 年后翻了一番。美国现代大学的产生，为美国培养了一批高素质的优秀人才，满足了国内的需求，也为美国高等教育逐渐步入攀登科学技术高峰奠定了深厚的基础。19 世纪末 20 世纪初兴起了初级学院运动（Junior College Movement），作为美国高等教育的一种独特结构——初级学院（社区学院）出现了。它提供专科层次的教育，办学目的的综合性以及课程设置的多样性使之适应了广大群众和社会的要求，因此发展势头十分迅猛。1900 年，全美初级学院仅有 8 所，在校生仅为 100 人；到 1922 年，初级学院在校学生大约 20000 人，平均每校 150 人。到 1940 年，初级学院在校学生已达 240000 人，平均每校 400 人。

至此，美国高等教育已形成了由大学、学院、初级学院组成的比较完整的人才培养的体系结构，形成了由副学士、学士、硕士、博士构成的四级学位制度和由研究生教育、本科教育、专科教育（副学士教育）构成的三级教育结构。这种人才培养的层次体系可以承担和培养从半专业人员、一般科学和专业人员到高级科学和高级专业人员的任务，从而 基本上满足了工业化的美国对各级专门人才的要求。

（二）美国人才培养模式的现代走向

美国高校人才培养模式的历史成就了美国高校人才培养模式的特色，也正是有了这些历史传统，美国高校才有了长足的发展。时代在前进，美国高校的人才培养模式也将随时代变迁而发生变化。

1. 人才培养目标的社会性与全面性的统一

时至今日，美国高校人才培养目标仍然立足于国内社会价值取向的本色，体现社会性的一面；同时随着时代的发展，人才培养目标也注入了国际化元素，涵盖了全面性的特点。

首先，人才培养为国家安全服务的社会价值取向日渐凸显。自从第二次世界大战以来，美国就将高等教育的人才培养列为国家安全的关键因素。进入 21 世纪以后，这一点更为凸显。2002 年的《美国教育部 2002—2007 年战略规划》中特别强调了教育与国家的全球政治、经济、军事竞争之间的联系。教育部长罗德·佩奇陈述这份报告时曾数次提及"9·11"事件，认为它"使得教育比以往任何时候更为重要。它使得达成这些目标——提高学生的成就、灌输坚定的品格和公民精神等——比以往任何时候更为紧迫……自《国家在危险中》发表以来，我们已认同教育对经济的重要性，现在我们认同教育对国家安全的重要性……我们许诺，不让一个学生落后，而作为回报，这个国家可以要求我们的年轻人 运用他们的技能和知识来保卫我们的公民，为我们的经济做出贡献，重建我们的社会并增强我们的民主制度"。本科教育理所当然首当其冲，因为美国人口中几乎有一半人，包括公务员、商人、公众领袖、职员等都曾进入美国大学或专业学院学习，本科教育对其生活的影响和作用是决定性的、不可替代的。因此，以爱国主义为核心的道德教育成为 21 世纪初美国教育改革的一大主题。

其次，人才培养目标赋予鲜明的国际化内涵。美国的高等教育注重培养学生的国际眼光和全球意识。它们强调培养出来的学生，应当会讲一门外语并且通晓别的国家的文化，这样才能有利于增进不同国家、民族、文化间的相互理解，使之能够以立足于国际社会和全人类的广阔视野来鉴别事件，判断形势，决定价值取向和行为方式。此外，培养出来的学生在国际舞台上具有竞争和合作能力也很重要。学生除了要具有一定的专业知识外，还要具有宽广的知识面，能通晓法律、国际贸易、金融、管理、科技等方面的知识，善于与不同文化背景的人打交道并合作 共事，能适应国外工作和生活环境。

2. 专业设置的跨学科性与时代性的统一

2002 年，布什政府曾明确提出要进一步促进信息科技、能源开发利用、空间开发、宇宙与生命的起源等高新科技的发展，认为 21 世纪美国的繁荣将有赖于此。而这一设想必须以大量相关高级人才为依托。实际上，进入 21 世纪后，美国高等教育专业设置正在发生新的变化，这已反映在 2002 年联邦教育部新颁布的高等院校学科专业目录（CIP-2000）中，该目录对美国本科专业设置具有指导意义，体现了专业设置的跨学科性与时代性的统一。（1）为培养跨专业人才，交叉专业大量增长。主要有跨学科群交叉（CIP-2000）中有 25 个学科群设置跨学科专业和学科群内交叉。（2）通信、生命、计算机等领域的新兴专业发展迅猛。（3）与国际化相关的专业发展迅速，如区域研究学科下设的专业从 1985 年的 16 个增至 2000 年的 33 个。（4）对部分传统专业进行整合。英语、数学与统计、自然科学、传播与新闻 4 个专业学科群分别减少了 4 个、2 个、3 个、2 个，而生物、医学、农学等学科群则进行了综合，拓展了专业涵盖面。

跨学科专业是指通过不同学科的有机组合，构建新型的专业课程体系，培养具有多学科知识背景、知识和能力结构合理、基础扎实、素质全面、适应性强的综合性人才。这种专业的课程体系有别于传统单一专业的课程体系，其中许多课程并不专门针对本专业的学生开出，而由学生到不同的开课系选修。如美国伯克利文理学院的"国际及地区研究"就是一个典型的跨学科专业群，这一专业群包含 6 个本科专业与 3 个研究生专业，其中本科专业为亚洲研究、发展研究、拉丁美洲研究、中东研究、和平与冲突研究以及工业社会的政治经济学。专业群的教师来自全校 40 个传统的系科，没有仅属于这些专业的教师。

再如宾夕法尼亚大学拥有 30 多个跨学科学位和专业，其中约 1/3 是近五年新开设的。该校的"行为学的生物基础"专业综合了人类学、生物学、化学和心理学。该专业的许多课程并不使用教科书，而是让学生阅读近期的科学文献并开展讨论，通过接触和了解学科前沿知识来激发学生的学术敏感性和创造冲动。该校也正在推进无障碍跨学科教育：一是开设跨学科复合课程，由一组学科背景不同的教师联合开设一门课程，为学生带来不同的视野角度和知识结构。其文理学院 2000 年开始改革的"先锋课程"中，要求学生主修跨学科的 4 门通选课，分别来自人类社会、科学文化、地球空间、想象与现实等领域；二是开设跨学科选修课程，采取无学院边界、无学科边界选课制，本科生可在任何学院选课，共享研究生院各种教育资源，包括跨学院联合培养学位等；三是开设跨学科研究课程，如工程学院，在本科一年级就开设"独立研究"课程，提供学生与一位教授密切工作的机会，在教授指导下完成本学科领域所学课程以外的一个研究项目。伯克利加州大学也设有一些跨学科专业，其教学与研究跨越若干传统学科，超越传统"系"的界限，拥有独立的课程体系，其中包括单独开设的课程，而大部分课程由学生根据要求在其他专业选修。

众多跨学科专业的设置，为有兴趣进行多学科、跨学科学习的学生提供了现实的可能，也为具有个性和特殊创造潜质的人才培养创造了条件。

3. 课程设置的综合性与实践性统一

高等学校课程设置综合性主要包括两方面的内容。一方面，注重知识的广博，加强基础性课程知识，培养创造性学习能力，另一方面，人文科学、社会科学与自然科学相互渗透，突出课程的应用性。美国高校非常重视给学生建立一种宽广的知识基础。因为课程结构的单一必定导致能力的单一，这不利于毕业生适应社会和个人的全面发展。而尊重知识的普遍联系原则，则必须加强课程的广博性和基础性。因此，在一些研究型大学中专业分类很少，就是出于对基础知识重视的考虑。

以斯坦福大学的经济学为例，几乎就只有一个经济专业，并无我们所习惯于细分的世界经济、国际贸易、金融、财政及其他类专业，所有学生都得学好经济类的主要课程，如宏观经济学、微观经济学、货币银行学、财政学、国际经济学、计量经济学六大基础课。在此基础上，学生才可根据自己的爱好和方向再选修其他课程。普林斯顿大学虽然专业分得较细，但采取了延迟专业分流的做法来保证学生有宽厚的知识基础。即本科生教学要到三年级才以专业为主，一二年级全部用于打基础，再加上选修课数量很大，从而使学生的知识面不会过于狭窄。再如美国最负盛名的理工科大学麻省理工学院（MIT），也像哈佛、普林斯顿、斯坦福等综合性大学一样，十分重视给学生以广博的知识和基础性教育。MIT 的本科生一年级时不分专业、系科，全面实行通才教育。到二年级时才分到各学院，以确定是学工程、建筑还是管理等。少部分人如拿不定主意，还可以延至二年级结束时再做决定。这就从学制管理上给了学生充足的时间来尝试，学生可以进行自由的选择和定位，可以明确自己所具有的真正特长，避免过早投入职业训练所带来的弊端，这样做既有利于学生专业上的发展，对于学生综合素质的提高也有一定的积极作用。

此外，美国高校也普遍注重对学生能力的培养，许多大学均制定了各自的能力培养目标，加强了实践性教学环节在课程体系中的比重，增加学时数，鼓励学生运用所学内容设计具有创新意识的方案。他们很注重学生的实习过程。学生在掌握了一定的专业知识后，通常会到有关企事业单位学到许多在学校学不到的东西，提高观察能力和动手操作能力，积累各方面的经验。学生带着这些经验以及发现的一些问题再回到学校学习，往往会激发创造的欲望并付诸行动。哈佛大学经常把学生置于实践的环境中，让他们用以往学过的理论及积累的经验，回答和解决他们不熟悉或不明白的问题，强迫他们不断向自己的智力和能力的极限挑战，经过讨论、总结要点，获得知识和体验。

4.培养方法的多样性与技术性统一

关注质量、追求卓越，是20世纪80年代以来美国高等教育发展的一个重要特征。到了21世纪，质量问题更成为美国高校发展的重要问题。高等教育质量目标的实现和保证，取决于其内外部众多的条件，培养方法是其能否实现的最直接因素。如今美国高校的人才培养方法经过历史的演变与变革正朝着多样化与技术化方向发展。

一是力行教授授课。在美国高等教育由大众教育逐步走向普及教育的过程中，本科教育质量出现了下滑趋势。而在研究型大学，科学研究的职能被不断强化的同时，本科教学却经常被忽视甚至遭冷落。对此，社会和公众的批评也日益增多和尖锐起来。因此，愈来愈多的高校开始反省重研究、轻教学的现象，并将配备更多的教授到本科教学中，作为提升教学质量的重要举措。例如，哈佛大学为了提供优质的通识教育，文理学院各系均派出相关领域大师级的教授来教授基础通识课程，同时聘请素质优异的研究生做助教，带领学生分组讨论，使哈佛大学本科生实实在在地得到优质的广博教育。芝加哥大学有许多资深教授为本科生设计核心课程计划，多达40%拥有终身教职的教师参与了相关课程的教学。

二是坚持以学生为主体。要实施有效的教学，提升人才培养质量，最终还得通过学习的主体——学生自身来实现。如果学生没有学习的兴趣，质量的提高只能是"一厢情愿"。美国宾夕法尼亚大学布莱顿副校长认为："现代教与学已经远离过去传授模式，取而代之的是以学生为中心，注重学生在学习中的积极参与。"美国高校在强化教学的过程中，对此给予了充分的关注。如比较重视本科教育的普林斯顿大学，在充分认识现代文化科学知识的多样性和复杂性对学生培养的影响的基础上，更把提高学生个人素质和能力作为学校教学改革的核心。普林斯顿的教授们在课堂上不以权威自居，而尽可能突出学生的主体地位，鼓励学生提出问题、发表观点，容许学生有不同的意见。在教学目的上，不强调知识的传授，而是注重入门的引导，让学生经过自己的思考、辨别和判断得出自己的结论。由于在学校的人才培养目标和教学实践中都明确、贯彻了以学生为主体的教育理念，从而保证了普林斯顿的本科生群体能稳定地处于优秀的水平线上。

三是建立以研究为基础的教学模式。各大学都将教学重点从过去知识的传授转移到以研究、探索为基础的教学上来。其一，学生从单纯的知识接受者成为探索者，实现角色的转变，本科生可以直接参与以前只有研究生才能参加的科研活动。MIT把过去仅限于研究生的"独立研究课"下放到本科生的课程设置中，几乎所有的专业都设置了特殊问题研究、教学研究和独立研究讨论课程，使课堂教学过程和相关的教辅活动具有浓郁的研讨和探究氛围。其二，为每个本科生配备导师，引进研究生教育中师生一对一的指导关系。耶鲁、MIT、斯坦福、加州大学各分校等都建立了教师指导小组，随时对本科生的学习、生活等予以指导。其三，开展研讨式学习。各大学为各年级本科生开设大量研讨式课程，在教师的指导下激发其学习积极性，形成科学探索精神。如杜克大学要求大一新生要完成下列小组学习之一：（1）修读一门一年级的研讨班课程；（2）参加一个初级研讨班；（3）参加一个重点课题的研讨班；（4）任何其他可作为研讨班的完整课程。三、四年级学生至少要完成两门完整的被指定为研讨班、个别指导、独立学习与研究或撰写论文的课程。

美国高校旨在通过这些计划和学习让学生更多地接触新知识，熟悉科学研究的程序，并对新知识和学术生活相结合的方式有所了解，为今后的学术研究打下坚实的基础。

四是人才培养方法的信息化即加强信息技术在人才培养中的应用。现代网络技术正对美国高校人才培养进行革命性的改革。1999年对美国大学现代信息技术应用状况的一项调查表明，大学有53.4%的课程采用了电子邮件进行教学；38.6%的大学利用网上教学大纲资源；有28.1%的课程建立了自己的网页。为培养学生在21世纪的信息应用能力，加州大学伊文分校制定了专门的教师、大学生信息技术培养计划，教务处还设立了帮助教师开发课程专用的Web网站，便于教师随时都可以建立和更新课程网页，同时学校正在开发新的电子信息资源——面向全球的跨学科超文本教材——以代替现有教科书，并与互联网上相关信息资源和书目关联，其他院校也可通过互联网达到资源的共享。同时，信息技术为大学合作交流提供了新的契机和平台。2000年密西根大学、伯克利加州大学、弗吉尼亚大学的工商学院建立了网上合作项目，通过聊天室、可视会议等互联网技术，三校工商专业本科生可通过互联网选修各校安排的有关课程。2001年9月，普林斯顿大学、斯坦福大学、耶鲁大学和牛津大学宣布建立四校远程教育联盟，该联盟将充分利用四校的资源优势，通过网上课程、交互式讲座和多媒体课件为世界各地的学生提供人文和自然科学的远程教育课程。

5. 人学条件的广泛性与公平性统一

历史上，美国高校对于人学对象有着较严格的规定。美国教授克罗斯（K. P. Cross）就指出，在美国高等教育的历史上，涉及什么人能够进入高等学校的问题，主要有三种哲学：第一种是贵族哲学，即高等学校招收的学生以谁付得起学费和具有相应的社会地位为前提。与之相对应的是精英高等教育阶段，从殖民地时期到第二次世界大战结束前美国高校人才培养即以此为指导；第二种是英才哲学，主张高等教育是赢得的权利，而不是少数人生来就有的权利。学院和大学的招生应以学习能力和努力学习的愿望即学习成绩为基础。英才哲学趋向的是民主的高等教育，它盛行于第二次世界大战后至20世纪60年代中期。这种英才主义的人才培养观打破了贵族哲学所设置的障碍，但同时也产生了新的障碍：大多数贫穷家庭和有色人种的子女由于家庭条件不利造成学习成绩不佳而不能进入大学学习；第三种是平等主义哲学，主张高等教育是每个公民的权利，高等教育应该实行敞开大门的政策，适龄人口人人都可入校学习。这种观点自20世纪60年代中期产生延续至今。在这种人才培养观的指导下，高校人才培养的规模有了从精英教育到大众化再到普及化的质的突破：一是以联邦政府为支柱，进一步加大大学生资助力度。自20世纪90年代以来，美国高校学费以年均4%～6%的速度增长。尽管美国已建立了较为完善的大学生资助体系，但对处于弱势地位的中低等收人家庭孩子接受高等教育仍是困难重重。为促进高等教育机会均等，联邦政府通过增加奖学金、低息学生贷款和减免工人家庭税收等方式来保证低中等收入家庭能承担孩子上大学的费用。二是高等教育本科入学率将进一步增长。据美国教育统计中心2000年的统计报告，1998年高中生毕业后直接升入大学的比例为66%。2001年，美国联邦教育部曾宣布10月16日至20日为全国大学周，以促使更多人了解高等教育的发展情况，鼓励更多年轻人接受大学教育。为此，联邦教育部发表了《为大学付费做好准备：来自国家大学周的报告》。根据该报告，2000年美国大学在校生数约为1510万人，预计从2000年到2010年，大学全日制学生的数量将增加19%，非全日制学生将增加11%；本科生将从2000年的1310万人增加到2010年的1520万人，增加16%。总之，美国高校的地方色彩浓厚，因此高校都有较大的自主权，从而也就形成了自己的特点、层次以及灵活的教学制度。没有入学考试，除了少数最著名的学府外，学生可根据自己的爱好和特长及社会需要灵活地选择学校和专业。各种不同层次的高校，内部开设各种不同层次的课程以适应各种水平的学生，而学生只要努力都可以得到相应水平的教育。各种学制的灵活转变可以使一开始处于低水平的学生通过努力而转入高层次的教育，也使高层次掉队的学生仍然可以得到必要的职业教育。在成人教育上可以单科取得学分累计后取得学位，这种灵活性使得很多人可以利用业余时间完成学业。再加之以政府对高等教育的资金投入与政策帮助，总的看来，社会上各个行业、各种岗位、各层次的人都有接受高等教育的机会，都能得到最适合自己需要和发展的教育。这种广泛性和公平性的社会效益是，一方面造就了大批的最优秀的科技人才，成为美国社会、经济、科学、技术最主要的带头人、各个行业的领袖人物；另一方面也使整个社会、整个民族的文化素质得到高度的提升。

6. 培养环境的合作性与协调性统一

人才培养环境的建设一直受到美国高校的重视。宜人的自然环境和发达的校园信息服务构成了美国高校优越的硬件环境；而制度化的教学管理、丰富的校园活动以及广泛的合作与交流则是美国高校软环境建设的重点所在。软硬环境相互合作与协调为美国高校人才培养提供了良好的基础条件。

由于美国的很多高校历史悠久，那种历史的底蕴在学校的自然环境中得以体现。校园建设的大气、和谐以及那种自然与人工相匹配、传统与现代相融合的景致也让人赏心悦目。而美国高校发达的图书信息服务也是构成其优越的硬件环境的一个重要因素。美国很多著名的高等学府都以拥有藏书量的多少作为一个重要的评价指标，因此图书信息服务的好坏直接影响到学校的声誉。以耶鲁大学为例，收藏了一千一百多万册普通读物，还拥有八十多万册珍本和孤本书籍及文件，为美国第三大图书馆。该图书馆采用中心编目控制，所有图书分布在校园的四十多个地点，借阅非常方便。一流的信息服务给师生提供了充分的教学、科研的平台，也孕育了大量的优秀人才。

硬件设施优良的美国高校，仍十分重视软环境建设。首先表现为配套教学管理的规范与完善。为了不断更新学生的知识结构，各专业的教学计划（Curriculum）2～3 年要进行一次修订，修订工作通常由系主任组织系课程设置委员会研究拟定，然后由院课程设置委员会修改并负责制订通识教育（公共课）部分，经教授评议会下属的教学计划及课程审批委员会审议，最后报教授委员会审批。每个专业的教学活动严格按照教学计划组织实施。对于各门课程的教学大纲（syllabus），每位教师都是在第一堂课发给每个学生，这样不仅使学生了解本门课程的学习目的、基本教学内容、进度、教科书及参考资料情况，还清楚任课教师对学生的出勤、作业、考试以及课程论文（paper）、演讲（presentation）等环节的具体要求。既有利于双方的相互配合，亦便于学生监督教师教学活动的规范性。在教学管理中，学校还十分重视纪律问题，强调要严谨治学，开展丰富多彩的校园活动。美国卡内基教育促进基金会对美国大学生管理所做的一项调查表明：大学教育的效果是与大学生在校园里度过的时光以及学生参加各项活动的质量联系在一起的。在美国大学里，形式生动的课堂教学、设备先进的实验室、资源丰富的图书馆为学生专业素质的提高提供了优越的条件；丰富多彩的校园活动为学生营造了一个提高综合素质与能力的良好环境。校内外教授、学者面向本科生开设的大量讲座及专题讨论会，其内容涵盖科技、文化、政治、经济、心理、卫生、文学、艺术等各方面，在这种浓厚的学术氛围中，学生能扩大知识面，开阔视野，激发求知的兴趣和创造力。一些设有艺术学院或艺术系的院校基本上每周会为全校学生演出较高水平的文艺节目，久而久之，学生既能得到视觉上美的享受，又有利于自身艺术修养的提高。学校还开展各项体育运动的训练与比赛，培养学生团结协作的集体主义精神，增强竞争意识。除此之外，每个学校还有经正式注册登记的各种各样的学生团体组织，像旧金山州立大学就成立了150多个各类学生组织，各学生组织的活动内容与形式完全由学生自己选择。通过组织这些校内外的活动，各学生团体的学生一方面锻炼了才干、培养了能力，另一方面为其他同学不断提供在一种娱乐的气氛中相互交流与学习的机会，也有利于身心健康和综合素质的提高。

此外，随着高等教育国际化趋势的加强，美国高校与世界各地的大学的合作与交流也越来越频繁。如耶鲁大学、普林斯顿大学和斯坦福大学与牛津大学联手建设"终身学习大学联盟"，旨在为世界范围内的校友提供非学历的文理科方面的网上课程。美国高校还加强与社会和企业的联系。随着经济的高速发展，市场需要已成为美国高等教育发展越来越大的推动力。现在，许多美国高等学校不仅是高级人才培养的基地，而且是科学研究甚至尖端科学研究的重要基地。总而言之，新时期美国高校人才培养无论是在培养目标、课程设置、培养方法还是入学条件及培养环境方面都有不小的变革。这一系列的变化既是适应社会发展的需要，也是高校自身前进的动力和证明。

二、日本高校人才培养模式的发展与走向

（一）日本高校人才培养模式的历史考察

1. 20 世纪 50 ～ 70 年代，以培养中级技术性人员为主

第二次世界大战后，日本经济发展迅速，然而，这一时期的日本高等教育却存在着一个严重的问题，即重文法、轻理工。自然科学和工程技术教育发展缓慢，远远不能适应当时日本的经济发展战略的需要。1957 年，理工科大学生占大学生总数的百分比：美国为 29.5%；英国 44.5%；西德为 41.6%；法国 44.3%；而日本仅为 21.9%。基于日本高等教育不合理的专业结构，1956 年 11 月，日本经济界、垄断资本组成的日本经营者团体联盟发表了《关于适应新时期要求的技术教育的意见》，大声疾呼："如果不在现在制订出适应经济划时代的增长发展技术人员、技术工人的培养计划，以谋求确保产业技术的提高，那么，我国的科学技术落后于日新月异的世界水平，势必成为国际竞争中的范例者而遗恨于后世"。为此，日本中央教育审议会于 1957 年年底提出了《关于振兴科学教育的方案》的报告，强调纠正大学偏重法律和人文学科的倾向。提高大学的科学技术学部毕业生的质量，增加数量，加强大学与产业界的联系。1960 年，日本政府制订了《国民收入倍增计划》，把教育政策和教育计划编入经济计划，确定增加大学和短期大

学理工科学生，扩充科学技术教育规模，以确保科学技术人员的需要并提高质量。日本大学根据政府的政策和企业提出的要求，1960 年制订了大学教育专业结构调整计划。该计划规定，从 1961 年开始，每年增招 16000 名理工科学生，到 1964 年又提高为每年增招 20000 人。日本大学十几年来坚定不移地执行这一计划，至 20 世纪 70 年代中期，理工类专科、本科大学生所占的比例已超过 40% 强，基本上扭转了日本大学不适应产业发展需要的专业结构设置，为日本的大中小型企业输送了各类的工程技术人才，进而带动了日本经济的腾飞。

2. 20 世纪 70 ～ 90 年代注重高层次人才培养

20 世纪 70 年代，日本重工业、化学工业受到世界性石油危机的打击，为了使本国经济减少对外国的依赖性，80 年代开始，日本的产业结构由重工业、化学工业、汽车制造业、机械加工业等不断向新兴的技术、智力密集型产业转化，这些新兴的高技术产业又都集中在电子、通信、新材料、新能源、生物工程、医药保健品制造等领域。高技术产业发展的基础是企业必须具有和始终保持高、新、尖技术。要达到这一条件，高技术产业对招聘的人才的要求不再限于具有高深知识和精湛的技术，而对视野广阔、综合判断能力强、有创造性，具有基础理论研究能力和技术创新能力的高层次人才的需求急剧增大。为此，日本大学针对产业对人才提出的要求，在加强理工类专科、本科教育的同时，大幅度地增加了对大学生、研究生人才的培养，以满足社会发展和产业界对技术创新型人才的需要。根据日本文部省 1998 年版《文部统计要览》，日本现有 586 所本科大学其中的 70% 招收研究生，在 98 所国立大学中有 72 所设有硕士和博士课程，或只设有博士课程，在其他 26 所中开设硕士课程。攻读研究生的人数逐年增加，1997 年达到 17 万人以上。日本是一个工业非常发达的国家，企业对高级工程技术人才和产品开发人才的需求量也越来越增多。因此，日本大学给硕士研究生开设的课程和研究课题更偏重于应用研究，与企业所要解决的生产技术难题紧密结合起来。如何把成熟的科学技术理论应用、推广到生产实践中去，使科技成果更好、更快地商品化、产业化成为日本大学培养硕士研究生的重要目标。正因为如此，理工科毕业的硕士研究生甚至比文科博士研究生更受到企业界的欢迎，这也是攻读理工科硕士研究生比重高的原因。

（二）日本高校人才培养模式的现代走向

1. 培养目标上突出创造性人才的培养与传统价值的回归

进入 21 世纪后，随着知识经济的日益成熟和日本发展战略的变化，对大学生探索与创新能力的培养要求极为迫切。教育审议会 1996 年发表的《面向 21 世纪我国教育的发展方向》报告，要求日本彻底改变教育"培养以死记硬背为中心的缺乏主见与创造性能力的、没有个性的模式化人才"，强调把"创造性"当作个人在"今后急剧变化的社会里的生存能力的重要内容"。1998 年大学审议会发表的《21 世纪的日本大学及今后的改革对策》报告中指出："今后高等教育方面，要以初中等教育阶段旨在培养'自主学习、自主思考的能力'为基础，转为着重培养学生的课题探索能力""另外，为实现科技创新立国和推进学术研究，培养具有高品质的职业技术人员，具有高层次专业知识与能力并能开拓新领域的人才，富于创业精神的人才以及富于创造性与独创性的优秀研究人员，将是必不可少的"。按照上述精神，日本高校在本科人才培养目标上普遍进行了更新，创新性的特点非常明显。如名古屋大学的目标是"旨在培养高度的专业知识与能力，综合的判断力，丰富的人性，对各种社会问题的探究心和解决社会问题的创造性以及身心健康的人"；而早稻田大学则要求形成学生的批判精神和进取精神，培养有教养的能"学问活用"的模范公民。

但日本文化中也有一个传统，对待变革，它们坚持"不变"与"流行"的统一，即所谓的"和魂洋才"，也就是说，日本的民族精神和西洋的科技相结合。这一思想应用在人才培养目标上，就是指在坚持日本固有传统道德、民族精神的基础上，培养与时代同步的（尤其是与西方世界同步的）日本人。

因此，进入 21 世纪后，日本高等教育人才培养在强调适应时代变化而提出创新性要求的同时，也重视日本传统文化在受教育者心灵中的灌输，以培养真正具有"大和魂"的日本人。如 2003 年 3 月 20 日，日本中央教育审议会提交了《关于与新时代相符的教育基本法和教育振兴基本计划的方式》的报告，提出尽管进入新世纪后，日本国民意识和教育理念等都发生了重大变化，但仍应培养（学生）积极参与社会构建过程中的"公共精神"、道德心和自立心；培养（学生）尊重日本传统与文化、热爱家乡与国家、作为国家社会一员的意识。

2. 课程设置综合化，体现时代性

日本 1991 年修订前的《大学设置标准》明确规定，大学必须开设专业教育课程、普通教育课程（包括人文、社会、自然三大类）、外国语教育课程和保健体育课程。根据这一规定，大学一般都将普通教育课程与专业教育课程分两段安排，即前两年开设普通教育课程，后两年开设专业教育课程。而修订后的《大学设置标准》则将这些关于课程种类的具体区分全部取消，确认了"大学为了实现学校、学部及学科或课程的教育目的开设必要的课程，并使之体系化。在编制课程时，必须考虑在向学生传授所在学部的专门知识的同时，培养他们具有广泛的教养、综合的判断能力和丰富的个性"的新标准，从而使各大学可以根据本校理念和条件而自由编制课程，使全国本科人才培养更趋灵活而富于弹性。

大学积极开设新课程，按其性质，大致可以分成三类：（1）综合性课程。到 2002 年，开设跨学科、综合性课程的大学占大学总数的 90% 以上。这些课程普遍带有国际、情报、文化、环境、政策等新名称，如"文化与交流""环境与人"等。从内容上看，大都与现代社会文明所具有的各种课题相关；（2）志愿义务服务性课程。如富山大学开设了"生活与福利"、上智大学开设了"援助行动论"、东海大学则开设了"国际志愿义务服务与报告"。通过这些课程，学生可直接参加社会与产业活动，还能到医院、养老院、福利机构去实习，体验生活，获得社会知识，把所学知识与实践结合起来。目前开设这类课程的大学约有 150 所；（3）特色课程。为办出学校特色，提高学校声誉，很多大学开设了人无我有、人弱我强的特色课程。如某一特定专业领域，以小班、课堂讨论式教学的当场答疑课；有的则聘请校内外著名学者面向专业或非专业学生讲授各专业最新科研动向等。此外，为了适应信息化时代的要求，各大学纷纷加强信息处理教育。据文部省调查，早在 1994 年信息处理课程实行全校学生必修化的高校就达到 218 所，占全国总数的 40%；设有信息处理专用教室的高校有 440 所，占 80%，教室建立 Internet 的高校有 149 所，占 27%；50% 以上课程利用传媒器械（如视听器材、OHP 等）授课的学校达到 120 所，占 22%。进入新世纪后，这一趋势仍在加强。另外，与日本大力推进国际化进程相适应，语言文化课程的教学受到相当重视。具体做法是：（1）增加外语教学时间，利用现代化教学手段教学，根据听、说、读、写、译不同教学目的分班，按能力分班，实行小班化教学，增加亚洲国家的语种；（2）为提高日本人的国际素养，强调语言文化课程要以国际的视野进行研究和改革，日本人认为，今后掌握外语、理解异国文化是日本国民必备的素养。

3. 培养方式不断更新

为提高人才培养质量，日本大学在教学方法上的改革有：（1）授课计划公开化。大部分大学要求教师向学生公布完整的教学计划，内容有授课科目、教师姓名、授课目的、授课概要、每次授课内容、参考书目、成绩评定方法、学习注意事项等；（2）实施小班化教学。目前，以学生为主体，实施小班级（即 20 名学生以内）授课的大学日益增多。主要集中在外语、实验、实习、毕业论文指导等课程。有的大学还设有以"基础课堂讨论"为名称的课程，学生和教师一起就特定题目展开对话式交流；（3）学生评价教学。让学生评价课堂教学，然后把评价结果又反馈到教学当中，这是日本大学一种促进教学内容和方法不断得到更新的方法。采取这种方法的大学正在逐年增加。日本大学还普遍开始实行弹性学制和比较灵活的措施，为优秀人才尽快成长提供机会。如1999年，国会正式通过了对《学校教育法》关于大学本科学习年限条款进行修订的议案，新条款规定从2000年4月后入学的新生学习成绩优秀者可以三年毕业。

三、英国人才培养模式的发展与走向

（一）英国人才培养模式的历史考察（以牛津大学为例）

1. 以领袖型人才为培养目标

牛津大学重视人才培养，在历史发展的各个阶段都明确提出学校要培养什么样的人才、为谁培养人才等问题。创立初期的牛津大学主要为天主教会服务，培养各种神职人员，后来学校虽历经了文艺复兴、宗教改革、英国内战、工业革命等阶段，人才培养的具体目标指向也有所改变，但牛津大学培养高层统治人才的目标没有改变。创立初的牛津大学以培养有教养的牧师或神职人员为主，16世纪在人才培养目标中大幅度增加了世俗性的政治领袖型人才。而以自由教育思想为理念的牛津大学为了更好地满足国家和统治阶级的需要，长久以来注重以优质的人文学科为培养的载体，以培养政治领袖人才为主，如英国的首相、部长、上议院和下议院的议员、保守党工党的成员等大多毕业于牛津大学。虽然历史上也培养出许多其他领域的领袖人才，但比较起来，后者只能作为一种点缀，无法撼动培养政治领袖型人才在牛津大学的主旨地位。在过去几百年的时间里，牛津大学培养出的高层次政治家和公务员比其他所有大学（包括剑桥大学）加在一起还要多。培养领袖型人才的培养目标经历不同的发展阶段而一直沿袭下来。

2. 以优质的人文学科为载体

学科在一所大学里占有重要的地位，高水平的学科是教学水平和科研水平处于领先地位的前提和基础。更重要的是，学科是人才培养的基本单元，是人才培养的载体，学科对高校所培养人才的类型、水平、质量都具有举足轻重的作用。牛津大学800多年来教育的重点历经经院哲学、古典学（古希腊罗马文史哲）和现代知识三大阶段，但它一直固守以优质的人文学科为人才培养的主要载体。

在早期的发展过程中牛津大学主要以神学和人文学科闻名。在牛津大学创始以前，欧洲经院哲学的研究和传播十分盛行。所谓经院哲学，就是修道院或教堂书院里的哲学，本质上是神学，其根本任务就是用古希腊哲学为天主教的教条和教义作论证和辩解，其基本方法是引经据典和思辨分析，说话和写作用的都是拉丁文。因而中世纪的知识与课程带上了浓厚的宗教色彩。牛津大学仿照巴黎大学而建，创立之初，它的教学重点是经院哲学，最初的科系设置如同巴黎大学一样，主要包括神学、法律、医学和艺术，即设有文、法、神、医四科。

文艺复兴时期，产生了许多人文主义教育家，他们认为教育的目的不是具体任务或技术方面的训练，而是要实现人的潜在能力和创造能力；教育能使人脱离自己自然的状态并发现自己的人性。受此相关观念和思想的影响，当时的教育目的、教育内容也发生了转折，表现在牛津大学更为明显。文艺复兴促进了课程内容的扩展，在宗教改革和英国内战期间，英王亨利八世宣布解散所有天主教修道院，这对经院哲学是一个致命的打击，牛津大学的主课也被迫转向了古典学，即人文学科—古希腊罗马的文史哲。古典拉丁语、希腊文、希伯来文以及用这些语言写作的大量古代作品成为学校的重要教学内容。牛津大学在古典学、神学及政治学方面一直处于世界领先的位置，古典人文教育从此成为牛津大学的典型特色，一直持续到 20 世纪。英国 18 世纪开始的工业革命促使资本主义经济迅速发展，自然科学也迅速成长并且在生产过程中得到了广泛的应用。在高等教育方面，社会的快速发展以及科学技术的飞跃使得以古典人文学科为核心的高等教育与社会的需求发生矛盾，社会要求大学在各方面都发生变革。然而这时的牛津大学却没有与时代和社会的发展步伐一致，科学和技术教育并未受到真正的重视，它还在坚定的维护以古典人文学科知识教育为核心的自由教育观，依然把保存知识和训练理智作为最主要目标，亚里士多德哲学继续支配着牛津大学的人文学科。

从 19 世纪中期开始，英国社会的变革和达尔文进化论思想的传播导致许多教育家重视功利性教育目的，表现之一就是对科学知识的重视。此阶段，牛津大学的学科范围有所扩大，一些新的自然科学开始受到重视。1871 年，在牛津大学科学和历史迅速成为同古典学、数学同等重要的学科。20 世纪，牛津大学更加顺应时代潮流，在 1912 年规定古希腊文不再是必修科目，同时开设的课程不断现代化，并增设了许多新学系，如现代语言系、政治系和经济系等。然而即使这样，在牛津大学还是人文学科最具威望，即以希腊和拉丁原文学习古代世界的文学、历史和思想。

从以上牛津大学学科的发展历程我们可以看出，纵然牛津大学在历史发展中不断地调整、增设学科，但它始终坚持以优质的人文学科为人才培养的主要载体。

3. 以导师制为人才培养的主线

牛津大学以导师制为人才培养的主线，即通过导师制把课堂教学、实践操作个别辅导教学相结合，并辅之以各种讲座、讨论和丰富多样的课外活动，共同完成对学生的培养。这也是牛津大学人才培养的一大特色。

牛津大学创设之初，它是一个以一名"学长"——一个权威经院哲学家为核心的松散组织，既没有系统的规章制度，也没有固定的校舍，类似于当时的行会。学校中的师生关系更类似于行会中的师徒关系，这种关系后来逐渐演变成为牛津学的一大特色——导师制。在16、17世纪，导师为每个学生单独拟定一份阅读书目，每天给学生讲课、个别指导、指定作业，清晨和睡觉都要做祷告，与学生一起去公共食堂和学校附属教堂。从此，导师制成了牛津大学的永恒特征，也为英国的高等教育注入了一种与众不同的、影响深远的成就。进牛津大学读书，必须得到某一个学院以及大学当局的双重同意。被录入的学生一旦入学报到，学院就会给他们指定一位导师，本科生导师称"Tutor"（研究生导师称"Supervisor"），一般每位导师指导6～12个学生。学生的导师一般都由学生所在学院的教师担任，如果本学院的导师满足不了学生所选专业方面的要求，学院就会向其他学院请求相应专业的教师担任导师，但这种情况一般较少。这些导师多为品学俱佳、在一定领域里卓有建树的学者。导师主要是负责指导学生的学习，协助安排学生的学习计划，并对学生的品行发展负责，指导他如何取得进步。导师制要求学生在学期间每周至少与导师见一次面。这种面对面的导师个别辅导方式，能够培养学生具备获取知识的能力、独立思考的能力、逻辑思考的能力以及临场反应的能力等。导师不仅要传授知识给学生，而且要指导学生如何去查找有关的知识，使学生对查找的知识进行加工筛选、去粗取精；面对导师的提问以及与导师、其他同学进行讨论，教会学生要能提出并论证自己的观点，使学生在具备精深专业知识的同时培养学生大量阅读和独立思考的能力，具备较广的知识面。

除了个别辅导外，牛津大学的导师制还通过课堂教学、实践操作、讲座、自学、课外活动等各种途径渗透到牛津人才培养模式的各个层面，成为一种大学思想或精神。

4. 以严格多样的考核评价为基础

牛津大学一直很重视人才的考核评价，在创立之初就采取公开答辩的口头评价方式，通过就可以获得毕业。慢慢地有了笔试的评价形式，但口试仍然占据重要地位。19世纪中期，牛津大学宣称"考试已成为主要工具，它不仅用来测验学生的熟练程度，也用来刺激和指导学生的学习"。牛津大学注重学生的全面发展，它着力于培养"全人"和"绅士"，因而注重多种形式的考核评价相结合。考核评价的方式不仅包括考试，而且还包括平时作业、课堂表现、论文以及参加社团、学会和俱乐部的表现等。如今牛津大学的考核评价方式承袭过去、立足现在，对高质量的人才培养进行检验和反馈，以严格多样的考核评价作为基础，并贯穿于各个阶段。在招生阶段，牛津大学实行以素质面试、水平考试为主的严格全面的资格审定。激烈的竞争和严格的入学条件，一般只有30%的申请者能够顺利入学，淘汰率极高。在校学习阶段，牛津大学以日常作业与论文评价为主，实行少量且关键的考试淘汰制。牛津大学的考试并不多，但是非常严格。在校学习阶段除了采取考试的形式外，牛津大学更注重对学生的平时作业、课堂表现、论文水平、参加课外活动等情况进行考核评价。这些考核也很严格，每一项任务都需要学生认真对待，发挥主动性和创造力，否则很难获得较高的成绩。在毕业后阶段，牛津大学实行以社会为评价主体的业绩反馈考核评价，牛津学子毕业后依然还要经受严格多样的考核评价，与以前不同的是，评价的主体由以学校中的教师（专家集体、教师个体）为主转向了社会，评价的载体由考试、作论文、写读书报告等转向了工作业绩等。

5. 以学院制为基本的学生管理方式

世界上几乎所有的大学都设有学院，但牛津大学的学院却有自己的特点。通常美国式（包括我国）的大学里面设有许多学院，学院下面再设有相关的一些系所，学院主要是按学科划分。但牛津大学的学院不是按学科来划分，而是将不同学科的学生融于一个学院之中。它是独立的自治团体而非处于大学和系所之间的一层机构。想进牛津大学就读，不仅需要获得大学当局的同意，更重要的是需要获得学院的同意。学生入学后，每所学院都要指派一名非教学的专职人员和两名学监负责管理学生事务。牛津大学各个学院的规模不等也不大，由 300～500 个师生组成一个集体，其中本科生一般为 200～450 人。每所学院聘任不同学科的教师，从事不同学科的教学与科研，文理工科基本齐全，大多数也招收文理工科各类学生。学院拥有相当自主的管理权力，有招生与授予学位的自主权。各学院都是自治的法人团体，有权自主选择本院的领导和教学人员，录取本科生，并对教育和日常事务做出决定并进行管理，学院都有自己的规约。学院虽然都高度自治，是独立的法人，大学不能干预学院的事务，但学院作为大学的组成部分，也要受大学规章制度的限制，尤其是在招生方面，必须符合牛津大学的标准。各学院有自己不同的传统、不同的优势、不同的专业领域，各学院创立的时间有早有晚，建筑风格也不相同，各学院的财政来源也不一样。因此，虽然各学院彼此平等，但也存在激烈的竞争。

以学院制为基本的学生管理方式是牛津大学人才培养的一大特色传统，这种方式有利于学生的全面发展。学院不是按学科划分的，在同一学院中有不同的学科，跨学科的学院制学生管理方式强调集体生活，因为牛津人认为学生所处的生活环境对学生是最有价值的东西，因此学生要生活在一起，一起讨论和吃饭，有助于他们成长。同一个学院的学生往往有着不同的知识和学术背景，比如学生物、经济、哲学等学科的学生和教师经常在一起共同生活和学习，他们接触交谈、相互启发、相互吸收彼此的知识、融合彼此分析问题的思维方式，有利于全面发展。特别是理科师生和文科师生更是要保持紧密的接触。此外，不同学院有着不同背景和独特风范，为牛津大学培养有个性的人才也提供了良好的外部环境。

（二）英国大学人才培养模式的现代走向（以牛津大学为例）

悠久的历史留给牛津大学深厚的人文传统和丰富的各类收藏，众多杰出人物的培养带给了牛津大学誉满全球的名声，提高了大学的形象，使它成为世界上非常著名的地方。对一所高水平的大学来讲，悠久而厚重的历史弥足珍贵，在某种程度上成为衡量一所大学好坏的标准之一。然而时代在发展，现今社会与以前相比有着天壤之别，面对新的变化，牛津大学的人才培养模式也随时代的变迁而发生变化。

牛津大学深知历史传统固然重要，但不能成为它向前发展的负担，如果止于历史、满足于历史，大学就会停滞不前甚至倒退。因而牛津大学在为过去 800 多年的悠久历史感到骄傲的同时，也在进行创新。牛津前副校长克林·卢卡斯就认为，相比以前牛津大学在很多方面都进行了改变，如改变了选择学生的方法和教学方法，在结构组织、科学研究、学科研究等方面都发生了很大变化。他指出，大学不可能与社会分离。大学从来就没有与社会及其所处的环境分离过，大学总是服务于社会，或寻求服务于社会的机会（如果仅仅是为了生存的话）。社会塑造了大学，大学也随着社会的变化而变化。

1. 培养目标的全面性

长期以来，牛津大学以领袖型人才为培养目标，但"领袖"的内涵却随着社会历史的发展而改变或扩大。现在，牛津大学依然坚持领袖型人才培养目标的传统。在新世纪，面对全球化趋势、知识经济的挑战以及英国国家教育政策的变化，牛津大学以培养领袖型人才为基调，向着多元性、和谐性与全面性的方向发展。

19 世纪中期以后，由于牛津大学没能与社会的变化发展同步，特别是它基本无视科学技术的进步，受到了社会各界的批评。在包括国家、社会等各方人士的压力和要求下，牛津大学开始调整培养目标。主要表现为牛津大学在继续维持政治领袖人才培养目标的基础上又注重了新型学者的培养，包括在培养人文学科人才的同时注重培养自然科学、社会科学方面的人才。一战以后英国经济发展缓慢，落后于美、日等许多国家，英国大众也归之于英国古典大学的人才培养目标过于单一的缘故，要求大学的培养目标应该多元化、更全面。此时，牛津大学顺应历史的发展潮流，调整人才培养目标向多元化、全面性的方向发展。现在牛津大学虽然仍坚持培养领袖人才的传统，但"领袖"人才并不再局限于某一特定行业和领域，学校力图培养各行各业的领袖人才。第二次世界大战结束以来，牛津大学在坚持人文教育优势传统的同时，加强了科学技术人才的培养。文理交叉、学科综合等学科课程的发展趋势也开始出现。如今，牛津大学不仅要培养大批政治领袖人物或政治家，还要培养更多的文学、物理、经济、医学、化学、数学等各行业学术界的领袖，诺贝尔奖得主、皇家学会会员和英国科学院院士也成为牛津大学为之奋斗的重要目标。近年来就读牛津大学的本科生人数在文理方面也比以前有了变化，其人数相差也不再如以前那么悬殊。

2. 学科与课程的综合性

牛津大学遵从自由教育思想的传统，长期以来偏重人文学科和基础理论研究，轻视应用科学和技术的研究。面对未来，牛津大学更加认识到作为人才培养载体的学科建设对人才培养的重要性。一所大学的学科整体水平如何，学科结构的平衡和综合情况，有无拔尖学科等都直接影响着人才培养的质量和成效。据此，牛津大学建立了别具特色的专业体系和多样化的课程体系，学科建设朝着学科综合性、文理平衡、文理渗透、学科交叉的学科课程综合性的方向发展。牛津大学以前以人文学科为主，经过不断地调整和发展，现在已经成为一所文、理、法、管、医、工相结合的综合性大学。在注重人文教育的同时，牛津大学注重保持文理平衡，并努力争取在自然科学和社会科学领域都做出新的突破。牛津大学成立了全世界第一家因特网研究院，在使用因特网进行教学，研究和图书馆管理方面处于英国大学的领先地位。马瑞克古丁就认为，今天牛津在科学领域上的表现比在艺术或人文学术上的表现更加出色，在这里进行的都是世界上一些举足轻重的原创性研究。

学科综合与文理平衡的趋势为牛津大学增设了许多新的学科。牛津大学较之以前有限的学科数目现在已经大大增加，教学和学术研究包括了广大的知识领域，从分子物理学到大选结果预测学等都有。现代知识的发展呈现出既分化又充分综合的趋势，学科交叉、文理渗透，培养复合型人才。现代科学范围重叠交叉、出现大量的边缘学科，当今学术领域朝向多角度、多边缘、资源共享的潮流和趋势发展，而一流的人才也必须在文理交叉的综合环境中才能培养。从 20 世纪 60 年代起，牛津大学开始允许学生多学科同时学习，并进行相应的学位考试。这促进了学科的交叉融合，并使学生在跨学科学习的同时，培养学生的综合及创新能力。70 年代以来，牛津大学在原来单一的单科课程基础上，设立了相关的复合课程。所谓复合课程，就是指将两种以上的科目结合在一个课程中，形成复合课程。虽然单科课程仍然是课程体系的主流，但这种复合课程已经占到牛津大学所设课程总量的三分之一以上，包括两科复合课程与三科复合课程两种，允许学生选择多学科同时学习。其中双科课程如"科学和经济学""哲学和物理学""语言和历史"等，三科课程有"工程学、经济学和管理""冶金学、经济学和管理""心理、生理和哲学"等，并进行相应的学位考试。设单科课程的目的使学生能进入所选的专业进行精深系统的学习，设复合课程的目的是在有限的时间内把那些有学术价值的科目结合在一门课程里，促进文理学科的交叉与渗透，扩大学生的知识面，满足学生不同兴趣的需要。

3. 培养环境的合作性

牛津大学一直重视人才培养的环境建设，怡人的自然环境、宽松自由的教育环境、先进的教学与科研环境为牛津大学人才培养历史传统的形成提供了良好的基础条件。然而当前，全球化趋势以及知识经济的来临，使得科学发现和技术发明的周期以及科技成果转化的周期越来越短，人们没有时间、精力也没有必要独自处理一切事务，应该学会合作与交流以相互弥补时间和人力有限所导致的知识短缺。高校之间也应该互通有无、观念互享、加强交流与合作，这就需要强调人才培养环境的合作性建设。为了促进自身的发展，牛津大学加强了人才培养环境的综合性建设，特别注重建立合作与交流的氛围，以加强人与人之间、学科与学科之间学校与社会之间的沟通联系。

近年来，牛津大学更加注重学校软环境的建设。为了加强人才培养环境的合作性建设，牛津大学注重学科交叉与文理渗透，在同一个学院里拥有多学科的教研人员，同时还要求每个科研与教学人员都要具有广博的知识面。全方位、开放型的办学理念使牛津大学吸引到来自不同社会背景的学生申请入学。此外，牛津大学还不断地引进教学及科研人才，从1998年至今，牛津大学已从校外引进了104位教授，这些教授有些来自英国，更多的来自法国、德国、美国、加拿大、中国等地，现任副校长约翰·胡德就是新西兰人，这是近900年的历史上，牛津大学首次聘任英国以外的人士担任副校长，从管理层上加强了人才的交流与合作。除了引进，牛津大学也会送出，学校的许多师生也会去美国或欧洲其他国家进行学习与交流。

此外，牛津大学还与世界各地的大学、公众和社会企业团体保持着高水平的交流与协作。它经常单独或联合举办各种形式的学术讨论会、学术讲座、科研讲座等。如牛津大学和剑桥大学在学术交流、人才流动等多方面配合非常默契，两家的资源共享做得很好。牛津大学与北京大学签署了学术合作协议。而牛津大学与美国名校耶鲁大学、普林斯顿大学和斯坦福大学目前正在联手建设网上"终身学习大学联盟"，以便为这四所学校在全世界范围内的校友提供非学历的文、理科方面的网上课程。牛津大学还注重加强与公众的联系，学院及大部分的系都设有专门的"开放日"，使普通公众有机会了解它的构成、组织及运作等情况。为了加强交流与合作，近年来牛津大学还和大型私人企业建立合作，工商界可以从大学获得最新的科技成果，大学则可以从合作中促进科技成果的转化，获得赖以生存和发展的经费。

4. 入学条件的公平性

历史上，牛津大学对入学对象的限制颇多规矩。不管是出于世俗还是宗教方面的原因，即使具有优异的成绩也不是每个学生都能如愿进牛津大学学习。

现在，英国社会发生了很大变化，实现民主化的呼声高涨。在20世纪，英国进一步扩大了选民的范围，表明政治民主获得进一步的发展，为教育的民主化提供了政治背景。英国政府也十分重视高等教育的民主化发展，重视高等教育的普及。传统上牛津大学在入学评价上的各种"特殊"要求受到了批评和反对。此外，世界大多数高水平大学在入学问题上只注重能力，早已不再考虑学生的家庭背景。面对大学生存和竞争的需要，为了获得更多优质的生源，牛津大学也不得不在入学条件上朝向更民主、更公平的趋势发展。牛津大学接受了英国高等教育要求 实施"所有具备入学能力和资格希望接受高等教育的青年都应该获得受高等教育的机会"的原则。

1973年和1974年一些男生学院开始接受女生，到目前为止，所有的男生学院都已兼收女生，而女生学院除了圣希尔达学院以外，也都已兼收男生。近几年，在关于申请人数与招生人数的比率中都体现出男女平等的公平原则。如今，牛津大学更强调是否能够入学的资格是学习能力和发展潜力，学院在招收学生时只考虑学生学术水平的高低及学术潜力的大小，除了只招收女生的学院以外，所有的学院在招收学生时都不得考虑性别因素。不管种族、肤色、信仰、社会背景、婚姻状况有何差异，都一视同仁。马瑞克古丁在接受我国记者许戈辉的采访时说："牛津大学将努力克服历史留下来的人们对牛津的偏见，即认为来自公立学校的学生不会被牛津录取，或者录取的机会很低。牛津大学的一个积极的行动就是尽量让学生的男女比例达到平衡，要让更多的公立学校的学生进入牛津大学。"这段话充分显示出牛津大学在入学评价上朝向更公平的趋势发展。

5. 培养方式的技术性

除了上述这些改变和走向以外，牛津大学还在人才培养的其他方面发生了改变，如在人才培养的方式上，重视通过在线学习的形式培养人才。当今世界的发展越来越迅速，知识经济的挑战使得知识的增长量多而快，传统的教学方式不再能完全适应时代的发展。在此趋势下，牛津大学日益重视网络资源的开发和利用，学校充分重视和发挥它的网络优势。传统的以导师制为主线再加上大课堂教学、讲座、讨论、实践操作、学生自学、课外活动的人才培养方式依然发挥了重要作用，但在此 基础上又增加了在线学习的方式，并越来越发挥重要作用。

牛津大学网络资源丰富，网络设施方便快捷，学校以及各个学院都有自己专门的计算机房，学生寝室也能够方便快捷地上网，这些给牛津学子进行在线学习提供了条件。

学校要求学生提交的报告、图表等，都需要用计算机才能完成，学生用计算机辅助学习、浏览网站。此外，牛津大学还开设了大量的形式各异的网络在线课程供学生在线学习。通过因特网进行的在线学习代表了一种新型的学习方式，它使个别指导的传统导师制培养方式与革新的学习、教授方式结合在了一起。通过在线学习，学生可以更方便、更经常地与导师以及全球各地的相关人员进行交流，在网络上能够更快捷地查找资料，更好地完成导师布置的论文及平时作业。其独特之处在于，它把在线学习与传统的以导师制为主线的人才培养方式融合起来，用网络资源与技术扩大了教师的指导范围，增加了教学效率，丰富了学生的学习，有利于合作与交流。

全球化趋势、知识经济的挑战以及英国国家政策的变化，促进了牛津大学人才培养模式的变更。面对新世纪，牛津大学人才培养目标向着全面性的方向发展，以此也促进了学科与课程的综合性、培养环境的合作性发展趋势，而入学条件的公平性、培养方式的技术性发展趋势，又进一步保障了全面性培养目标的实现。

第三节　发达国家人才培养模式改革的基本取向

近年来，为适应国际竞争形势和科学技术迅猛发展的趋势以及满足本国社会经济发展的需要，美、日、德等发达国家也对高等教育人才培养模式纷纷采取了一系列改革举措，其主旋律就是改革传统的人才培养模式以适应新的变化需要。由于各国传统与现实状况存在着差异，各国改革在体现规律性与共性要素的同时，也呈现出多样化的改革局面。事实上，设计与探索多样化的人才培养模式以满足现代社会发展的多元需要，已成为当代发达国家高等教育人才培养模式改革所努力追求的共同旨趣。

一、多样化的人才培养目标

南斯拉夫学者德拉高尔朱布·纳伊曼曾指出："多样化成了关于高等教育前途讨论的一块奶油蛋糕""无论个人和社会有什么新的需要，只有一个解决问题的秘诀：多样化"。为什么要实施多样化人才培养呢？因为统一培养目标、统一培养规格的教育模式不能适应社会的多样化人才需求，不能适应学生的多样化的教育服务需求，也不能适应现在各种不同层次、不同类型以及内部千差万别的客观条件限制的学校和专业的发展目标。换句话说，实施多样化人才培养，目的就是要让教育适应社会的多样化人才需求，适应学生对教育服务的多样化需求，适应不同教育层次和教育水平的学校多样化的发展，有利于不同潜力、不同志向和不同能力的学生的协同发展，有利于学校办学特色的形成与发扬。

传统观点认为，高等教育人才培养模式有两大基本类型，即专业教育模式与通才教育模式。前者以德国为代表，其本科培养目标是培养专业性很强的科技人才，如理工院校的培养目标就是文凭工程师，一些著名的工科大学声称要培养技术负责人；后者以美国为代表，其本科是专业入门性质的教育，注重数学、自然科学、人文社会科学以及科学技术等基础性教育。但是随着社会发展和院校改革，发达国家的高等教育加大了改革力度，比如理工教育，不但要求培养工程师、专门科技人员和管理人员，还要求培养科学家、一般科技人员和研究人员。人才培养目标内涵日益丰富、复杂，从而更加清晰地呈现出多样化培养的基本取向。

如美国国家科学基金会和美国国家研究委员会的关于未来高等工程教育的报告，对工程人才培养的要求是：具有宽广厚实的基础知识和技术能力，为以后进入工程市场和非工程市场寻求职业打下基础；具有大工程观的综合素质和很强的灵活性与适应性，可以适应工程的广泛性和多样性；具有终身自我学习的动力、知识与能力，可以根据时间的推移和工程内涵与背景的变化，善于不断调整自己的知识能力结构，不断学习。欧洲工程师协会联盟要求成员国工科院校的毕业生应具备几项素质才可以成为合格的"欧洲工程师"。这几项素质要求是：懂得工程专业，并了解作为注册工程师对同行、雇主或顾客、社区和环境应负的责任，即掌握完备的适合学科的数学、物理和信息学为基础的工程原理知识；掌握在工程领域实践所需的普通知识，包括材料的性能、特性、生产和使用，以及硬件和软件；掌握自己专门化领域中的技术应用知识；具备运用技术信息和统计资料的能力；具备开发理论模型并利用模型预测物质世界行为的能力；具备经过科学的分析和综合、独立做出技术决断的能力；具备处理多学科课题的能力；掌握工业关系和管理原理，具有考虑技术的、财务的和人的因素的能力，具有口头、书面交流的技能，能够应用先进的设计原理，并以经济的成本有效地处理制造和维修的问题；能够积极了解技术变革的进展和不断增长的需要，不仅满足现有实践而且养成工程专业生涯中革新与创造的态度；能够评价长短的矛盾和诸如成本、质量、安全性能和期限等多变因素的作用，并能找到最好的工程答案；能够提出环境方面的建议，具备动员人力资源的能力，具备熟练运用母语以外至少一种欧洲语言的能力。

可见，发达国家普遍注重提高学生在科学、数学、工程和技术方面的实际竞争力和交流及作为团队的一分子开展工作的能力，以及一些个人能力诸如适应性、对新观点的开放性以及专注于他人观点的能力，杜绝把学习作为一种狭隘的、纯粹为特定职业作准备的现象。实践表明，发达国家人才培养目标的多样化，适应了当前高等教育大众化以及产业结构的变化对各类人才的需求。

二、发展多层次、多类型的高等教育机构

国外高等教育机构的类型多、层次全。从经费来源及与政府的关系划分，可分为公立和私立院校；按学校所担负的任务和培养学生的模式，可分为研究型大学、应用型大学、综合性大学、文理科院校和社区性学院等类型。随着时代的发展，目前发达国家高等教育体制在进一步发生着变化。

以美国研究型大学为例，教育的对象是完整的个体，教育的目标是培养全面发展的人，因而大学教育理应包括正式教育和非正式教育。然而，以往的教育改革往往注重正式教育，致使研究型大学丰富的教育资源未能得到充分利用。而此次改革提出教学、研究和社区"三

位一体"的整合教育概念，其意图就是扭转这种偏向，重视利用研究型大学丰富的研究资源和社区生活，并结合系统的课程教学，提供整合教育经验。研究型大学采取各种措施，包括通过各种校园仪式培育对大学地区的归属感，通过小组活动培育对大学社区共同的兴趣，通过各种课外活动加强学生的沟通和联系，使宿舍成为养成社区精神的重要场所，对参与社区活动的师生予以教学承认，为社区交往提供更有吸引力、更为方便的空间，为促进社区交往的活动提供更多的经费资助。目前，整合教育的新范式已基本形成，它整合了正式教育过程和非正式教育过程，整合教学、研究和社区的各种教育资源和教育经验，培养受过教育的人，使其成为有特别创造力的拔尖人才。

过去的英国只重视"正规"大学的作用，不太注意其他类型高校的发展。从 20 世纪 60 年代开始，这一情况发生了改变。英国提出并且开始实行双轨制的高等教育制度，要求与正规大学相平行，大力发展技术学院和其他进修院校，并陆续将一些高级技术学院改为技术大学。与传统的大学或技术学院相比，"新大学"注重实行一些新的教学措施，扩大学科领域，注意加强大学生的实践活动，实行民主管理制度。

德国在 20 世纪 80 年代，对高校管理制度进行了改革，规定由综合大学、工业技术学院、艺术和音乐学院等构成有分工、有层次且相互合作的高等学校体系。工业技术学院是德国目前大力发展的一种新型理工院校，其前身是"工程师学校"，它正式设立于 20 世纪 70 年代。学习周期短和"理论与实践并重"是德国工业技术学院的特色。90 年代德国再次掀起了"工业技术学院扩充"浪潮，证明了这种新型院校的合理性。

通过上述可以看出，发达国家都在努力建立与完善自己的高等教育体制。在这一发展历程中，实用主义思想贯穿始终，市场机制发挥着重要的作用。从人才培养的形式看，高等教育人才培养正由单一的办学形式逐步向多层次、多类型的方向发展。有的强调职业性，有的注重学术性，学制有长有短，学校类型繁多。从办学目的看，并没有统一的办学方针，是各学校根据自己对教育的理解或对某一教育观念的推崇来创办自己的办学路子。如研究型大学主要是培养高层次科研人才，满足社会对科研型成果的需要。本科教学型大学主要以培养本科人才为主，适当承担专科层次人才培养任务。专科教学型大学主要以培养职业和技术型人才为主。高等学校之间只有培养层次和类别上的差异而没有高低贵贱之分，只要学校在社会上有较强的竞争力，能够适应社会的需要，就是一所好学校。

三、建设综合化的学科与专业结构

发达国家的高等教育为了突出培养多样化与创新性人才，都不断地扩大原有院系和专业的内容和范围，调整专业结构，拓宽专业口径，使学科、专业与课程建设呈现综合化的趋势。在美国，综合性大学占据大学的绝对主体地位，单科院校和专科院校非常少。在德国，高等学校主要有两种形式：大学和工科大学。大学一般为综合性大学，设立多种学科。工科大学以工科为主，但也涉及文、理以及文理交叉专业。

学科专业之间和内部出现了交叉、综合的趋势，出现了一批边缘学科、综合学科、交叉学科等。如出现了物理化学、生物化学、生物物理仿生学等。一种专业往往也需要多学科知识，如光导纤维技术就综合了化学、物理学、结晶学、热力学、材料力学等十几门学科知识。为了研究社会问题，学科之间的渗透也很普遍，一些分析视角独特的学科往往渗入其他学科领域成为一种近似工具性的学科。如教育社会学、社会人类学、农业经济学、农村社会学等。现代科学向整体化前进的过程中，出现了打破学科界限的文理渗透、文文渗透、理理渗透、理工渗透等。这些自然学科、社会学科与人文学科之间共同协作来解决社会难题。这样，高校学科之间的界限越来越模糊，在很多国家中设立相近的专业学科群以促进研究力量的整合，打通相近的专业壁垒来促进学科专业的融合。

四、建立开放性的教育教学与管理体系

当代发达国家高等学校改革的一个突出趋势就是强调打破传统高等教育的封闭制度，通过建立开放化的教育教学与管理体系，加强学校与社会之间、校际间、国际间的经验与学术交流，更好地为社会服务，培养社会所需的各类人才。发达国家通常采取如下主要措施：

（一）实行开放式教学

传统的人才培养，封闭在狭窄的课堂活动内，高墙深院与世隔绝，这种培养模式已越来越不适应日新月异的时代发展要求，因此，许多大学都在致力于将人才培养和教学活动从单一的课堂教学中解脱出来，扩大到学生自学、社会实践、科学研究等活动中去，让学生在广泛的活动中，拓宽视野、培养能力。在美国，很多院校没有固定的专业教材，而是围绕基础理论随机组织参考教材，甚至直接采用案例作为教材，其教学的开放性由此可见一斑。

（二）拓宽高等教育的开放服务功能

目前，发达国家纷纷拓宽高等教育的对外服务功能，普遍重视实践性教学环节，加强实习教育，注重培养学生解决实际问题和为社会服务的能力。如德国教育法规定工业技术学院必须以培养德国企业所需工程技术人员为宗旨，以培养具备实际工作能力，能

胜任技术工作和企业的领导工作、能负责任的应用型人才为目标；教学方法非常重视培养学生的动手能力，重视实验课、课程设计和专项研究课的教学。此外，所有的工业技术学院都有两个实习学期（第三学期与第六学期），共一年时间，学生在实习学期必须到德国企业去实习。此外，发达国家的高等学校还积极承担大量的委托培养与人员培训任务。

（三）推行开放入学与开放管理政策

当代发达国家通过开放招生以及完善选修课等管理制度来保证所有适龄学生都有机会入学接受高水平的教育。美国 20 世纪 70 年代开始在部分正规大学中实行两种不同的开放招生制，即完全开放招生制与有限开放招生制。实行完全开放招生制的主要是一些社区学院，社区的公民不限年龄、不限学历，几乎都可以入学接受高等教育；实行有限开放招生制的是部分州立大学和规模小的私立院校以及教会学校，一般持有本州中学毕业证书的学生全部录取。其"有限"体现于两个方面：一是以学生参加大学入学的智能测验或入学考试成绩做参考；二是对外州中学毕业生要求中学成绩在班级的中等以上。美国的开放招生制是通过"高淘汰"来保证教育质量，一般在第一学期末就淘汰新生的30% 左右。

此外，美国高校开设灵活多样的选修课，营造了一个良好的开放教育的氛围，每个学生可根据主修科目提出的要求，结合自己的具体条件，在教授的指导下确定自己的受限选修课和根据自己的学习兴趣确定随意选修课程。

开放大学最大的特点是"进口宽，出口严"，即入学时来者不拒，招收一切想入学的人，不问学历，不要证书，更不进行入学考试，充分体现开放的特点，但毕业与获得文凭很严格，通过严格把关保证开放大学的教学质量。

（四）加强校际间的联合与协作

发达国家当前都十分注意加强校际间在教学、科研等方面的相互开放与合作。法国的做法是：第一，不同学校之间的某些学分可以通用；第二，学生可以在一所大学注册，选修两所大学的有关课程获得必修和选修学分；第三，学生在一所大学结束了一个阶段的学习，可以根据自己的条件和意愿到另一所大学的下一个阶段继续学习；第四，学生可以在两所学校听课，同时攻读两个专业的文凭和学位。此外，法国高校间实行设施共用。一些高校的实验室、体育馆、图书馆、教室、食堂等由多所学校共同享用，教师与科研人员在校际间也可以兼职。英国与德国的主要做法有：第一，实行教学计划交流；第二，学生可以在别校选修本校开不出或比较薄弱的课程；第三，实行教师跨校开课制度；第四，鼓励各校同一学科领域及不同学科领域的教师自由接触交往；第五，联合创办系科，共同组织专题演讲，录制电教课程等。

（五）加强产学研一体化

当前，发达国家普遍将推进教学、科研、生产相结合，加强产学研一体化作为建立开放化教育教学与管理体系，培养社会所需要的多样化人才以及促进科技振兴和经济发展的一个基本途径。美国、日本等发达国家实现高度工业化的基本经验之一就在于强调与推进产学研一体化。

发达国家通常采用的措施有：（1）明确要求大学生参加科研活动。如法国高等学校把教学过程分为三个阶段：第一阶段是基础教学；第二阶段主要是专业学习；第三阶段进行科学工作者的培养。其中第三阶段为两年，主要任务之一是进行科研活动；（2）提倡开设教学与科研相结合的课程。如美国在许多专业设置特殊问题研究、教学研究和独立研究讨论课程，另外把学科研究方法论作为一门专业的必修课，以高效率地培养学生从事独立科学研究的能力；（3）强调高校与企业界建立密切地联系。发达国家的高等学校为了提高教育质量，培养企业适用人才，促进理论与实践结合、学习与应用相统一，往往与工厂、企业等建立合作关系，在教育教学、研究开发、人员交流与信息交流等方面加强合作。高校学生可以到企业实习、上实践课，并可以在企业技术人员的指导下完成学年及毕业设计和论文。学生的课题大多来自企业，成果应用于生产实际，企业则供给设施、经费等；（4）以现代科学技术为中介，加速产学研一体化进程。美国早在1951年就建成了世界上第一个高科技开发区，即斯坦福大学科学公园（硅谷），它所取得的举世瞩目的成就，突出表明了当代产学研一体化进程中注重以现代科学技术为中介。再如美国以MIT为中心创建的"128号公路高科技开发区""日本筑波大学科学城""英国沃里克大学科学园""剑桥大学科学公园""安蒂波利斯科学城"等高新技术开发区，都是高等院校积极参与，以高新技术为中介，加速产学研一体化进程的成果范例；（5）重视将高校的科研成果向生产企业界转化，使之成为现实的生产力。英国不断强化高等学校与企业界的合作，如剑桥大学不仅为大批技术开发公司提供科研成果，而且还为它们培养了大批具有"企业头脑"的毕业生。1986年，英国颁布了一项资助学校与企业合作的新计划，希望高校科研成果能尽快运用到生产中，为改善国家经济状况做出贡献。

第四节 中外人才培养模式的比较与反思

综观发达国家高校人才培养的特征，它们的形成都有其特殊的因素。比如美国，它是个移民国家，没有深厚的历史文化底蕴，这就决定了它一开始只能是借鉴或者说是移植欧洲传统大学的模式。这从殖民地时期高等院校培养目标以及课程设置上可以清晰地折射出来。而其务实的民族精神和实用主义文化对高校人才培养也产生了深远的影响。培养目标的转变以及培养内容的不断变革都是其面对现实，适应社会发展需要的表现。当然，每个国家的国情和社会发展状况有别，其人才培养模式侧重点也自然有所差别。大学是环境和制度的产物，全盘移植是绝不可能的。只有了解他人产生的深层原因和自己的现状与不足之处，才能吸纳成功经验，避免盲目的仿照。

一、教育价值观念的比较与反思

我国高校近几年在经济体制向市场经济转轨的背景下，反省了以前在人才培养模式上的弊端，开始学习发达国家人才培养的经验，注重以社会需求为导向，探索适合我国国情的本科人才培养模式。具体措施是改革人才培养制度，实施学分制、主辅修制、双学位制；调整学科专业，设置边缘学科、交叉学科专业；改革课程体系，开设交叉学科课程；并鼓励学生跨院系、跨校修读课程，培养复合型、个性化人才；同时，强化实践教学，加强学生的创造、创新能力教育；此外，许多高校还不同程度地开设了一定数量的通识教育课程，教育的重心从偏重知识传授与技能培养转移到重视人的发展上来。这一系列的变化，实际上集中体现为共同的理念，即通识教育。目前，我国高等教育正掀起一股通识教育的热潮，从理论研究到实践改革，通识教育俨然成为我国高校改革的目标。

但由于我国长期以来模仿苏联的教育模式，虽然经过二十多年的改革，但是通识教育、个性化教育的理念一时还不能被人们很好地接受，加上过多地强调向欧美发达国家尤其是美国学习，忽略了相关的本土化研究，忽略了中国独特的文化传统、教育体制及大学的传统，由此导致了改革的混乱和低效。因此，虽然也天天喊实施通识教育、素质教育、个性化教育、创新教育，但真正实施起来则举步维艰，效果欠佳。目前，各高校实施的所谓学分制就是很好的例子，由于条条框框甚多，一般情况下，多数学生未能按照自己的个性发展去选择自己热爱的专业和课程。在专业选择上，需要填报服从；在选课上，也要按统一规定选课。因此，所谓的学分制基本上是从学年制演变而来，是学年制＋选课制或者说是学年学分制，局限性较大，阻碍了学生的个性发展。

其实，无论是素质教育还是通识教育，它们本身的科学性是不容置疑的，但因其理念的上位性过强，而我们在施行过程中又缺乏一种能作为指导思想的发展观和价值观指引，使其终究未能摆脱传统工业文明的框架，在实践上缺乏一套切实可行的操作步骤，因而具有相当的狭隘性。这种狭隘性说到底，应该是隐藏在人才培养模式背后的教育价值观念所致。

在西方，以个人为中心的教育价值观念根深蒂固，主张个性自由发展的人文主义教育有着悠久的历史。到了近代，自由教育被理解为文理兼备的普通基础教育，即使是为了职业做准备的高等教育也强调在宽厚的文理知识基础上进行广泛的专业训练，在人的发展的前提下兼顾社会需要和个人求职需要。而社会主义的教育价值观实质上是反对将社会需求与个人需求加以对立，但由于认识偏差和处理失当，在实践上，往往更倾向于以社会价值为本位，更多地强调社会需求的满足，并把其视为衡量教育价值的第一尺度，相对忽略个人教育需求的充分满足。并且这种差异还因社会经济体制的差异而得到强化。在实行自由市场经济的西方国家，社会对人才的各种需求主要通过劳动力市场涨落信号得以反映。对于大学生而言，对未来所做的最好的准备不是为某一具体职业或某一狭窄专业领域所进行的针对性太强的训练，而是获得更扎实的基础训练，有机会在较宽的学科或职业领域掌握相关的科学方法和一般职业能力，以提高自己的适应能力和职业机动性。例如，在美国和日本，社会上和用人企业大都拥有强有力的在职培训系统，这为"通才教育"模式的实施提供了有力的保证。而在实行单一的计划经济体制的苏联，国家对高等教育这一专业人才培养的主要部分实行严格的计划调控，如同生产其他物质产品一样，对专业人才培养的数量、规模、质量都做了严格规定，并讲求全国范围的总体平衡。所以，特别重视专业口径的一致性，以加强通用性，通过提高专业对口率来提高高等教育的工作效率。因此，苏联实行专业范围明确、口径狭窄、职业实践能力强的"专才教育"。

而我国高等教育的人才培养模式，一方面保留甚至强化了苏联"专才教育"的弊端，另一方面也未能真正重视专业化实践能力的培养。所以，我国高等教育培养出来的大学生既不像西方国家大学生那样拥有较广阔的视野和较强的后劲及职业机动性，也不能体现苏联大学毕业生所具有的较强的专业实践能力。我们认为，学习和借鉴是有必要的，但是中国的人才培养模式改革必须尊重中国高等教育传统，通过虚心实践研究和探索本土化的教育理念和改革思路。否则，一味地学习所谓的国际经验，不但不能与国际接轨，反而有导致改革无疾而终的危险。

二、教学方法的比较与反思

西方发达国家高校在教学环节中注重引导学生开展科研工作，注重学生科研能力的培养，实行以本科生的研究、探索为基础的实践教学环节。他们通过各种改革，使所有本科生都有机会参加研究活动，使他们在实践中获得运用理论知识的经验，掌握分析问题的本领，从单纯的知识接受者变成探索者。在教学方法上，西方高校非常重视学生在教学中主动参与，以对"问题"探究的方式进行教学，使学生自始至终都参与到教学中的每一个环节里，敢想、敢说、敢问是西方大学生的一大特色。这些高校，学习基础知识强调理解基础上的全面掌握，培养技能避免机械照搬，注重保护学生的好奇心和想象力，允许质疑和批评，鼓励学生挖掘潜力、努力创新。教师也鼓励学生提问，鼓励学生向最了不起的权威提出怀疑。

相比之下，我国高校教学环节中实践教学相对比较薄弱，学生直接参与科研项目和课题的机会较少，导师介入时间较晚。本科生一般到最后一学年才有论文导师。教学中还存在着时间短、次数少、实习基地少、指导教师少、流于形式等诸多问题。比如一些高校，由于教育经费紧张，只在学校内进行同学之间的模拟实习，而不能进行教学实战练习。所谓的本科生定向实习，由于地点分散和教师指导不力等因素，有些时候，教育实习成了走过场，失去了学生毕业前把潜在的技能转变成实际能力的机会。

教学方法也比较呆板，大部分高校基本上还是以书本和教师系统讲授为主，虽然近十多年来在不断地改革，但到目前为止，充其量也只能是在授课的过程中，增加提问的次数或进行几次讨论而已，谈不上什么探究式教学，课堂教学仍然作为主要教学环节。教师按部就班地演绎从公式到结论的推导过程，讲述从历史到现在的发展状况。如果部分教师仍然实行满堂填灌、照本宣科，不能利用技巧与方法，调动学生的学习兴趣和积极主动性，学生也不独立地学习和思考，只是被动地接受老师传授的内容，那么学生就真成了记录课堂笔记的机器，虽然拥有丰富的书本知识，而独立思考与解决问题的能力并未提高。

此外，信息技术在人才培养中的应用，从规模与程度上看也是远远不够的，包括远程教育问题、虚拟教育问题、学习方式方法的变革问题等，这些都在影响未来人才培养模式的变化。然而，这方面我国与发达国家有很大差距，如使用多媒体教学，有的学校因为资源有限，也不是每个教师想使用就可以使用的。

三、管理制度的比较与反思

西方政府参与对高校的管理一般只体现在拨款和质量上实施监控方面，而对具体的管理过程则不插手，高校拥有充分的办学自主权，学校可根据自身条件规划本校的发展和人才培养模式。欧美的大学中普遍实行的是委员会制，即最高决策和管理权是由一个委员会来执行，无论这个委员会的主体是来自校内还是校外，也不论它是多元的还是单一的。

这种管理体制在院级或系级单位也是如此。"在美国，大学的最高管理和决策机构是董事会，董事会的成员一般都来自校外，董事会对事关学校发展的重大问题拥有最终的决策权，对外代表学校，它有权确定学校的大政方针、选举校长，任命学校的教授和其他行政人员，处理学校的财产和其他重大事宜，但董事会一般不介入学校的日常事务。在英国，大学的最高管理机构是理事会。理事会对学校的大政方针和重大问题进行决策，但也不介入日常事务。法国和德国的高校决策系统与英美相似，由委员会决定重大问题的管理。这也成为西方大学的一般特征。"

在管理模式中，权力的制衡和监督是重要的环节。国外大学都非常重视学术权力与行政权力互相协调的问题。大学是学者和教授的聚居地，是一个产生思想和知识的机构，大学教授是这座城堡中的核心居民，理应对大学的业务活动享有最高的发言权。在国外大学中，教授们的学术权力作用发挥得比较好，对高校办学起着积极的指导和决定性作用。评议会或者教授会是学校学术管理的专门机构，教授团体主要是通过评议会或者教授会参与学校管理，包括教师聘任、职称评审、科研经费、教学计划学科发展等进行管理。在一些大学中，教授评议会的权力很大，它一般下设议事委员会、学术政策委员会、调查委员会等。相应的，一般在院系层次也分设教授会，负责本院或系的学术发展管理。

大学教授和学者在学术活动中权力经常和行政权力发生冲突，如何维护教授和学者的权力，避免大学成为行政权力的附庸成为西方大学在教育国家化运动中的首要课题。在西方大学的内部权力结构中，出现了权力主体多元化的发展趋势。"大学内部的学术事务和非学术事务的管理，分别由两套系统，不同的机构和人员来运作。行政权力和学术是相互分离，各司其职、又共同参与学校的管理，实行总长负责制与集体领导的会议制相结合的方式。行政权力的行使过程中吸收教授的参加，行使学术权力的组织也适当吸收行政人员的加入，彼此间的权力是相互渗透，相互补充的。这些都体现了国外大学的学术权力与行政权力的配置日趋科学化。"

我国高校和政府的关系是"统一领导，分级管理"的模式。国家基于教育主权统一领导全国各级各类大学，具体的管理权限由教育部负责行使，地方各级政府及其教育行政管理部门负责相应级别的学校管理。具体而言：

（1）我国高等学校外部管理实行的是分级管理体制，即上级政府或教育行政部门原则上对下级所有的大学具有管理权；

（2）对大学的管理权主要集中在与学校对应的相应级别的管理机构，如教育部主要负责部属大学的管理，而省级教育行政部门则直接管理省属大学；

（3）国家与学校的关系是所有者与被所有者、管理者与被管理者的关系，国家既是学校的举办者又是学校的最高管理者。高校无权设计符合自身需要和特征的人才培养模式及其相应的方案，甚至连某些课程的学时数也要由国家规定。在大学与教育行政机关的管理与被管理的关系中，大学只具有相对的独立性。这种权力模式是我国特定历史条件和意识形态综合作用的产物。

此外，我国高等学校不同于西方的另一个鲜明特征，就是高校内部的党政权力分配问题，它是困扰高校发展的一个核心问题。为了保证大学的政治方向性，要求党委对重大问题进行监督研究决定，但为了贯彻党委的决定又要求校长有独立的行政权力，这样就发生了权力分配问题。当前，我国高等学校内部管理体制中的权力结构属于以行政权力为主导的模式。我国的大学实行的是党委领导下的校长负责制。委员会成员都是中共党员，都属于同一所学校，表现出委员会的同质性和权力模式的内控性的特点。校长的任命必须经主管部门的认可和委任。校长作为强有力的行政长官，不仅代表主管部门来行使权力，同时，他也基本上都是高校学术委员会的主席。因此，校长不仅是学校的最高权力代表，也是学术的权力核心。

这种权力结构模式的主要特征是重视行政权力而轻视学术权力。高等学校行政权力日益膨胀，在职称评定、院系设置、专业人员引进等众多学术活动方面干预太多，许多事情都是行政领导说了算。行政权威一直压制和领导学术权威，使得高校科研力量薄弱，学术研究和学科建设落后的现实一直得不到彻底改观。这不仅严重限制了我国高等学校学术的发展，也容易导致高等学校内部行政权力与学术权力的对抗和冲突。如果学术权力与行政权力进行博弈，那么最终结果很可能是两者都不专注于自己领域的工作，而是试图保存或者扩张自己的权力。比如，行政权力想通过控制学术活动，增强自己的控制力；而学术权力也想发挥行政管理的职能，在学校管理中发挥学术权力的作用。很多人开展学术研究的目的是为了获得行政权力，进而在行政权力的环境中不断丧失自己的学术地位，泯灭学术的本质，恶性循环影响了整个高等学校的学术进步。重视行政权力、轻视学术权力的管理模式，不利于高校教师发挥自己的学术专长，维护自己的合法权益；

也不利于大学培养学术大师，设置高水平专业，吸引优秀人才，提高大学的学术水平。

另外，作为一个群体的学生在高校管理中没有任何地位，这是值得认真反思的。国外的许多大学都重视学生广泛参与学校管理。一般将事关学生切身利益的问题交由专门的学生委员会处理或者听取他们的意见。"在法国的大学中一般设立学习和大学生活委员会，学生代表占一定的比例。而在科学委员会中，大学研究生代表占 7.5% ~ 12.5%，在其最高管理委员会校务委员会中，学生代表占 20% ~ 25%，远远高于行政人员的比例（10% 左右）。"而"在美国的哥伦比亚大学中，学校成立参议院，负责处理学校的一般行政和学术事务，包括校长和行政首脑在内，参议院代表共 92 名，其中教授和教师 57 名，学生代表 21 名，毕业生代表 2 名，行政部门中层代表 2 名，图书馆和一般研究人员 2 名，女校和教育学院各 2 名，神学院 1 名……"可见，学生在大学的管理中还是非常有发言权的。但是在我国，大学生参与学校管理还没有提到议事日程，在有关学生事务和学校管理中听不到学生的声音。重视学生参与管理是大学民主化发展的需要，也是市场的必然选择。在实行收费制的大学教育中，学生不仅仅是受教育者，也是顾客。

四、与中等教育衔接的比较与反思

我国本科教育与国外的另一个区别是与中等教育的衔接问题。国外十分强调与中等教育的衔接，如日本大学，非常重视与高中的柔性衔接，他们将自己期望的学生形象以及未来的教育内容等信息大力加以宣传，做到众所周知的程度。这样做的目的只有一个，就是为了能招到符合要求的学生；而高中为了使学生能够根据自己的意愿选择报考理想的大学和专业，更是加强了对学生能力、志向、兴趣、爱好等方面的指导，并且创造各种条件，为具备特殊能力和兴趣的高中学生提供修读大学课程的机会。这些学生在高中阶段所修学分是得到大学承认的。美国在这方面的做法是：加强与中学联系，与中学校长、教师一起分析中学课程问题，制订长期合作计划，"产生自下而上的革命"。同时，美国的中等教育也是实施通识教育，使人的个性、爱好、兴趣、特长充分发挥出来，进入大学后这种个性特长得到进一步的发展和加强，这可能是美国诺贝尔奖获得者数量成为世界之最的重要因素之一。

应当肯定地说，我国的中等教育还是有很多优势的，这些优势主要表现在比较重视基础知识、统一要求，这种统一要求能保证大多数人受教育。不足的是，高等教育与中等教育联系方面也相对较弱。大学里的校长、教师基本上很少与局中的校长、教师接触，更谈不上指导了。由于我国的初中、高中长期以来实施"应试教育"，追求升学率，学生为了考试而读书，为了考上大学而读书，以至个性、爱好、兴趣几乎被埋没。这样的学生进入大学后较难适应大学的教学方法，以至在某些高校出现一些学生高考成绩很好，但进入大学学习一段时间后，成绩急剧下降甚至被学校开除的现象。还有的学生反映，"高中太忙，大学课不多，怎么打发时间成了问题""上课听了就来不及记笔记，记了就来不及听课""实验课老师不做任何指导，让我们自己看书，自己做，无从下手，很失败"；英语课上"憋足了勇气，还是不敢开口讲话"。有人将这一现象称之为"大学新生综合征"。表面上看是个人适应能力的问题，而深层次的原因则是大学与中学的教育如何衔接的问题。

目前，我国的高等教育与中等教育的衔接主要存在以下问题：

（1）部分中学没有为学生进入大学做好充分的准备。首先，在学习能力培养方面没有做好准备。在终生学习的背景下，中学教学不仅要传授给学生一定的基础知识，还要培养学生一定的自学能力、思考问题、解决问题的能力。大学的教学目标应该在中学生一定的自学能力、思考问题和解决问题能力的基础上，着重培养学生的探究问题的能力。中学教育目标的实现是大学教学目标实行的基础与保证，大学教学目标是中学教学目标基础上的飞跃，前一阶段的教学目标的完成质量直接影响到后一阶段的教学目标的完成。同样，依据中学的生理、心理特征和维果茨基"最近发展区理论"，中学教学，尤其是高中后期阶段，应着力培养学生自学能力、思考问题、解决问题的能力，而不是强化、训练学生业已形成的记忆、认知等能力等。其次，在学生尽早接触大学内容方面存在不足。我国的中学，长期实行统一的班级教学，整齐划一、千人一面，培养标准件，让学生削足适履，来适应统一的教材、统一的教法。无视学生兴趣和个性特长的发展。所以，尽管大学每年都对新生进行入学教育，但每年都会出现学生不能适应大学生活而退学的事情。正如一位教育专家所言，大学具有二传手的功能，最终培养出的毕业生质量如何，与中学第一手球打得怎么样有很大关系。

（2）中学和大学教材内容有重复和空缺。大学新生来源各不相同，基础差别也很大。进了大学后，差不多所有的课都是一起上。比如，英语好的学生，无论你再好也得与其他一般水平甚至更差的学生一起上课；政治课堂上讲授的内容与中学没什么两样，有的时候还不如中学老师讲得精彩；计算机课程还得从基础学起。所以，中学和大学教学内容的重复和空缺，造成的部分学生对大学学习没有太多的新鲜感，部分学生因基础太差而失去了学习信心。

（3）大学也没有为新生的顺利过渡营造一个良好的环境。大部分学生在入学前对大学的理解都停留在美好的想象阶段，他们认为大学生活是美好而自由的，是他们梦寐以求的一块乐土；也有部分学生从居住在附近的学生口中了解到"大学空余时间多，师生关系冷漠"诸如此类的话语。但事实上，许多学生来到大学以后，都有很大的心理落差。

高校如果能够在新生入学前做好适当的引导，入学后再进行一定的辅导，新生的顺利过渡就有了一个很好的平台。

五、重视学历程度的比较与反思

与国际人才培养模式相比，我们过分重视学历，把学历作为教育的价值取向。中国人的学历情结由来已久，而且早已融入了整个民族的文化之中。所谓学历情结，是指人们对学历的一种依赖、关注和重视。而当这种关注和重视的程度在人们心理上、社会上形成了超出学历本身的内涵时，就会形成一种社会病理状态。表现为整个社会的唯学历论，一切以学历为重。当学历作为教育价值取向之后就会产生异化，即学历带动教育，教育围着学历转。学历本来是衡量教育水平的一个重要标准，如果单纯把它作为培养目标，就会产生负面影响。

在古代科举制度下，学子们的最大梦想就是应试中举，因此，他们理想中的人生模式就是："读书—应试—中举—封官。"所以，中国至今仍是一个"官本位"的社会，只要当了官就会有或大或小的好处，当官是广大学子孜孜以求的人生梦想，并由此形成了"万般皆下品，唯有读书高"的意识、心理和习惯。在今天，由于时代的进步，读书和做官之间的关系已不像古代那样直接，即使读书获得文凭也不能就此封官，但文凭仍然是做官或找到理想工作的前提和基础，因此，古代学子们的人生模式，就演变为了今天的"读书—考试—文凭—好工作"这样的一个模式。当今社会的每位父母，或多或少地在自己的亲身经历中感受到了市场竞争的惨烈，认识到了文凭和学历的现实意义，于是都尽一切可能来加大对子女的教育投入，让子女接受优质的教育，为应对未来的人力市场竞争提前做好准备。那些有能力的家长，不惜花重金为子女请家教，"开小灶"，交"择校金"，让子女上名牌学校。而那些经济不宽裕的家庭，则尽可能省吃俭用，以便把钱花在子女的教育上。可以说，激烈的社会竞争，已经无情地转移到了儿童们的身上，这也正是小学生课业负担减不下来的深层次的社会原因。对于学历文凭的重视，在客观上也促使学历逐渐取代了人情、面子等非客观因素的干扰和影响，从而比较公平地在一个标准上选拔人才。虽然在现阶段，学历还不是医治社会上各种不正之风的灵丹妙药，但是，在一定程度上也确实扭转了各种腐败现象和其他不良习气的形成和滋长，对弘扬正气和真理，对整个社会环境的改善发挥了重要的积极意义。

但是，随之而来的是学历的"高消费"问题，很多用人单位在招人时不管岗位是否需要，总把"研究生以上学历"当成条件之一，让不少本科毕业生望而却步。为了提高自己在就业市场的竞争力，众多考生不得不投身于考研大战之中。文凭，本是教育机构发给学员以证明其学历的一纸凭证，但是，就为了得到这一张纸，多少人头悬梁、锥刺股，一旦与其失之交臂，多少人又为之痛不欲生！一纸文凭，将多少有识之士拒之门外，同样是这一纸文凭又让多少人借此飞黄腾达！小小的一纸文凭，折射着中国人五味杂陈的学历情结。因为学历文凭在我们国家，涉及许多自身重大利益的问题，如就业、晋升、福利待遇等都与个人所获文凭的高低息息相关。因此，为了能接受高等教育获得文凭，老百姓即使砸锅卖铁也愿意送孩子上学，而用人单位对文凭的有与无、高与低都极其重视，且要求越来越高。不过，这种情况在2003年以后有所降温，"能力重于学历"逐渐得到更多企业的认同，企业不再轻信各种各样的文凭、证书，更重视求职者的能力和素质是否是岗位所需，通过初选、面试、笔试、测评等层层选拔、淘汰。从个人方面，盲目追求学历之风也有所减弱。现实的情况是，大学生昔日头顶的那"天之骄子"的光环就在激烈的竞争中黯然褪色，"毕业不失业"成为当今每一位学子所必须解答的第一道现实难题……2008年岁末，一场不期而至的金融寒潮席卷而来，使原本萧条的就业形势雪上加霜。大学生该怎么办？是继续去"学历"的热潮中暖身，还是提升自己的"能力"？我们能说的只有这样一句话：你可以没有学历，但是不可以没能力。

上海人力资源高层论坛上有人提出："工业社会是学历社会，知识社会是能力社会。"这种提法不一定概括得很准确，但有一定的道理。因为在知识社会中，知识更新快，单纯讲学历已经不能满足人的终身需求。学历只反映一个人在一个阶段受教育的成果，并不能反映人终身学习的成果，所以能力是根本。用终身教育的观点来看，学历只是衡量一个阶段学习的标准，能力是衡量一个人终身学习的最主要标准。美国劳工部针对工作者基本素质提出了5项要求和3个基础：5项要求分别是：确定、组织、分配资源（时间、物资、人员）的能力；与人共同工作的能力；获取和使用信息的能力；理解和运作系统（社会、组织、技术系统）的能力；利用多种技术工作的能力。3个基础是：基本技能、思维技能、个性品质。美国教育面临着全球化和技术爆炸的时代，对未来人才必然有新的要求。这几项要求和基础是值得我国借鉴和研究的。国际劳工组织也有一份重要报告，分析了知识社会对人要求的变化，提出了人要具备的4种能力：基础能力、职业能力、核心能力、终身学习能力。基础能力主要靠学校培养，职业能力主要靠职业岗位培养，核心能力是学校和职业岗位共同培养，终身学习能力应贯穿人的一生。江泽民同志在亚太经合组织人力资源能力建设高峰会议上作了《人力资源开发的能力建设》的重要报告中将人力资源能力建设作为一项国家战略。

所以现在的"高学历热""人才高消费"现象不正常，我国要建设一个与学历教育一样成型的能力培养制度，鼓励人们不仅重视学历，而且通过能力的培养来提高教育水平。

第四章 人才培养模式改革创新的理论分析

人才培养模式改革创新是一项十分复杂的系统工程，要想取得成功，必须树立正确的教育理念，必须对人才培养的若干基本问题有深刻的认识和把握，同时还必须紧密结合所在学校和学科教育教学的实际。既要抓住根本，厘清问题间的关系与脉络，又要立足现实，充分考虑客观条件的制约，特别是既是对改革实施者又是对改革对象的教师和学生的制约，采取"总体设计逐步实施、探索前进、不断变革"的策略。本章主要对人才培养模式改革创新的一些重大理论问题进行探讨，主要涉及高等教育的目的、人才培养模式改革创新的基本理念、人才培养模式改革创新的基本思路以及财经人才培养模式的改革创新等内容。

第一节 立足现实与面向未来：对高等教育目的的思考

一、不同视角下的教育目的

很显然，对高等院校所培养的高素质应用型人才，不能单纯理想化地理解，必须考虑需要与可能。也就是说，所谓的高素质应用型人才是基于对高等院校人才培养需要与可能的认识而言的。人才培养的需要是指为什么培养、出于什么目的培养。这取决于我们从什么角度来看待这个问题。一般有两个分析视角：一是人的发展的视角；二是社会需要的视角。

从人的发展的角度来看，教育的目的就是要开发人的天赋潜能与禀赋，促进人的发展，而人的发展应当是全面、充分的，所以教育也应当对学生的天赋潜能与禀赋进行尽可能全面、充分地开发，应当实施全面素质教育。从社会需要的角度来看，教育的目的就是要满足社会发展对人才的需求，以促进社会的可持续发展。在社会分工高度发达的现代社会，社会既需要全面发展的高素质人才，但更多的是需要具有一定专业特长的高级专门人才。从这个意义上讲，高等院校在人才培养上应当以培养高级专门人才为主，按照社会需要对学生的天赋潜能与禀赋进行有针对性地开发。很显然，两种视角下的人才观与高等教育观存在矛盾。如何看待这一矛盾？在教育实践中如何处理人的发展需要与社会发展需要之间的不一致？是偏重于人的发展需要还是偏重于社会发展需要？这是高等院校教育理念的根本点。

二、不同视角下的社会需要

毫无疑问，高等院校必须积极主动地适应社会发展的需要，培养社会经济发展所需要的人才。但社会的需要是一个宽泛的概念，既包括当前的需要，也包括长期的需要；既是全社会各用人单位具体需要的集合，又是作为社会成员的个体提高自身素质的需要，同时还是社会整体提高全体国民素质的需要。这从不同的视角看，其含义不相同。

从教育需求者的视角看，社会需要就是受教育者的需要，也就是学生的需要，至少应当包含四个方面或层次：初次就业的需要、未来职业发展的需要、创造与享受幸福生活的需要、提升人生意义与价值的需要。教育的直接需求者是学生，无论是对人的发展需要的满足，还是对社会需要的满足，都是通过学生实现的，所以教育必须首先满足学生的需要。学生一方面是社会的主体，另一方面又是社会劳动力的供给者。作为社会的主体，对教育的需要主要表现为人的发展的需要；作为社会劳动力的供给者，教育的需要主要表现为满足用人单位对专业素质与能力的需要。高等教育必须兼顾学生两方面的需要：一方面要使学生具有较高的专业素质与能力，在职业市场上具有一定的竞争力；另一方面还应当促进学生全面发展，提升其作为人的意义与价值。高等院校究竟应当怎样平衡这两方面需要，不仅是教育理念的问题，也取决于来自学生与社会的客观要求。从学生的角度来看，不同的学生对高等教育的需要是不相同的，大多数学生所需要的主要是职业竞争力，但也有一些学生由于家庭、个人才能等原因，不需要找工作，或者找工作没有困难，或者并不急欲就业，上大学的目的主要是为了发展自己、提高自己的素质与能力。即使是面临巨大就业压力的学生，所需要的也不仅仅是毕业后获得一份满意工作的能力，还包括未来职业发展的能力、创造与享受幸福美好生活的能力。从社会的角度来看，社会对高素质人才的需要是不断变化的，随着知识经济时代的到来，这种变化已越来越快。为了应对这种变化，学生在大学学习期间，不仅要获得一定的就业能力，而且还要具备适应职业需要变化的能力，具备职业发展的能力。此外，随着社会的发展与进步，人们的收入水平与生活水平将不断提高，大学毕业生的就业压力相对而言将有所降低，与就业无关的创造和享受更加丰富的精神生活的能力将变得越来越重要，因而学生对大学教育的需要将越来越倾向于发展与提升自身的非职业素质与能力。高等院校在认识和理解学生对大学教育的需要的时候，不仅要立足于当前，充分考虑学生及社会对大学毕业生职业素质与能力的需要，也要放眼未来，从学生职业发展、人生幸福和社会可持续发展的角度认识和理解学生的需要，还应当充分考虑到学生需要的多样性。应当认识到，用人单位不需要的，并不是社会不需要的，也并不是学生个人不需要的；毕业后就业与工作不需要的，并不是职业发展不需要的，也并不是学生创造与享受幸福美好生活不需要的。

从人才需求者的视角看，社会需要既是各用人单位具体需要的集合，又是社会整体提高国民素质，促进社会进步的需要。就用人单位的需要而言，既包括当前具体岗位工作的需要，也包括增强人力资源竞争力，实现长期持续健康发展的需要；就社会整体的需要而言，既包括解决当前社会经济发展面临的各种问题的需要，也包括提高全民族科学文化素质，提升科学技术水平和生产力水平，增强国家竞争力，实现可持续发展的需要。

在实践中，社会需要往往被看成是当前各用人单位需要的集合，培养社会需要的人才也就变成了培养能够满足用人单位需要的人才，并进而产生了所谓的"订单式"培养模式，培养某一具体用人单位需要的人才，将作为国民教育的高等教育变成了广义的企业培训。这种观点和做法无疑是错解了社会需要之意。仅仅考虑用人单位当前的需要，无异于将所培养的人才看成是仅仅具有一定使用价值的生产要素或劳动工具，忽略了人之为人的意义与价值，也忽略了社会之为社会的意义与价值，是狭隘的、短视的，因而也是不可持续的。高等院校的人才培养模式不能建立在这样狭隘的社会需要观之上。人才培养模式赖以立足的社会需要观应当是完整的，兼顾用人单位的需要与人的发展的需要、各用人单位当前实际工作的需要与社会未来发展的需要。

这种完整的社会需要观虽然与基于人的发展的观点存在矛盾，但也有一致之处，两者在内涵和外延上都是相互交叉的。并且，考虑的时间越长、范围越广，即越是面向未来、面向世界的教育，社会发展与人的发展这两方面的需要越是趋于一致。但是，就社会需要本身而言，短期需要与长期需要之间、用人单位的需要与作为社会主体的人的需要之间并不是完全一致的，存在内在的冲突，一定时期实际的社会需要必须兼顾所有这些方面，因而与人的发展的需要不可能完全一致。

三、对高等教育的基本认识

（1）高等教育不仅要立足现实，更要面向未来，不仅要为当前社会经济发展服务，做社会经济发展的支持者，更要推动、引领社会经济发展，成为社会经济发展乃至人类文明与进步的推动者与领导者，因此始终应当走在时代前面，而不能跟随在时代的后面，更不能对用人单位亦步亦趋。

（2）高等院校必须积极主动地适应社会需要，培养社会经济发展所需要的人才。但应立足于完整的社会需要观，兼顾用人单位的需要与人的发展的需要、各用人单位当前实际工作的需要与社会未来发展的需要。

（3）在满足用人单位需要方面，不仅应使学生具备当前用人单位所要求的任职资格，使学生具有较高的"可雇佣性"，而且要掌握比用人单位当前的实际工作需要更先进的东西，能够给用人单位注入新的观念、新的知识、新的技术、新的方法，具备提升用人单位知识与技术水平的能力，不仅能够胜任用人单位现有的工作，而且能够对用人单位的发展起推动甚至引领作用。也就是说，高等院校培养的应用型人才应当一只脚站在现实的土地上，而另一只脚迈向未来。

（4）在满足学生需要方面，要兼顾工作职业的需要与生活 / 人生需要。既要使学生具有较高的专业素质与能力，不仅在职业市场上具有一定的竞争力 / 初次就业能力，而且在未来的人生道路上具有较强的职业发展能力；又要努力促进学生全面发展，培养学生创造和享受幸福生活的能力，提升其作为人的意义与价值。

第二节 改革与创新：人才培养模式改革创新基本理念

人才培养模式创新既不是将现行模式完全抛弃，推倒重来，也不是对现行模式进行小打小闹的局部改进，而是基于新的教育教学理念，立足于准确的人才培养目标与特色定位，在创新的基础上对现行培养模式进行全面改革。改革主要体现在培养内容与培养方式方法的改变上，创新则主要体现在新理念和新思想的贯彻上。因而创新是关键，是灵魂，没有创新的改革必定是不彻底的。

一、改革创新的关键是正确处理两个矛盾

如前所述，高等院校的人才培养面临两个矛盾：一是人的发展需要与社会发展需要之间的矛盾；二是用人单位当前岗位任职需要与学生个人职业发展、人生幸福及社会可持续发展需要之间的矛盾。如何处理这两个矛盾，既是高等院校教育理念的根本点，也是人才培养模式创新必须解决的关键问题。

从根本上讲，这两个矛盾反映的是同一个问题，即培养什么人才的问题。但在具体内涵上，两者又有差别。第一个矛盾反映的是高等院校应当培养全面发展的人才，还是应当培养高级专门人才；第二个矛盾反映的是高等院校的人才培养应当更多地立足现实，还是应当更多地面向未来，应当局限于用人单位当前岗位的任职需要，还是应当同时兼顾个人与社会多方面的发展需要。

二、改革创新的根本任务是培养兼具两种能力的高素质人才

大学的人才培养不仅要立足现实，更要面向未来。不仅要充分考虑学生及社会对大学毕业生职业素质与能力的需要，使其具备当前用人单位所要求的任职资格，能够为当前社会经济的发展服务，做社会经济发展的支持者更要充分考虑学生职业发展、人生幸福和社会可持续发展的需要，掌握比用人单位当前的实际工作需要更多也更先进的东西，不仅能够给用人单位注入新的观念、新的知识、新的技术、新的方法，具备提升用人单位的知识与技术水平的能力，而且能够用自己的双手创造幸福美好的人生，推动、引领经济发展与社会和谐，成为社会经济发展乃至整个人类文明与进步的推动者与领导者。

因此，大学教育虽然必须立足现实，但始终应当走在时代的前面，而不能跟在时代的后面，更不能对用人单位亦步亦趋。高等院校培养的人才，应当一只脚站在现实的土地上，而另一只脚已经迈向未来。高等院校人才培养模式的创新，应当以培养既能有效适应当前社会需要，又具有可持续发展能力的高素质人才为根本任务。

三、创新有效的现实依据是教育的大环境和学校与学科的特殊性

在社会分工高度发达的现代社会，社会既需要全面发展的高素质人才，但更多的是需要具有一定专业特长的高级专门人才。从这个意义上讲，高等院校在人才培养上应当以培养专门人才，按照社会需要对学生的天赋潜能与禀赋进行有针对性地开发。而在高等教育大众化的背景下，不同层次的大学在人才培养上应当有较为明确的分工，面向不同的职业类型和层次，培养具有不同素质结构的人才。大学人才培养模式的创新，必须与所在学校的类型相适应；同时，还必须充分考虑所在学科的特殊性，特别是在培养目标与规格、教学内容与课程体系、教学环节、教学模式等的选择与设计方面，必须突出人才培养的类型与特色，具有较强的针对性。

四、创新的重要突破口是努力消除"大学前教育"的不良影响

我国的"大学前教育"（学生进入大学前所受的全部教育，包括婴幼儿时期的家庭教育以及从幼儿园到高中毕业的整个学校教育）存在许多问题，最根本的问题是缺乏对学生主体性的培育。学生完全处于被设计、被开发的状态，是单纯的"被教育者"，而不是自主的"受教育者"或"学习者"。老师教与学生学的目的都在于"应试"，而不在于培养学生进行自主探究与学习的能力。考试的需要取代个人人生与事业发展的需要，知识的掌握代替学生独立自主的能力特别是自我设计与开发的意识、能力与习惯的培养。而自我设计与开发的意识、能力与习惯是个人能够积极适应社会发展的需要，具有可持续发展能力的关键，也是创新性人才应具备的素质。很难设想一个缺乏自我设计与开发意识和能力的人会有很强的创新意识和自我发展能力，面对不断变化的社会需求和各种人生挑战，能够通过不断的自我调整、自我开发积极应对，实现个人素质、能力和事业的不断提升和超越。如何将学生从只知道按照家长、老师的要求和教诲进行学习的被设计、被开发者，培养成具有自我设计与开发的意识、能力与习惯，能够独立自主应对不断变化的环境和社会需要的自我设计与开发者，既是我国大学教育的一项特殊任务，也是人才培养模式创新的重要突破口。

五、创新路径正确的重要保证是努力避免两种错误倾向

高等教育大众化特别是大学毕业生就业压力的不断加大，促使各高校在人才培养中越来越重视社会需求的变化，积极探索怎样才能更有效地培养适应社会需要的应用型人才，从而出现了两种错误倾向：一是工具化倾向，将应用型人才培养等同于蔡元培先生所批判的单纯为了造就某一职业资格，忽视对大学生作为一个人、作为一个公民所应进行的教育与培养，所要培养的不是和谐发展的"人"，而是具备一定任职资格的"职业工具"。二是唯初次就业能力倾向，将"适应社会需要"等同于适应初次就业单位当前工作的需要，将作为国民教育的高等教育变成了广义的企业培训，忽视社会和学生个人未来发展的需要，忽视学生终身学习能力和职业发展能力的培养，由此培养的大学毕业生将缺乏自我发展的能力，教育将成为他／她终身的依赖。很显然，这不是大学人才培养模式创新的正确取向，是应当努力避免的错误倾向。

第三节　人才培养模式改革创新基本思路

总体来讲，人才培养模式创新应当立足于经济社会发展对专业人才培养的现实需要和个人与社会未来发展，特别是知识化、国际化发展对大学毕业生素质与能力的要求，努力将全面素质教育与实践应用能力培养有机结合起来。在加强初次就业能力培养，提高学生适应用人单位当前需要或就业竞争力的同时，突出学生职业发展、人生幸福和适应社会发展需要的可持续发展能力的培养，特别是对学生进行自我设计与开发的意识、能力与习惯的培养。而在具体操作上，则应坚持"四高五化"原则，以培养目标形成模式改革创新为突破口，以人才培养过程组织模式改革创新为重点，以教师教学模式和学生学习模式改革创新为着力点，深化教学内容与课程体系改革，创新实践教学模式，将知识传授、能力开发、素质培育与行为养成有机结合起来，真正实现人才培养模式从学校培养推动向社会需求拉动的转变，为提高人才培养水平和质量奠定坚实的基础。

一、以培养具有可持续发展能力的高素质应用型人才为目的

所谓高素质应用型人才，是指具有较高的身体素质、心理素质、专业素质和道德、人文、科学与信息素质以及社会素质，特别是具有从事实践工作的专业素质，能够胜任企事业单位、政府部门管理与技术岗位工作的专业人才。高素质应用型人才的素质不仅包括外在的、表象层面的知识和能力，而且包括内在的、隐含在更深层次的观念与精神。高素质应用型人才之"应用"，强调的是以专业技能和必要的社会能力为核心的职业能力，也就是"可雇佣能力"或"可就业能力"；高素质应用型人才之"素质"，强调的是学生作为一个和谐发展的人应当具有的各种非专业素质，特别是深层次的观念与精神方面的素质。正是对这些素质特别是观念与精神的培育，才是高等教育之"育"的集中体现，是真正的化育之功，而知识传授与能力培养所体现的主要是"教"的方面。大学本科人才培养模式创新的目的，就是要培养在知识、能力、观念与精神方面都达到较高水平，素质高、可就业能力强的高素质应用型人才而不能局限于培养仅有较丰富的知识和较强能力的高知识、高技能人才。

二、坚持"四高五化"原则

"四高"即高起点、高技术、高质量、高境界，也就是教育内容和课程体系设计要高起点，瞄准国际一流水平；教育教学手段要立足于现代信息技术为教育创造的机遇与可能，尽可能地采用先进的教育教学技术与手段；教育教学活动要确保高质量，并最终实现人才培养的高质量；所培养的人才不仅在知识水平、实践能力等方面要有比较高的水平，而且要有比较高的思想道德境界，要有开阔的视野、宽广的胸怀和良好的道德情操。

"五化"即经典化、国际化、自主化、生活化、网络化，也就是教育内容、教学方法和课程设置尽可能经典化、国际化；教学组织应突破课堂与教室的局限，将第一课堂与第二课堂、有形课堂与无形课堂有机结合起来，将"知"与"行"有机统一起来，将教学与日常生活、社会实践紧密联系起来，形成有利于教师自主创新教学，有利于学生进行自主探究性学习，有利于学生进行自我设计与开发的教学组织实施体系；充分利用现代网络技术，不断开辟教学内容、方法和手段的新领域、新范围，扩大信息含量，构建开放性的网络教学互动平台，形成可自由伸缩的教学时空，有效解决大众化教育条件下的师生交流互动障碍，更好地满足学生多样化的学习需求

"五化"是"四高"的基本保证，因为只有坚持经典化、国际化、自主化、生活化、网络化，才能确保实施高起点、高质量、高境界的教育。而"四高"与"五化"的核心和重点是教学内容的经典化、国际化，教学模式的自主化。所谓经典化，就是尽可能地将各学科的原创性经典引入教学内容，选择国际一流的经典性教材，具体包含四个层次：中外文化经典、学科经典、专业经典和课程经典。每一个层次又包含三个基本方面：经典著作、经典人物、经典案例，以此构建教学内容与课程体系和教学辅助文献资料体系。所谓国际化，就是尽可能选择国际一流教材，特别是要开设系列基于国际一流原版教材的双语课程，确保教学内容的先进性，培养学生国际化的视野和从事国际化工作的能力，更好地适应经济社会全球化发展的需要。所谓自主化，就是要将培育学生的主体性作为教学模式改革的核心。

三、以培养目标形成模式改革创新为突破口

培养目标无疑是影响人才培养水平与质量的首要因素。培养目标出现了偏差，与社会需求和学生个人就业及未来发展的需求不一致，即使后续的各种教育教学活动做得很好，也达不到预期的目的。事实上，如果培养目标设定不正确，特别是在所设定的培养目标下，具体确定的知识、能力与素质结构与要求不合理，后续的教育教学活动也不可

能做得很好。我国高等教育已经实现了毕业生从计划经济时期的国家"统包统配"分配工作向市场化自主择业的转变，高校人才培养也在从学校培养推动向社会需求拉动转变。决定这种转变成功与否的关键，就在于培养目标形成模式的改革，在于从过去主要基于专业人才应有的理想知识、能力和素质体系确定人才培养目标和规格要求，转变为主要基于社会需求和学生个人就业与未来发展需求确定人才培养目标和规格要求。从这个意义上讲，人才培养目标形成模式的改革创新，不仅直接决定高等学校培养的人才能否与社会需要相适应，而且也是衔接高校人才培养与社会需求的枢纽，是决定高校人才培养模式能否从学校培养推动向社会需求拉动转变的第一个关键环节。

四、以培养过程组织模式改革创新为重点

人才培养是一项延续时间长、组织环节多、参与人员复杂众多的系统工程，如何保证每一阶段、每一环节、每一参与者的努力都与培养方案设计高度一致，而不出现偏差甚至冲突，是一项复杂而又困难的工作。在人才培养模式改革创新实践中，如果不对培养过程组织模式进行改革和创新，就很难保证处于人才培养各分枝末梢的各项具体活动能够真正按照培养目标的要求，从学校培养推动向社会需求拉动转变，至少是很难使这种转变迅速、一致地实现。我国高等院校人才培养过程的组织较为松散，是一种基于专业教学计划／培养方案—课程／实验教学大纲—教师授课—课程考试的松散模式，而培养方案制定者、课程／实验教学大纲编写者和教学任务承担者一般都是不同的人，很容易因认识和理解上的不一致导致实际培养活动偏离设计目标，这种偏离在课程／实验教学大纲编写时就很可能出现，到具体教学实施环节就更容易出现，也会更严重了，甚至出现教师根本不管培养方案、完全我行我素的状况。同时，人才培养各阶段、各环节实施效果如何，整个培养方案实施效果如何，是否与培养目标一致，在现行的松散式过程组织模式下，很难进行评价，事实上也没有建立相应的评价机制。现有的考核评价体系仅有培养过程末端的课程考试，综合性评价仅仅停留在表象层面，真正对培养水平与质量的评价只能交给社会，交给用人单位。也就是说，现行的培养过程组织模式实际上是单向性的，缺乏对培养过程中各阶段、各环节乃至各主要目标的监控和调整机制。很显然，这种状况是不能够满足培养方案与培养过程自我改进与完善需要的。不改变这种单向性的松散型培养过程组织模式，不仅人才培养目标的实现没有保证，而且人才培养模式从学校培养推动向社会需求拉动的转变也更难以实现。

五、以教师教学模式和学生学习模式改革创新为着力点

基于自我设计与开发的高素质人才培养模式与现行模式的本质区别在于，这种模式自始至终都以培养学生自我设计与自我开发的意识、能力和习惯为出发点和归宿点，以将学生培养成为具有自我设计、自我开发和自我完善的意识、能力和习惯的人为出发点和归宿点。它主要不是通过讲解灌输，而是重在通过引导学生进行自我设计与开发，将学生的学习由接受教育变成对人格的自我完善、对知识的自主探索、对素质与能力的自我培育，变"外求"为"内求"，变"接受"为"自得"，从一个对家长和教师具有高度依赖性的被设计、被开发者，转变为独立自主的自我设计与开发者。为此，教师的教学活动必须由知识传授转变成对学生自我设计与开发活动的指导，将德育与智育结合起来，授业与传道结合起来，知识传授与能力培养、素质培育结合起来，教师的角色也将由知识与技能的传授者，转变为学生自我设计与开发的引路人和指导者，也就是必须由"教师"变成"导师"。

六、深化教学内容与课程体系改革

按照培养高素质应用型人才的要求，对传统的以专业知识与技能培养为核心的教学内容与课程体系进行全面改革。①增设综合素质培养课程，加强学生道德与人文素质的培养，开拓心胸，提升境界，增强对不同文明的理解力与包容性，培育适应全球化条件发展要求的能力。②增设学科性经典课程拓展和深化学生的学科理论基础，增强学生把握学科基本内核，在未来职业发展中拓展专业领域，适应跨学科工作的能力。③改造专业性课程：取消专业外语课，开设系列基于国际一流原版教材的双语课程，使学生在使用英语的过程中学习和掌握英语，学习国际一流的教学内容，形成国际化的视野，提升在国际化条件下的适应力和竞争力；根据管理学科各专业学生普遍存在的跨专业就业和发展的客观实际，按照"1+1+x"的方式设置专业课程，"1+1"即本专业与另一个相近的辅助专业的复合，相关课程为必修和限选，辅助专业课在数量上应涵盖两个专业的主干专业课程，"x"为学生任选课程，以此拓展毕业生的就业适应面，培养复合型人才。④构建内外（校内外、课内外）结合的实践性课程体系：包括培养学生自主探究性学习能力特别是调查研究能力的课程、实验课程和实习课程，注重以第二课堂学生社团活动为主要形式的隐性课程建设，形成系统的社会素质与能力培养课程体系。

七、创新实践教学模式

实践性教学环节曾经是我国高校普遍的薄弱环节，但这种状况正在改变，对于财经学科而言，目前的问题主要有两点：一是与培养目标联系不够紧密；二是特色不够突出。这两方面问题有一个共同的原因，那就是各高校对实践性教学的研究开发力度不够，实践性教学主要是供给推动式的，而不是目标拉动式的。软件开发商有什么软件就买什么软件，任课教师能开什么实验就开什么实验，而不是根据培养目标开发实验，建立实验室，购买或开发实验设备。实践性教学模式创新从根本上讲，就是要打破这种状况，构建与人才培养目标紧密联系的、具有特色的实践性教学模式。

实践教学包括四个基本模块：实验、实习、调查研究和校园文化活动。实践教学模式就是这四个模块的不同构造与组合。创新实践教学模式也必须从这四个模块着手，具体应做好六个方面的工作：①提高实验教学的比重；②改造课程教学内容，开发课程实验项目，将各门课程中的实践性内容实验化；③创新教学方法，为学生提供更多的参与机会，特别是参与企事业单位实际工作的机会；④改革实习模式，把集中实习与分散实习、教学实习与自主实习结合起来，进一步明确和细化实习目的与内容，提高实习的有效性；⑤构建与课程教学紧密结合的调查研究能力培养体系；⑥拓展课外活动的内容，增加活动项目，创造条件让每一名学生都有机会参与活动，都能获得实践锻炼的机会。

第五章　财务管理应用型人才培养模式探索

第一节　财务管理专业的客观基础

一、财务管理专业现状

商学系的财务管理专业是于 2009 年经省教育厅批准，拟于 2010 年开始招生的新设专业。商学系的国际经济与贸易专业原设有金融理财方向，经过多年办学，该专业方向已在师资、教材教学设施等方面积累了一定成果和经验。现有师资 20 人，并计划 2010 年秋季引进 1 名本专业专职教师，专职教师达到 5 人，外聘教师 16 人。本专业与国际经济与贸易专业、市场营销专业共用模拟软件设施、各种实验室和实习实训实践基地，以及学院设有的会计实训教学平台、ERP 沙盘模拟等实验室。

本专业是由原财务管理理财学和资产评估专业合并前成的，大体涵盖了财务管理理财学、资产评估和商务策划等教育部 1998 年专业调整前的旧专业其相近专业主要有审计和会计学等专业。目前，全国各高等院校共设有本科财务管理专业 447 个专业点。

商学系本专业的主要优势在于学院的办学定位是"以人文社科为主"，学科类别定位是"语文财经类院校"，财务管理专业属于学院重点发展的专业之一。全院办学设施和其他条件已经基本到位，教学条件较好，设施配套，档次较高；图书期刊种类较多，册数可以保证师生阅览；师资力量较为雄厚，专职教师大多较有敬业精神；组织机构健全，管理制度完善。这些可为今后本专业建设和发展提供有力保证。本专业的主要特色体现在注重实践操作采用双语教学和培养外向型复合型应用型人才方面。本专业的双语教学覆盖率和实际教学水平，在省内各民办高等院校中居于前列，在国内同类院校中也有一定影响。本专业重视学生实际操作能力的培养，实习实训实践基地建设状况良好。

随着全国高等院校生源的逐年递减，本专业新生生源也会逐年减少，未来三年，报考本专业的高中毕业生，将大体与本科高等院校本专业招生名额基本持平，生源较为紧张。未来三年，随着我国国民经济进入新一轮快速增长期，社会对本专业人才的需求将会略有增长。

由于专职师资中基本没有中年骨干教师，大多是从高等院校毕业不久的青年教师教学经验较少，驾驭教材的能力和实际教学能力均显不足。专职教师教学工作压力较大，很少有时间考虑教学教育改革工作，青年教师的教学教育改革经验也不够丰富，致使教育教学改革工作力度偏小。由于青年教师占绝大多数，专职师资的科研能力、科研手段和科研经验积累明显不足，再加上专业技术职务偏低，社会知名度不高，在国家级期刊和重要的学术期刊公开发表学术论文、公开出版学术专著十分困难。近几年从事有关本专业课程教学任务的教师经过积极努力，也发表了一些科研成果，但水平较高的还不多。由于国家和省一级自然科学基金（软科学）社科规划基金和教育部的科研项目对民办高校不予单列，省教育厅对民办高校只给予指导性计划项目。国家和省的科研基金支持对民办高校来讲，只能望"钱"兴叹。仅靠学院的微薄科研资金资助，尚无法完成较大型较有分量的科研项目，更无法取得较高水平的科研成果。

二、财务管理专业人才培养目标

专业培养目标是专业教育思想及教育观念的综合体现，它决定着人才的培养质量。同时，培养模式的建立与运用课程体系的构建与优化教学内容的选择等，无不依据培养目标而确定。财务管理的对象主要针对的是微观层面的实际工作，因此，本科财务管理人才的培养应以应用型为主，即培养应用型的财务管理人才。在确定财务管理人才培养目标时，应注重以下定位。

1.专业基本原则的定位

在确定财务管理人才培养目标时，要坚持中国特色的社会主义办学方向，全面贯彻党的教育方针，促进学生德、智、体、美诸方面全面发展。财务管理人才培养目标的确定必须要有超前意识，不仅要适应现代经济管理的要求更要瞄准未来经济管理发展之需要。不仅要适应我国经济管理的特点，同时也要符合国际经济管理之惯例。培养目标要充分考虑妥善处理好德育、智育、体育、美育之间的关系，坚持德育为先，四育并举；

要十分重视理论与实际的密切联系；要坚持人才培养标准与鼓励学生个性发展相结合；要坚持知识与能力相结合；要坚持层次定位与职业定位相结合。

2. 知识结构的定位

财务管理专业人才的知识结构，集中体现在知识视野的广阔性和前瞻性，要求学生具备较为宽广的专业基础知识和较高的专业技能。其中基础知识是指学生适应工作岗位所必备的常规性知识，包括语文数学外语、计算机知识这是胜任本职工作的文化基础。专业知识及相关知识是指将来在财务管理实践中所必需的专业知识技能，不仅要掌握较为宽广的经济和财会理论基础以及相关的会计、金融、法律知识，而且要具备从事财务管理工作所必需的技能。在这种知识结构中，以基础知识为前提，专业知识为重心，相关知识为辅而形成三位一体。在教学中应注意拓宽学生的知识面和视野，注意知识的渗透融合和转化，并能够不断地和有效的更新知识，使学生真正适应时代发展的要求。

3. 素质能力的定位

面对财务管理环境日趋复杂多变的现实状况，对财务管理专业人才的综合素质和能力的培养就显得特别重要了。从整体要求看，财务管理专业的毕业生必须具有获取知识和应用知识的能力。具体来讲是要求学生掌握管理、经济财务、会计、金融等方面的基本理论和基本知识；二是要具备财务管理的定性和定量分析方法；三是要具有较强的语言、文字表达能力及运用知识分析问题和解决问题的能力；四是要熟悉资本市场，能利用资本市场为企业寻找融资渠道和投资方向；五是应熟悉国内的经济政策、金融市场、法律政策及有关国际惯例，能预测和把握环境变化；六是对财务风险要有一定的职业判断能力；七是要掌握外语和计算机知识，并能熟练运用计算机处理相关财务问题。八是与群体内的部门和其他人员以及与社会的协调合作能力。也就是说财务管理人员，不仅要精通经济业务的管理，而且还要能够很好地与同事、领导、职能部门以及工商、税务、金融机构等有关部门沟通和交往，以便能主动地高效地开展工作。

财务管理专业人才培养目标应确定为以培养适应社会主义现代化建设需要，德、智、体、美全面发展，具有与本专业相适应的文化水平和良好的职业道德，掌握现代公司和企业财务管理的基本理论和专门知识，并具备经济、管理、法律、会计，金融等相关学科基础性知识，适应地方中小型企业、金融证券业、政府部门和其他管理服务业需要的，具有一定技术能力的高素质应用型理财人才。

三、财务管理专业人才培养模式的实施

（一）学科定位

在学科定位上，众多国内学者从西方资本市场和与之密切相关的金融学出发，阐述了金融经济学由金融市场学投资学和财务管理学三部分组成，从学术渊源上认定了财务管理属于金融学的一个分支。

加之很多国内综合性大学财务管理专业设置在管理学院内，他们在学科定位上偏重微观金融课程。但应用型本科院校财务管理专业的学科定位应偏向会计。主要理由：

（1）财务管理是以企业为主体而进行的微观金融活动，而且这种活动始终是站在企业角度进行的并服务于企业整体资金运作和管理活动，理财人员首先要对企业这个微观理财主体的财务状况了如指掌，然后才是运用理财技术和手段，借助金融工具为企业整体财务服务，其始终立足于企业财务而不是资本市场。

（2）财务管理工作是会计工作的延伸和拓展，财务管理学是会计学的分支之一。但从企业等单位内部管理的角度来看，会计是加强财务管理的基础，会计服务于财务管理。

（3）根据资料统计，对近3年500名财务管理专业毕业生工作岗位的跟踪调查，有407人在中小企业从事出纳成本核算、往来、总账等会计岗位，占81.4%；在企业或金融机构从事资金筹集金融保险等岗位的62人，占124%；从事财务经理岗位的19人，占38%；其他岗位的12人，占2.4%。从学生就业岗位分析，财务管理专业的学科定位应偏向会计，即在课程设计时注重会计类课程的设置，唯有如此，才能保证绝大部分财务管理专业毕业生胜任会计岗位工作需要。

（二）课程体系的构建

1.理论课程体系

财务管理专业的本科层次学生应具备会计学、金融学、管理学和理财学四方面的知识，因此，理论课程体系的设置要体现三个方面的要求。具体包括：一般自然科学和人文社会科学课程、基本经济理念和管理素质的课程、基本理财理念和基本理财技能的课程。

（1）公共基础课的设置。包括思想道德修养与法律基础、中国近代史纲要、马克思主义基本原理大学英语、计算机应用、体育等课程。通过这些课程的学习，可以提高培养对象参与人类社会活动的基本素质和促进其个性的完善。

（2）专业必修课的设置。包括宏观经济学、微观经济学、管理学、会计学基础、财务管理、经济法、税法、市场营销等课程。通过这些课程的学习，让培养对象掌握一定的经济管理的基本理论和基本研究方法。

（3）专业限选课的设置。可分为：金融证券方向包括货币银行学银行业务实务、证券投资分析、金融企业会计、商业银行经营管理、项目评估、金融英语、金融衍生工具理财等；国际会计方向，包括国际特许公认会计技师系列课程，如 Recording Financial Transactions、Information for Management Control Intermediate，Maintaining Financial Records，Accounting for Costs advanced， Managing People and Systems Drafting Financial statements、Planning，Control Performance Management、Preparing Taxation Computations。让培养对象根据自己的发展方向，学习不同方向的课程，使学生能够掌握不同方向的专业基本理论和技能，也为学生的个性发展提供了充足的活动空间。

（4）专业任选课的设置，包括国际贸易实务、理财规划、人力资源管理、物流管理、商务英语、外贸商务函电、财务报表编制与分析线性代数、概率论与数理统计等课程。让培养对象根据自己的兴趣，来选修不同的课程，如职业资格证认证课程、考研课程等，使学生有了更多的自主权和选择权，为学生今后发展作好铺垫。

2. 实践教学体系

财务管理是一门为实践而存在的学科，建立相对独立的实践教学体系对培养学生的实践能力非常必要。

（1）会计模拟实习。主要是财务软件的应用，包括企业涉及现金、银行存款的业务如支票收据、银行进账单、汇票等填写应注意的事项，现金和银行存款日记账的登记，出纳到银行办理业务时有关凭证的传递过程；以及各种凭证的填制、审核、账簿的登记直到会计报表编制、报送全过程的经济业务的会计处理方法。通过本项实习，使学生能熟练使用财务软件，利用计算机网络进行单位财务日常业务工作，并能针对本企业单位所要解决的实际问题，进行财务数据录用、信息存储、财务数据分析等工作。

（2）ERP沙盘模拟与财务管理案例实习。作为财务管理人员必须对企业各个职能的工作流程都要熟悉。沙盘模拟融角色扮演、案例分析和专家诊断于一体，学生的学习内容接近企业实战，会遇到企业经营中常出现的各种典型问题，财务管理专业学生可以利用所学专业知识，从专业角度分析问题、制定决策、组织实施，从而提高学生对财务信息和其他信息的分析与应用能力。

四、人才培养模式的改革思路

（一）制订全新教学计划

依据教育部颁布的财务管理专业主干课程设置的规定，按学院"十二五"规划纲要的要求改革与改进通识课、专业必修课、专业选修课和实习实训实践教育的课时比例。总的课时安排比例是，通识课与专业课课时比例为3：7，专业必修课与专业选修课课时比例为6：4，实习实训实践环节不低于15%。

加大重点课程建设力度。重点课程的建设，要从课程特点、教材内容和教学方法角度，构建适应学院办学定位办学特色、人才培养目标要求的教学大纲和讲授方式。

双语课程建设。本专业的主要专业课程运用中英双语教学方式授课。基础课程建设要"宽口径、厚基础"，具体讲授要删繁就简，深入浅出，使学生能够从更广泛的意义上理解教材，也使学生既提高了英语水平又掌握了专业课程的基础理论和教材的重点知识。

（二）创新人才培养模式

本专业人才培养模式改革，以科学发展观为统领，按照"三个面向"的时代精神，遵循国际化现代大学教育理念，依据教育部关于专业建设调整的若干原则意见，落实学院办学指导思想和办学定位，突出学院办学特色和本专业特色，构建外向型、复合型应用型人才培养体系。

（1）在拓宽和强化基础课程，使学生具有宽厚的专业基础理论的基础上，加大应用性、操作性和实践课程的课时。

（2）按照本专业人才培养方案的要求，加大专业英语课的授课学时和讲授深度，在部分学生中开办英语加强班。

（3）增加实习实训实践环节的教学课时，进一步巩固和发展实践教学基地。

（4）强化就业、创业教育，着重培养学生的创新思维和创业能力。

（5）注重培养学生自主学习的能力，逐步使学生学会自主学习。

（三）改革与创新教学内容改进教学方法和教学手段

1. 教学内容

本专业的专业课程教学内容，从基础理论方面讲，既要有对学生进行我国经济现状及财务管理发展趋势分析的教育，对我国国有资产和民营资产管理法律法规的教育；又需要对本地及周边地区各类资产经营状况分析的教育。从实习实践教学方面讲，一是要使学生掌握财务管理的基本技能，例如财务报表分析、资产评估内部审计等具体技能的教育；二是使学生掌握财务管理和资产评估的基本程序，理财的主要形式；三是使学生能够在实践环境或模拟环境下反复进行具体操作训练，使其熟练掌握财务管理工作的基本技能。

各年级均开设第二课堂，大体控制在每学期一次。第二课堂聘请专家学者、企业实际工作者讲授本专业有关的前沿理论问题和实际问题，我国企事业单位相关业务操作问题，创办小型公司的主要财务问题，资产评估中介机构的具体业务问题资产评估的具体操作环节和技能，以及会计信息失真的处理方法问题等。

开展学年（学期）论文写作活动。在有经验的教师指导下，每学年（或每学期）要求学生从事论文写作，达到提高学生运用所学专业知识和专业理论分析解决实际问题的能力，提高学生逻辑思维能力，提高学生经贸应用文写作能力。

2. 教学方法和教学手段

（1）在统一安排课程设置的前提下，提倡个性化的人才培养方式。对少数基础知识和基础理论较好的学生举办数学、英语加强班和专业提高班；对个别学生试行一对一的专业英语授课形式；对社会活动能力较强的学生和学生干部，进行个别辅导提高培训。

（2）授课方法。提倡教学相长，师生互动。教师授课要采用启发式、交流式诱导式、研讨式互动式和模拟式的教学方法，切忌满堂灌；语言表达要深入浅出，生动活泼，切忌晦涩难懂，平淡无味。教师要鼓励和支持学生自主学习，启发和诱导学生自主学习，教育和教会学生自动学习、自主学习变学生"被学习"为自主学习，愉快学习。

（3）教学手段。在学院统一安排下，进一步加快各类实验室建设。凡适于使用实验室授课的课程，在规划期内一律采用模拟软件授课方式授课。增加实习实训实践教学环节的学时，使其达到总学时的 15% 及以上。强化实习实训实践基地建设使其成为学生在实践中检验所学知识和理论、增强社会实际能力和提高操作技能的基地。

（四）培育专业特色

本专业特色主要体现在三个方面，一是应用型人才培养特色，二是"双师型"教学团队特色，三是双语教学特色。

1. 应用型人才培养特色建设

在"双师型"教学团队建设的同时，大力加强模拟操作课程和实际操作课程建设，强化实习实训实践基地建设。加大对学生实际操作能力的培养和训练，为社会培养应用型人才。突出强调学生创业能力的培养，使学生成为既能从事实际操作的应用型人才，又能使其中一部分人才具有创业能力。

2. 双语教学团队特色建设

首先需要有目的有重点的引进相关课程的外籍师资，尽可能引进有一定专业水平、有一定教学经验的高水平外籍师资，使其能够较好地承担相关课程的教学任务；其次是有计划、有目的地培养和培训本系专职教师的英语教学能力，提高运用英语讲授的水平；三是进一步改进课程安排体系，宜于学生接受；最后是划小教学班，通过互动教学，使学生能够熟练掌握日常英语会话和专业英语听、说能力，可以运用英语从事具体业务工作。

（五）建设较强师资队伍

1. 专职师资队伍建设

师资总量基本保持不变，师资结构持续优化。专职教师将由5人增加到8人。在专业技术职务方面，具有中高级专业技术职务的教师比重有所提高，具有副高级专业技术职务的教师1～2人，具有中级专业技术职务的教师达到3人左右；在年龄结构方面，中年教师的比例将适度增加；三是引进和培养"双师型"人才，使大部分师资既能讲授理论课，也能带领学生从事具体操作。

2. 教学团队建设

重点建设一支较高水平的教学团队，在现有师资队伍的基础上，通过引进优秀人才、选送优秀师资到国内外有关高校、实际工作部门培训和自我培养提高初步形成一支具有较高水平的教学团队。

财务管理专业还是一个年轻的专业，探索提高教学效果，输出符合市场需求的人才的培养模式是需要不断持续研究的系统工程。目的是既能使学生具备扎实的财务管理专业知识和应用技能，又适应所属行业财务管理特点要求的专门人才，从而使学生尽快适应和参与社会的发展，在企业财务人才差异化需求中获得发展。由于财务管理是一门新兴的学科，教学方法还需要在教学实践中进一步探索，将理论教学和实践教学结合起来，培养高素质的财务管理人才。

第二节　应用型本科财务管理的专业特色

　　应用型本科教育的人才培养模式具有应用性、行业性和实践性的突出特点。本节在对应用型本科与研究型本科教育的差异、应用型本科人才培养模式的特点及财务管理专业的人才特征进行分析的基础上，提出了应用型本科财务管理专业特色建设的构想。

　　伴随着全球经济、知识经济和科学技术的迅猛发展，国家产业结构调整以及高等教育大众化时代的到来，本科人才类型的社会需求趋向多样化，地方越来越需要在生产、服务、建设和管理一线工作的应用型本科人才，面向社会实践一线的应用型本科教育应运而生，培养本科层次的应用型人才成为许多新建本科院校一致的选择。然而，由于大多数新建本科院校是由原来的高职、高专院校通过合并组建或者独立升格而成，本科办学条件和教育理念等都还处于探索完善的过程，对于应用型本科和传统的研究型本科教育在培养目标、专业特色及质量标准等方面的差别认识也有限。现实中，应用型本科院校处于高等学校的"中间地带"，前面有老牌的、强势的研究型大学，后面有拥有职业教育特色的各类高职院校，应用型本科院校该如何进行科学定位，其专业建设如何体现区域特色等，都是亟待研究与探索的现实问题。鉴于此，本文从应用型本科和研究型本科教育的差异比较入手，总结应用型本科中外教育人才培养模式的特点，联系应用型本科财务管理专业的人才特征，探索应用型本科财务管理专业特色的建设问题。

一、应用型本科和研究型本科教育的差异

　　研究应用型本科教育的特征，须从与研究型本科教育的比较开始。据联合国教科文组织的《国际教育标准分类法》的有关标准，高等教育培养人才种类分为学术研究型、知识应用型和职业技术型三种。一般而言，研究型本科高校是处于"金字塔"塔尖的少部分高校，教育培养的是学术研究型人才，他们主要承担着基础性、原创性科学研究，这些创新型、理论型人才毕业后更多的是进入大学或科研院所，将来成为某方面的专家，其课程设置以学科知识系统化为基础，师资配置以专家为主，教学开展则以理论教学为主，辅以实践案例或实验。而应用型本科高校是处于"金字塔"塔基的大多数普通高校，培养的则是知识应用型人才，培养目标是理论"坚实"，但不求过深，着重培养将理论转

化为实践并应用于实践的应用型人才。学生毕业后主要是进入企事业单位，从事项目设计、开发或一线管理等工作。因此，在教学目标、教学资源与教学环节上均须考虑其未来工作的实际需要。

应当明确，两种类型学校的区别，主要在于人才培养目标不同，并无层次高低之分，更无社会地位之别。

二、应用型本科人才培养模式的特点

应用型本科院校的出现与发展不仅是我国经济社会对人才多样化的要求，也是追随国际高等教育发展潮流的具体体现。就世界发达国家来看，从20世纪50年代大力发展高职高专教育到60～70年代以工程教育为代表的应用型本科教育迅速崛起，表明高等教育必须随着经济社会的发展而不断进化。如：美国的四年制工程教育（EE）、加拿大的技术学士学位教育、英国的多科性技术学院、法国的专业学院（IUP）等。国内外应用型本科院校在积极探索人才培养模式的过程中，积累了众多理论与实践经验。

（一）国外应用型本科教育的人才培养模式

国外高校对应用型本科的人才培养模式经历了几十年的研究和实践探索，并逐步形成了独具特色的人才培养模式，比较典型的有：德国的"双元制"模式、英国的"三明治"模式、北美的Co-op合作教学模式等。

德国的"双元制"教育是指学生具有学校和企业学徒双重身份，其教育有极强的针对性和实用性，缩短了企业用人与学校育人之间的距离，其主要特点是：教育与生产紧密结合，培养过程中企业广泛参与，采纳各类互通式教育形式。

英国的"三明治"模式是一种"理论—实践—理论"的人才培养模式。其主要特点是：学生的实习工作时间相对较长并且集中，学生可以在企业实践活动中强化、深化所学的理论知识，企业可以减少员工的前期培训，成功从实习学生中选择优秀的员工。

北美的Co-op合作教学模式是一种"合作教育"，可定义为一种"带薪实习合作教学"。基本特征是：理论与实践相结合、知识和经验相结合、学校与企业相结合。保证学生在毕业之前有足够的实践经验，并让学生在学习期间真正了解企业需要什么样的人才以及本专业未来的职业发展状况，为学生毕业后的就业提供绝佳的机会。

（二）国内应用型本科教育的人才培养模式

近几年，根据教育部"本科教学工程"文件的指导思想，我国学术界及各地高校纷纷开展本科教育质量标准、专业综合改革、学生实践创新能力培养等方面的研究，对应用型人才培养模式进行了积极的实践探索。

重庆三峡学院构建了富有特色的"3T"人才培养模式。所谓"3T",就是理论(theory)、验证(test)、实践创新(try)三大教育体系,在理论体系中明确了 8 ~ 10 门核心课程,在验证体系中加强学生在学和已学理论知识的科学验证和综合训练,在实践创新体系中将学生实习实践、科技创新活动纳入其中,加强学生实践创新能力的培养。

安徽科技学院的"模块"+"平台"的培养模式,指"两大模块"+"四个平台"。其中"两大模块"是指"学科基础模块"和"专业方向模块"。在"学科基础模块"上设置"公共课程"和"学科课程"两个平台,对学生进行基础知识教育、基础技能训练和基本素质培养;在"专业方向模块"设置"专业理论课程"和"实践课程"两个平台,强调学生的二次创新和实践能力的培养,探索"订单式"人才培养路径。

2011 年,安徽省应用型本科高校联盟的 14 所成员高校打破传统的本科四年制教学模式,他们与科大讯飞、铜陵有色、西门子家电等企业联合发布"校企合作宣言",全部试行三学期制改革,即把传统的一学年两个学期改为三个学期,增加一个每年 7 ~ 8 月的暑期学期,作为实践教学的小学期,让学生深入校内外实习实训基地,以专业实习实训、技能提升、产学研合作教学和辅修专业实验等项目为内容,丰富体验教学形式,培养职业素养,提升实践能力,完善与产业发展相适应的人力资源开发利用新模式,不断提高和优化应用型人才的培养质量。

由此可见,应用型本科高校的人才培养模式具有以下突出特征:一是应用性,即培养目标强调应用性,立足为地方区域经济发展服务,培养服务于各行各业的应用型人才;二是行业性,即培养过程以行业、职业为导向,在人才培养中根据行业发展要求构建理论和实践课程体系,强化行业适应能力;三是实践性,即在人才培养的知识结构和能力体系上强化实践能力,加强与企业合作培养应用型本科人才。

三、应用型本科财务管理专业人才特征

应用型本科的人才培养目标就是应用型人才。教育界对应用型人才的定义有:"所谓应用型人才,即技术应用性人才,应是以服务为宗旨,以就业为导向,在生产、建设、管理、服务一线工作的高级应用型专门人才""能将专业知识和技能应用于所从事的专业社会实践的一种专门的人才类型,是熟练掌握社会生产或社会活动一线的基础知识和基本技能,主要从事一线生产的技术或专业人才""面向地方经济和社会发展需要,设置应用学科专业;强化实践实训教学,提高应用能力,重视应用研究,促进产学研紧密结合;培养具有一定理论基础,理论应用和技术能力,为党政机关、企事业等基层单位

管理服务的应用性人才"。

1998 年，教育部在新颁布的专业指南中将财务管理作为管理学下的二级学科列入本科专业目录，并对本科财务管理专业教育定位确定为"培养具备管理、经济、法律、理财、金融等方面的知识和能力，能在工商、金融企业、事业单位及政府部门从事财务、金融管理以及教学、科研方面工作的工商学科高级专门人才"。

结合教育部对本科财务管理专业定位与应用型人才的特征，应用型财务管理专业本科人才应具备的特征可以归纳为如下几点：

（一）知识结构多样化

在财务管理实践中，财务管理人员不仅要掌握财务管理专业理论，还必须掌握与之相关的管理、经济、法律、会计、理财、金融等方面的知识。根据财务管理专业毕业生就业去向的定位，大多数毕业生要从初入企事业单位从事传统的会计记账、预算等基本工作开始，往中高级理财负责人方向发展，需要比同层次其他相关专业人才有更高一层的专业知识和技能要求。现代企业要求财务管理人员须承担更多的投融资决策、利用金融工具实现风险规避和企业理财、企业兼并收购重组等关系企业生存和发展的主要责任。可见，财务管理人才是复合型的专业人才，知识结构应当多样化。

（二）具备实践操作技能和职业敏感性

应用型财务管理人才必须具备从事财务管理工作所必需的技能，如投资、融资、决策技能，财务制度设计技能、财务分析、资本预算、业绩考核等财务管理工作所必需的实际操作技能。这些技能的运用要在学习与实践积累中形成财务管理专业人员对职业的敏感洞察力和分析判断力。

（三）创新创造能力

应用型本科财务管理人才将来要应对复杂多变的国际、国内财务环境并做出决策判断，在拥有基本的财务理论知识与实践技能的基础上，要能够随着社会经济和理论研究的不断进步而不断创新财务管理的思想、方法和手段。因此，必须具备很强的创新和创造能力，且具有一定的超前意识和业务拓展能力。

（四）较高的综合素质

财务管理人才要有较高的综合素质，包括：专业素质、心理素质、人文素质和身体素质等。专业素质是指财务管理人员必须拥有坚实的专业理论知识和熟练的实践操作能力；心理素质是指要能够应对复杂多变的财务环境，并承担由此带来的的工作压力；人文素质是指作为财务管理人员必须具备良好的职业道德，要有较强的语言沟通、文字表达、人际交往、信息获取及分析的能力；身体素质是指为了承担高强度的管理工作，要有强壮的身体。

四、应用型本科财务管理专业特色建设的构想

应用型本科财务管理专业建设必须围绕专业人才的培养而开展，学习借鉴国内外应用型本科人才培养模式。结合财务管理专业人才应具备的特征需求，本文对应用型本科院校财务管理专业特色的建设提出几点构想。

（一）明确财务管理专业人才的培养定位

应用型本科财务管理专业人才培养的定位应当是为地方或区域经济建设和社会发展服务。地方经济区的建设使得地方全方位地融入国内外区域经济一体化的进程中，走省际区域对接和区域整合为内容的"经济区战略崛起"的发展道路，迫切要求应用型本科院校不断为地方经济及区域经济的发展培养合格的人才生力军。尤其是近年来地方及区域经济的长足发展使得对于具备国际财务知识和背景的中高级财务人员的需求量大增，这为应用型本科院校财务管理专业人才的培养定位提供了导向，也为各院校财务管理专业发展提供了良好的机遇。

（二）学历教育与职业资格教育相结合

作为应用型本科财务管理专业，其培养的目标主要面向实业界和实务界。财务管理专业学生未来的职业发展可以定位为成为工商企业的财务总监（CFO）、证券公司的财务分析师（CFA）以及金融部门的财务策划师（CFP）等，因此，要为他们开设"宽基础"的专业课程，保证其知识结构的多样化，为其后续的职业发展打下坚实的基础。但考虑到本科毕业生的就业需求，还可根据学生的职业规划方向，将职业资格教育引入理论和实践教学环节。例如，根据职业任职资格认证的考试科目，在高年级设置职业方向模块课程，如财务策划师、注册会计师等职业资格认证辅导课程，积极组织学生参加相关资格证书的考试，这样在满足学生对未来职业方向的专业知识需求的同时，也能满足学生近期的就业需求，提高学生的就业竞争能力。

（三）人才培养模式的创新改革

学生的实践能力和创新能力培养是应用型本科财务管理专业人才培养模式改革的核心。培养会学习、懂合作、具有实践能力和创新能力的复合型人才，应当成为财务管理

专业人才培养的首要目标。学生实践能力的培养，除了要进一步强化校内的财务管理专业技能实验教学之外，利用与校外企业联手共建校外实训基地，积极拓展校企联合更为重要。可以借鉴国外高校应用型人才的培养模式，充分发挥学校学分制学籍管理的作用，允许学生在规定年限内完成学分积累即可毕业，并推荐部分优秀学生到大型企业带薪实习。这样，一方面，企业可以减少员工的前期培训费用，从实习学生中选择优秀的员工；另一方面，学生也可在实践第一线学以致用，并从实践中发现问题，回到学校进一步学习与提高，从而培养学生不断学习、自我提升的能力，并有利于培养学生的探索和创新的能力。此外，"创新创业工程"和"学科技能竞赛"，也是培养应用型本科财务管理人才的合作精神和创新能力的有效方法。

第三节　应用型财务管理本科的问题及改进建议

财务管理作为一门课程已有较长历史，而作为一个独立专业的历史并不长。我国财务管理学科在高等院校中作为一个本科专业只有十几年的时间，财务管理专业的建设虽然积累了一些经验，但仍存在许多问题，特别是在近年来新办的应用型本科院校中，财务管理专业存在的问题尤其突出。

一、应用型本科财务管理专业建设过程中存在的问题

（一）专业培养目标缺乏针对性

所谓应用型本科是指积极开展应用性教育，培养面向地方、服务基层的本科层次的应用型人才的普通教学型本科院校。立足于学校现有的软硬件教学资源，服务地方经济，研究实际人才需求情况，制定专业培养目标应该是这些应用型本科高校开设专业的前提。2000 年，教育部高等学校工商管理类专业教学指导委员会在关于财务管理专业的指导性教学方案中，提出以下培养目标：培养德智体美全面发展，适应 21 世纪社会发展和社会主义市场经济建设需要，基础扎实，知识面宽，综合素质高，富有创新精神，具备财务管理及相关的管理、经济、法律、会计和金融等方面的知识和能力，能够从事财务管理工作的工商管理高级专门人才。许多应用型本科院校在开设财务管理本科专业拟定专业培养目标的时候，往往由于"时间紧、任务重"，抱着先把专业申请下来再说的思想，比照教育部的文字，有的甚至直接照搬教育部的专业培养目标描述，没有结合地方人才需求和高校实际情况来进行目标确定，培养目标的阐述缺乏针对性，造成人才培养定位不准，也无法根据适当的人才培养目标制订人才培养方案并实施专业教育。

（二）专业定位不清晰，课程设置不合理

虽然教育部已将财务管理专业作为管理学下的独立二级学科，但现实情况是，大部分高校，特别是财经类高校普遍将财务管理专业设置在会计学院或会计系，财务管理专业的独立性在人们思维中并没有得到真正认可。造成不少应用型本科院校将财务管理专业的定位和会计学混同，专业区分度不大，课程设置的区别也不大。许多学生在报考专

业时，误将财务管理专业认为是会计专业，在校学习两三年之后仍没有弄明白财务管理专业和会计专业的区别何在。就连很多专业课程的教师也这样回答学生：会计学要学的课程基本上都学习了，还专门学习了财务管理专业的知识，所以，毕业以后既可以从事会计工作，也可以从事财务管理工作。

（三）师资缺乏，教师专业素质有待加强

由于财务管理专业开设的时间只有短短十年，师资问题是困扰新办应用型本科院校的一大难题。表现如下：（1）数量不够。由于专业建设速度很快，专业教师急缺，很多应用型本科院校的财务管理专业教师数量配置远远达不到规定比例，一方面是社会对于财务管理专业人才的迫切需求；另一方面是高校专业教师的匮乏，造成应用型本科院校专业教师的紧缺；（2）专业不对口。目前，各高校财务管理专业的教师绝大部分是过去从事会计教学和研究的教师，主要是因为工作需要转为财务管理专业教学和研究，还有相当一部分是金融学专业背景，真正学财务管理专业的教师很少；（3）缺乏实践经验。应用型高校财务管理专业的教师既要掌握丰富的理论知识，也应具备较强的财务管理实践能力。一方面，许多教师都是从学校到学校，毕业以后直接从事高校教育工作，没有在企事业单位从事财务工作的相关经历；另一方面，由于专业教师的紧缺，教学任务繁重，财务管理的教师往往没有或很少参加企业的财务管理实践，也无法抽出时间来进行实践锻炼与学习。实践经验的缺乏，使得专业师资队伍对实际工作中存在的财务管理问题认识不足，缺乏解决实际问题的能力。师资建设的滞后，严重影响了应用型高校财务管理专业的发展与人才培养目标的实现。

（四）实践环节薄弱，实践教学体系不完善

应用型财务管理专业，立足点不是培养直接从事科研和教学工作的人才，而是为企事业单位、各种金融机构培养高素质的财务管理员、理财规划师等动手能力强的实用专业人才。因此，实践教学在应用型财务管理专业人才的培养过程中非常重要。而目前的状况是，由于专业建设时间很短，一些应用型本科院校没有建立起自己的财务管理专业实践教学体系，实践教学环节严重缺失；更多高校虽然在形式上建立了自己的实践教学体系，但实践教学形式大于内容，实践教学过程往往只重视数量，不重视质量，实践教学课程大纲不全、教材缺乏，无论是校内实践环节还是校外实践基地的建设都远远落后于专业发展速度，财务管理实践教学有名无实。实践环节薄弱，实践教学体系不完善对应用型本科财务管理专业人才的培养极为不利。

综上所述，应用型本科财务管理专业建设过程中尚存在诸多急需解决的问题。其中，

明确培养目标、界定财务管理专业、科学设置课程和改进教学方法是核心问题，培养目标是基础和前提，只有明确了培养目标，才能有的放矢地设置专业课程和设计教学方法。

二、明确应用型本科财务管理专业培养目标

财务管理作为新兴专业，对于其培养方向目前还存在诸多争论。争论的实质在于财务管理专业应该培养什么样的人才，培养出来的人才有何专业特色，能否在竞争激烈的人才市场占有一席之地。根据上述2000年教育部关于财务管理专业提出的培养目标，笔者认为，财务管理专业培养的人才可具体化为以下几个方面：第一，为工商企业培养财务主管以及普通财务管理人员等应用型人才；第二，为行政、事业单位以及金融机构培养从事财务管理工作的应用型人才；第三，为科研单位和学校培养能够从事财务科研和教学工作的人才。

应用型本科财务管理专业人才培养目标的确定应以市场为导向，培养为区域经济建设服务的、具有较高综合素质和较强实践能力的、以实务操作（应用型）为主的财务管理专业人才。根据当前以及未来人才市场对财经类大学生的需求，财务管理专业学生未来的职业发展可以定位为：成为工商企业的财务主管或财务总监、证券公司的财务分析师以及金融部门的财务策划师。这三者尽管属于不同的职业，服务于不同的单位和行业，但是都要求掌握现代企业财务管理、会计以及资本市场方面的基本理论、基本方法和基本技能，熟悉国际财务管理惯例。因此，笔者认为应用型本科财务管理专业的培养目标应该做如下定位：培养具备扎实的财务管理基础和经济、管理及会计等方面的知识和能力，富有创新精神，善于思考，动手能力强，能够在工商企业、事业单位、证券机构、保险公司、银行等部门从事理财工作，具有发展成为财务主管、理财师、证券分析师潜力的高级应用型人才。

三、清晰界定财务管理专业

作为独立设置的专业一定要体现其专业特色，尤其需要界定清楚与邻近学科的关系，准确寻找学科之间的关联性和异质性。目前，我国多数应用型本科院校对财务管理专业中"财务"的界定有的偏重于会计学，有的偏重于金融学。那么，财务管理专业应如何定位才比较合适？笔者认为，从宏观财务与微观财务相结合的角度，即中观的角度来定位财务管理专业是比较准确的。立足宏观的财务是金融与财政，立足微观的财务是企业或非营利单位的资金控制。而宏观财务与微观财务的结合点，就是一个国家的金融市场或资本市场。这是因为，在我国社会资金运动管理中，"国家调控市场，市场调控企业"

是一种重要方式。具体来说，国家有关金融方面的宏观经济调控方式是通过金融市场来实现的，利率的提高与降低、货币供应量的增加与减少、信用政策的变化与持续，既会对一个国家或一个地区的经济发展、经济结构产生深刻影响，也会直接调节不同类型企业的生产经营活动。而且，企业参与金融市场活动必须以支持企业正常的生产经营活动与投资活动为前提，企业可以通过金融市场或利用其他手段进行资产与资本营运，在适应经济形势和经济环境变化的过程中提高企业的竞争能力。以此为背景，财务管理人员在加强企业内部资金控制的同时，可以使企业的财务状况得到改善，从而使财务管理水平不断迈上新的台阶。因此，笔者将本科财务管理专业中的"财务"定位为：内部立足资金控制，外部面向资本市场，并能从事企业资产管理、资本营运与风险管理的一种综合性管理。各高校在对本专业进行定位的时候，应当立足自身、借鉴国内外高校的成功经验，在充分体现学校特色的基础上，突出企业资金管理和风险管理的专业特色。

四、科学设置财务管理专业课程

明确了应用型本科财务管理专业的培养目标和专业定位之后，应当考虑如何科学地设置课程体系，以保证我们培养的学生符合社会要求。

（一）财务管理课程体系设置的原则

根据财务管理专业本科生的培养目标，本课程体系的设置应符合下列原则：

1. "厚基础，宽口径"的原则

所谓"厚基础"，指的是公共基础课的内容要丰富，涉及面要宽广，课时安排要足够，以使学生具有深厚的基本功底，达到五个"一"：即会写一篇好文章（主要指财经应用文）；能讲一口流利的外语；熟悉一种数量分析的方法；掌握至少一种计算机操作软件；培养一种良好的伦理道德观。所谓"宽口径"，指专业性课程（包括学科基础课和专业必修课）的安排不局限于本专业某一个方面，凡属于财务管理专业所应掌握的知识和能力，都应在课程中体现，以使学生全面了解财务管理的必备知识，具备从事财务管理专业各个领域工作的初步能力，适应多样性的社会需求。

2. "通才教育"与"专才教育"相结合的原则

一般认为，大学本科教育培养的是某一学科专业的通才，而不是从事某一特定领域的专才。所谓"通才"，是指可以从事学科专业范围内任何领域的工作。前一项原则中的"宽口径"，就是要培养通才。具体到财务管理专业本科毕业生，应当能在工商企业、行政事业单位和金融机构等单位从事价值管理方面的工作。但是，无论从学科划分还是从实际工作来看，财务管理专业的确存在若干具有相对特殊性的领域，不同的领域在知识结构、工作性质上均存在差异，如果仅能从事某一领域的工作，就是所谓的"专才"。笔者认为，"通"与"专"是相对而言的，不应该把二者关系看得过于对立，有必要也有可能在"通"与"专"之间找到适当的结合点，使培养的学生既具有财务管理专业的通用学识，又对该专业下的某一领域有着相对深入细致的了解。这样，培养出来的学生一方面可以满足不同时期、不同区域或行业的人才需求；另一方面又能够适应社会人才需求的不确定性和从业要求的变化。为达到这一目的，应该进行"宽口径"的专业基础课程安排。

3.适应财务学科发展的需要

财务管理教育同其他教育一样是一个动态、发展的概念，财务管理教育的内容必须面向新世纪。应当根据未来经济、文化、科技发展的要求，探索21世纪财务管理人才的知识结构和学科发展方向，并将其充实到课程体系建设中去，以适应财务管理环境的变化。

（二）关于财务管理专业主干课程的设置问题

对财务管理专业主干课程的设置，目前存在四种设置思路，因而形成了四种专业课程设置模式。这四种模式核心课程存在差异，各有利弊。具体见表。

财务管理专业主干课程设置模式

序号	课程设置基本思路	核心课程	优点	缺点
1	按财务管理的基本环节设置	财务管理原则、财务预测与决策学、财务计划与控制学、财务评价与考核学和财务专题学等	财务管理的环节清晰，教材编写时可以防止重复	财务管理内容相割裂，开设一门财务专题学很难全面反映财务管理改革和财务管理理论方面的最新成果，而且要就一项具体的内容形成所谓财务预测与决策学也非常困难，同时，金融类的知识没有囊括进去
2	按财务管理的知识层次设置	财务管理原理、中级财务管理、高级财务管理、跨国公司财务管理、财务评价与分析	由于层次性强，适合财务人员通过自学提高水平	缺点是要划分中级、高级比较困难，而且不是所有具体的知识都能够划分层次，即使一般的管理原理也存在非常深奥的理论，可能形成"大杂烩"

序号	课程设置基本思路	核心课程	优点	缺点
3	按财务管理的主体设置	财务学原理、企业财务学、部门财务学、集团财务学、国家财务学、国际财务学、非营利单位财务管理学	主体鲜明，使用面广	由于理财环节对每一个主体都存在而容易导致内容的重复，同时不能反映财务管理改革和财务管理理论方面的最新成果；课程之间的教学工作量和难易程度差别大，不利于教学组织
4	兼顾财务管理的环节和内容设置	财务管理原理、财务筹资学、财务投资学、财务分配学、财务分析学、特殊行业及特殊财务专题	内容集中，便于教学，有利于克服第一种设置方法的缺点	缺点是有的课程如财务筹资学、财务投资学很难把握对具体内容的展开程度与幅度，过窄如隔靴搔痒，过宽则臃肿庞大，而有的课程如财务分配学可能会显得内容比较单薄，偏重于理论不适合本科生使用

笔者倾向于综合上述第二种和第三种课程设置思路，同时考虑教材编写和课程教学的要求，设置如下主干课程：

1.财务管理学基础，主要阐述财务管理学的基本理论、基本概念和基本方法等。

2.中级财务管理，阐述资金决策、计划、控制和监督等方法在企业筹资过程、投资过程、收益实现与分配过程的运用。

3.高级财务管理（财务管理专题），主要介绍财务战略管理、财务风险管理、衍生金融工具管理、资本营运、资产重组等内容。

4.企业集团财务管理，介绍企业集团（包括金融控股集团）财务管理的特点与方法。

5.国际财务管理，介绍跨国公司财务管理的问题。

6.财务管理案例，介绍中外企业财务管理成败的典型案例。

五、改进教学方法

（一）提高理论教学水平

大学财务管理课程的理论教学，主要存在以下两种比较矛盾的问题，一是受到指责最多的"重理论、轻实践"问题，但在批评"理论脱离实践"的背后，又存在另外一种变相的"轻理论"倾向。有些人既不知道财务理论的重要性，更不知道有哪些理论可以指导实践。例如，许多学生花了很长时间学习如何计算净现值、内部收益率，但却不知道如何找到净现值大于零的项目。相对来说，计算方法并不重要（计算机可以完成这一工作），重要的是投资估价中关键数据（现金流量、折现率等）的生成方法，懂得这些数据背后所隐含的财务思想，懂得如何进行不确定分析，如何寻找增加公司价值的投资项目。从某种意义上说，理论对实践，就像一张导游图，提供到达目的地的技术路线和行动规则。理论的作用就在于给实践者提供研究、分析和解决问题的一个框架、一个原理或一个思想。实践中的每一个财务事项都是一个单独的"个案"，没有两个完全相同的案例可以模仿，没有一学就会、一用就灵的财务方法，否则就不会存在财务失败的案例。

对于应用型本科财务管理专业课程的教学，要做到"理论联系实践"，先决条件是提高教师的理论与实践水平。教师只有具备扎实的理论功底、广博的知识视野、合理的知识结构、良好的知识素质和管理实践，才能做到深入浅出地传授财务管理的基本理论；才有可能或有能力实现理论—实践一体化教学。

（二）完善实践教学体系

财务管理和其他管理学科一样，是一门实务性很强的经验学科，应特别强调操作能力的培养。在财务管理的实践教学中，可根据专业培养模式和课程特点，实行实验、实训、实习等灵活多样的教学方式，以此锻炼学生的实践能力，检验学生解决实际问题的能力，强化学生综合职业能力的培养。笔者认为，应用型本科财务管理专业可以通过以下五个方面构建财务管理实践教学体系，强化学生实践创新能力的培养。

1. 校内模拟实验

模拟实验对于提高学生的动手操作、综合分析问题、适应社会需要等方面的能力具有非常重要的作用。财务管理实验分为单项实验课程和综合实验课程两个部分。

单项实验课程是针对财务管理的每一个重要知识点分别设计若干个实验项目，如资金需要量预测、资本结构决策、货币时间价值应用、最佳信用政策决策、销售收入预测、利润预测、本量利分析、全面预算的编制和财务分析等实验项目。通过单项实验可以促使学生掌握财务管理的基本方法和基本技能。单项实验课分别安排在中级财务管理课程的相关章节之后进行。综合实验课程是将财务管理与会计学等知识融合在一起，以案例的形式加以综合体现。例如，可以分别设计筹资决策综合分析、企业长期投资决策分析、企业并购决策分析等实验项目，旨在培养学生对财务管理与会计学等专业知识的综合运用能力。综合实验课安排在高级财务管理课程中进行。

2. 校外实习

学校应当积极创造条件与地方企事业单位、金融企业及社会中介机构签订协议，建立稳定的实习基地，为财务管理专业学生提供校外实习场所，进行为期半年的集中学习和实践，完成专业实习和毕业设计。

3. 职业技能培训

通过"学历教育"与"职业资格"教育相结合，培养学生的实践能力和就业能力。将职业资格教育引入理论和实践教学环节，鼓励学生参加有关技能培训和相应证书考试，获取相关证书，诸如注册国际财务管理师、注册资产评估师、注册会计师、注册财务策划师、注册税务师、理财师等证书，锻炼学生实践应用能力和动手能力，提高学生的就业竞争能力。

4. 大学生科研训练

通过"大学生科研训练"项目，培养学生科学研究能力。建立"大学生科研训练"基金，鼓励学生参与导师的科研课题研究，并给予奖励学分，鼓励公开发表学术论文，对在校期间发表专业论文的学生颁发证书和奖金。

5. 学科竞赛

通过参加各类学科竞赛，培养学生创新能力。积极组织学生参加各类大赛，如沙盘模拟大赛、创业计划大赛、演讲比赛、辩论赛、数学建模大赛等，力争获取更多不同级别的奖励。

专业水平和专业地位是要通过学科方面的成果和特色来体现。学科建设条件要发挥作用和效益需要建立相对完善的学科建设机制，包括学科之间的优先发展战略与相对均衡机制、学科内部的激励和约束机制、学科管理和协调机制等。财务管理专业建设虽然涉及很多方面，但其核心却是财务管理人才的建设、团队建设和成果建设。财务管理专业建设的水平要靠人才的水平来支撑和体现，一只高素质和高水平的学科人才队伍，尤其是专业带头人和学术带头人是学科建设的根本，是构成学科核心竞争力的基石。所以，财务管理专业建设不仅要有好的建设规划，更重要的是要有执行这些规划的人才和团队，这样才能让规划真正得到落实。

第四节 集成化财务管理实验室建设构想

财务类专业的特点要求财经类高校建立专门的集成化财务管理实验室，其交叉性、整合性和拓展性的优势使其能够符合财务管理专业实验教学的需要。在实践中，必须实现功能集成和资源集成，在运行机制上推行柔性化和开放式管理，师资保障上采用灵活性和专业性相结合。

经济管理类专业实验室以其实验目的的务实性、实验课程的交叉性和实验内容的融合性成为当前高校实践实训教学的主要实现平台和学生技能演练的重要支撑系统，而财务管理实验室则是经管类实验室的典型代表。在实践中，集成化的思路有望为实验室的建设赋予更多专业功能和更高层次定位，为应用型财务类专业发展提供可持续的教研支持。

一、财务管理实验室集成化建设必要性

（一）财务类专业特点对财务管理实验室建设的要求

目前教学实践中，单独设立的财务管理实验室一般作为财务管理类课程的实验教学场所，这类课程包括财务管理、管理会计、国际财务管理、财务报告分析、ERP 模拟实验等，是会计、审计、财务管理、税务、金融、投资等专业的主干课程。这些经管特征浓厚的专业无一不以企业和市场作为研究对象，并以财务作为专业沟通语言，因此，可统称为财务类专业。这类专业的特点决定了财务管理实验室应当具有更为综合的定位和功能。

财务类专业的人才培养目标具有复合性和应用性的特点，对人才的技能要求综合且务实，强调能够从事各类机构的多种财经工作，既具备实际业务操作水平又具有一定管理能力。相对其他专业而言财务类专业人才的技能要求更为综合和务实，这就要求在专业学习阶段有限的课程安排中应更加注重多元化的综合技能的培养。实验室应当成为上述技能要求的重要支撑。财务管理类课程无疑是财务类专业的核心课程，财务管理实验室作为课程的实验平台应当承担起财务技能实践、财务环境模拟、财务工作体验、财务案例分析等多种专业职能，将理论知识转变为复合能力，向下承接专业基础课程的认知教学，向上对接专业实践和专业实习的体验环节，以满足课程教学和技能培养目标的高

度关联性。

财务类专业的实践课程体系呈现立体化、层次化的特征，实践课程的教学内容既有独特性又有交叉融合，课程实践应在重视关联性的基础上突出特质，实验室的建设应当反映这种内在要求。因此，财务管理类课程实践教学环节的知识布局也要从宏观体系着眼，其内容应以经济学、管理学、会计学为基础，以财务管理、管理会计、财务分析为主体，兼顾金融、税务、审计等领域，涉及信息系统、计算机网络、数据处理等技术性学科，以企业财务活动和财务关系为主线，以案例分析、场景模拟、角色扮演等实验手段为依托，形成"专兼结合"的实践教学模式。这使得财务管理实验室的功能设计要实现一体化，实验实训的多种方法、多项内容、多个环节能够在实验室中得到一站式解决，还要体现计算机平台的强大功用，真正做到"实验场所多功能化、实验模式多元化、实验过程自动化"，达到增强学生体验感、强化教学实践性的目的。

财务类专业发展速度很快，市场环境的急剧变化使得前沿知识不断更新，对人才的创新创业思维、探索学习能力和自主研究意识要求很高，这对实验室资源聚合提出了更整体化的标准。财务管理实验室不仅仅是课程的实践教学场所，还应当成为鼓励学生探索专业前沿、启发学生创新意识、推进学生创业项目孵化的"催化剂"，在硬件上和软件上都要体现出拓展性、适应性和开放性。因此，财务管理实验室的资源平台需在搜集多种学科信息的基础上高度整合，用知识资源推动创新和发展。

（二）当前财经类高校财务管理实验室存在的问题

目前各财经类高校设立的财务管理实验室大多被命名为"ERP财务管理实验室"，但是其现状和ERP的思想大相径庭——实验资源的整合效果不显著，利用效率较低，重复建设和功能错位现象时有出现，总体而言有以下三点问题：

1. 实验室功能涵盖不全，不能满足财务管理实践教学需要

当前主流财务管理实验室多是以计算机财务软件平台为依托开展财务管理类课程实践教学，其模式主要是案例分析和场景模拟，形式体现为分组讨论和集中点评，高仿真度的职业体验和借助资源平台的创新实验几乎没有，这样的模式对于课内理论知识的巩固和深化大有裨益；但是其本质仍是财务相关理论的验证和理解，对于提升学生财务技能、认识未来专业环境、缩短进入职业生涯的适应期等目标则鞭长莫及，既不利于学生探究性学习意识的启发，也不利于应用型专业人才培养模式的改革，实质上是应试教育在实践教学环节的衍生。

2. 实验室资源平台开放程度不够，受益群体不能涵盖所有财务类专业

设立财务实验室的财经类高校一般将实验室课程的开设对象局限于财务、会计、审计、金融等典型财经类专业，但是财经类实验室的软硬件投资一般都很高，如果仅仅面向这少数专业则不免有资源浪费之嫌。财务管理实验室配备的软硬件平台和教研资源是具有极大开放性和拓展性的，将这些配置定位于专业课的实践教学显然太肤浅，财务意识和财务体验是当代大学生素质培养的重要环节，非财经专业的学生也有学习、了解、共享财务知识的权利，财务实验室不能也不应把财务实践教学限制在特定专业内部，也不应仅仅作为课堂教学的一部分，推广财务知识、推动专业发展也应成为财务实验室的重要功能定位。

3. 实验室管理分散僵化，实验指导教师队伍建设滞后

财务管理实验室毕竟是一个专业课程的实验平台，其教学管理不可能像课堂教学那样平衡，简单按照实验项目、实验学时、实验进度安排实验室开放和工作时间是不合理的；而且财务实验室软件和教学资源众多，每门课程各取所需，但是缺乏统一的规划整理，软件布局凌乱、设备使用不均衡、平台资源更新缓慢等等问题都是分散管理的弊端。在实验教学中，部分实验指导教师缺乏企业真实的财务经验和操作经历，参加课外培训的时间又不充裕，导致对新的软件平台、新的实验模式、新的财务实践领悟不够，无法满足实践教学的业务需要。

综上所述，财经类高校财务管理实验室的建设现状尚不能令人满意，不论从教学管理还是专业发展角度都亟须一个一体化的集中解决思路，从体系上明晰财务实验室的定位、功能和组件。

二、财务管理实验室的集成化内涵

所谓集成（integration），是指对生产要素的集成活动以及集成体的形成、维持及发展变化，进行能动的计划、组织、指挥、协调、控制，以达到整合增效目的的过程。作为一种全新的管理理念及方法，集成管理的核心是强调应用集成的思想指导管理实践，立体地、综合化地将组织中的软、硬资源等要素有机地纳入管理视野之中，最终促进整个管理活动的效果和效率的提高。将集成的思想运用于财务管理实验室就是要找到整体性的建设思路，让实验室的资源、功能和管理实现全面优化整合，以培养学生实际财务能力的目标为指导，覆盖多课程、面向多环节、注重多技能、惠及多专业。

（一）集成化财务管理实验室的优势

1. 交叉性

集成化财务实验室的学科覆盖面广，可以打破项目间、课程间、专业间的界限，通过相关学科间互相联通的知识体系和资源平台，推进技能的触类旁通，拓展学生的专业视野，增强其未来工作的适应性。

2. 整合性

集成化财务实验室能够整合所有教研资源，既有数据和案例等平面资源，又有仿真平台、模拟场景等立体资源，既有分析软件又有专门教具，其布局也体现一专多能的高度适应性，既提高资源利用效率又方便进行资源管理。

3. 拓展性

集成化财务实验室不仅服务于实践教学，还着眼于学生素质拓展，其资源和工具的广泛性，尤其是折射出的专业务实精神，可以作为培养学生创新创业意识的平台；开放管理的模式又可为各类专业竞赛、校内实习等实践项目提供可靠的载体。

（二）财务管理实验室的功能平台集成

财务管理实验室的功能平台应当整合教学、科研和拓展三个子平台。

教学子平台应该以财务管理、管理会计、报表分析等财务类主干课程的体系设计为依托，定位为财务实践教学系统。实验项目可以分为认知分析实验、模拟场景实验和仿真感受实验三个层次。其中，认知分析实验以案例研究的形式给予学生更为具体的理论认知，通过财务案例强化对理论的理解，是理论知识的映射；模拟场景实验以分组沙盘模拟的形式让学生模仿企业的决策，通过模拟运营认识企业的流程，是理论知识的运用；仿真感受实验以高仿真的形式给予学生全景体验企业中不同角色的机会，通过全真拟合体验未来的职场角色，是理论知识的转化和升华。在实际教学中，三个层次的实验模式应和课程教学有机结合，特定财务课程可以任意选择其中若干个模式实现灵活的实践教学。例如，管理会计课程的实践环节可以安排某虚拟企业的案例讨论，分析企业成本控制、长短期决策、预算管理等管理环节的科学性，让学生得到理论结论，而后将这些结论运用于沙盘模拟对抗，以检验结论的正确性，最后完全可以安排仿真体验，分角色体验在多变的市场环境中企业财务决策的全流程。经过这些递进的教学环节，管理会计的方法不再是枯燥的理论，而成为学生脑海中立体的实操技能。

科研子平台主要面向实践指导教师和有意于科研工作的优秀学生，定位的理论基础是学术科研需要依托实验室资源。财务类学科早已进入以实证为主要形式的结构研究、机理研究阶段，更由于行为学的介入，使得财务理论的验证和拓展不再仅仅依靠枯燥的数据和模型，而是越来越多地进行柔性且具体的行为实验方式。实验室在实地数据获取方面具有得天独厚的优势，既可以依托采购的各种数据平台又可以开展行为实验以取得第一手数据。同时，实验室本身的实践教学任务又为财务类专业教学的研究提供了丰富的素材。为实现实验室的科研服务功能，应使财务管理实验室能够承载海量教学研究参考资料，尤其偏重于实验教学成果和产学转化成果的集成，并能够进行行为化的财务实验和实验结果分析，将实验室功能向专业前沿延伸，实现教学科研的互相促进。

拓展子平台则定位于为学生的财务素质拓展服务。应建立创新创业扶植平台，鼓励学生的财务创意，并能够通过系统化的辅导和孵化实现学生的财务梦想。这一平台应当由技术支持和项目孵化两个相互关联的模块组成。技术支持模块应当利用财务管理实验室的数据、师资、分析工具等强大资源为创新创业计划提供可靠务实的财务分析、风险管理、前景预测等技术性辅导，项目孵化模块则可以根据已通过技术论证的半成型商业项目，争取更高层次的立项（例如申请校级或省市级）以申请资金和政策的支持，将项目孵化为实体，实现学生的校内创业，从而将实践教学的成果变为实际的收益。

（三）财务管理实验室的资源集成

资源整合是实现诸多功能一体化的必要前提和支持系统。集成化的教研资源既便于统一管理也便于灵活调用。财务管理实验室的资源集成应从以下两方面构建：

1. 财务类课程实验教学资源集成

应当根据实践教学目标重构一体化的财务类实验课程体系，包括课程实验教学大纲、课程实验项目、独立实验课程设计、实验教学评价系统和创新创业项目探究模块等针对性强、体验度高的教学环节。对于财务管理、管理会计等相关性较强的课程完全可以设计相关联的实验内容，例如设计若干个结构和数据完整的虚拟企业，其财务流程的各个层面均可作为独立案例成为不同课程的实验素材；对于独立实验课程如 ERP 模拟实验则可以采用循序渐进的实验内容设计，从场景模拟的沙盘练习（如"创业者"和"商战"沙盘系统）逐步过渡到全景体验的高仿真财务决策系统（如"理财之道"系统）；对于进入毕业实践阶段的学生则可以安排进行创业模拟企划，如撰写创业计划书或制订创业资金规划。实验室应当将所有教学资料和软件纳入统一管理平台，供实验指导教师和参与学生按规定调用参考。

2. 财务教学研究资源集成

财务管理实验室应成为研究财务教学的前沿阵地。其资源除了相关的教学论文数据库之外，应当建立实验教学数据汇总机制，将课程实验教学评价数据、学生实验数据、学生创新创业项目数据通过整理形成数据库，并设计完善的查询和调用方式。实验教学数据的集成不仅可为实验教学研究提供第一手资料，也可丰富教学研究素材。

三、集成化财务管理实验室的建设途径

（一）建立开放式的柔性管理机制

一般而言，作为经管类实验室，财务管理实验室应当隶属于经济管理实验中心。高度集成的财务实验室管理不应再"一刀切"，应当实行二元管理机制，即运行和业务管理归属财务（或会计）系，安全和维护升级归属实验中心。在日常管理上，教研室应指派专职教师负责实验室管理岗位，在实验中心配合下实行柔性化管理，灵活调配教学资源和师资力量。在实验资源的管理上，基于共享的开放式资源管理模式能够适应集成化的资源平台。资源平台应采用目前流行的 B/C 结构，可以实现空间、时间和内容上的全面开放：空间上可以方便教师学生在校外通过 VPN 访问实验资源平台，时间上可以实现课内课外的全时段访问，内容上则开放所有承担的实验课程资料。财务类学科有着探究性强的特点，适合财务教学的开放式管理机制既满足了因材施教的个性化教学需求，又可以使实验室资源达到最大限度的利用。

（二）专业师资建设和灵活师资管理

要实现财务管理教研室对实验室的业务管理必须建立专业师资队伍。为集成化财务管理实验室建设构想了更好地突出财务学理论联系实际的特点，实践上没有必要专设实验指导教师岗位，由财务管理教研室专任教师承担实验指导教学。为此，建立定期实验教学轮岗培训机制是必需的，通过轮岗培训要求专任教师都应当具备实验指导能力，不仅熟悉所担任课程的实验教学，还应当了解其他课程实验内容和实验室平台操作，达到实验教学的一专多能。同时，为了鼓励实验指导教师参与实验项目的开发与研究，尤其是高仿真的财务实验项目开发，相关院系应当对参与教师给予一定奖励。此外，可以鼓励在实验探究上教师和学生转变角色，学生不仅是知识的接受者、实验的参与者，也是企业主体理财行为的模拟者；教师不仅仅指导实验，在场景模拟和仿真感受实验中完全可以参与学生的实验群体，由指导者转变为感悟者和探究者，必要时甚至可以由优秀学生代理指导实验，使知识的传授更加生动。

针对财务专业培养方向和财务类课程教学特点构建的集成化财务管理实验室在提高实验室资源配置和使用效率、促进实践教学和理论教学融合、提升实验室教学和科研效

能等方面具有突出的优势。将集成化理念运用于财务实验室的建设需要更为柔性的管理机制和更为专业的实验师资力量，在新软硬件平台上嵌入各项功能及资源，赋予实验室更多的交叉性、整合性和拓展性，最终实现实验室的宽口径、高层次和专业化目标定位。

第六章 应用型本科人才培养体系

高校应建立合理的人才培养体系，以提高人才质量为指引，以教学内容先进为引导，实施多元化的人才培养模式，因材施教，发展学生的潜能。积极推进以探究问题、启迪思维、师生互动为基本特征的教学模式，引导学生主动学习、主动思考和制定实践，主动地发现问题、分析问题和解决问题；强化实践教学环节，推进理论教学与社会实践密切结合；推进课内与课外的密切结合，广泛开展多彩的第二课堂活动。

第一节 应用型本科人才培养体系的概念与特征

一、应用型本科人才培养体系概念

人才培养体系主要包括教学模式和教学内容两个方面，人才培养体系不仅是人才培养理念的集中反映，更是人才培养目标与培养规格的具体体现和实现载体。"如果说人才培养目标与规格还只是对受教育者的知识、能力、素质等方面提出的理想预期的话，那么人才培养体系在很大程度上则决定了受教育者所能形成的知识、能力、素质，决定了人才培养目标能否成为现实。"应用型本科人才培养体系是以"知识、能力、素质和谐发展为主线"，构建其理论教学体系、实践教学体系、素质拓展体系三位一体的人才培养体系。保证学生既具有扎实的理论功底，又具有较强的实践能力和突出的职业能力。

二、应用型本科人才培养体系的特征

1. 培养理念突出能力和创新

在新的历史阶段和形势下，重视实践能力和创新精神的人才是我国高等教育的基本价值取向，是当前高等教育的核心所在，能力性和创新性是应用型本科人才培养体系的主要特点，地方性普通本科院校要以创新精神和实践能力为主线来构建人才培养模式，突出实践教学，注重培养学生的实践动手能力，为学生顺利就业铺平道路。因此，具有创新精神和实践能力不仅反映了时代发展对高级专门人才能力与素质的新要求，也使得我国高等学校人才培养具有一定的时代性和前瞻性。

2. 培养目标突出实用型

地方性院校出于生存的现实需要，将立足地方，依托地方，培养实用型人才作为重要指针，这种人才培养模式以提高大学生社会适应能力、综合素质和就业竞争力作为人才培养的主要目的，强调教育与生产劳动相结合，鼓励合作办学、培养学生的实际动手能力。务实致用是地方大学培养应用型人才的基本准则，通过四年的专业学习，使学生真正具备做事的本领是应用型大学应达到的基本要求。

3. 培养体系的双重性特征

应用型本科人才主要是面向地方经济社会生产第一线的人才，不仅要有一定的基础理论知识和初步的研究能力，而且要有突出的实际动手能力和较快的上手能力。以此为目标，一些高等学校按照共性要求与个性发展相结合、学术性与职业性相结合、理论教学与实践教学相结合、科学和人文相结合、专业和行业相结合等原则构建人才培养体系。

4. 培养机制的人性化特征

随着高等教育大众化的到来，人才培养规格的多元化、多样化，客观上要求改变整齐划一式的人才培养制度，创新有利于学生个性发展、更加灵活的制度安排。应用型大学的培养机制应有利于学生的个性发展，富有弹性，实施分流、分层、分段、分地培养，因材施教，促进学生个性发展，以创造有利于学生学习的环境。

第一，分层培养。长期以来，我国传统本科教育注重学科型人才培养，重视专业教育的统一性要求，人才同质化现象比较明显。在入学资格上，有着一个严格、统一的入学基准——特别是入学最低总分，甚至一些专业对单科入学最低分也有明确规定；在教学过程中，基本上是统一设课、统一考核，重视期末闭卷考试，追求标准答案；在学业标准上，对课程学习有着诸多详细的统一规定，比如对必修课不及格累计学分都有详细要求。其结果是，一部分学生跟不上，一部分学生吃不饱，学生的个性得不到充分发展，发展潜能也没有得到充分挖掘。因此，根据学生的学习成绩分为实验班和普通班，实验班的教学内容侧重理论的深度和广度，鼓励试验班学生考取研究生，实行分层培养的体制。北京联合大学在办学目标上，侧重培养应用型技术人才，同时也注重培养应用型研究人才，在教学模式上设立实验班和普通班，实验班培养学生多以考研为目标，普通班则以就业为目标。

第二，大类招生。大类招生这一人才选拔和培养模式的出现，目的在于培养知识面广博、基础扎实、素质全面、具备扩展知识领域的潜质和终身学习能力，具备多元知识技术能力的复合型人才，使之具有更强的竞争力和创新力。这一人才培养模式所体现的教育理念是通识教育。通识教育，又称"通才教育"，旨在培养学生的综合素质，使学生在道德、情感、理智等方面全面发展。通识教育的核心在于培养人的整体素质，而不是培养人的某一领域的专业知识。它强调对不同文化的了解，同时也重视对人的情志的培养等。美国大学的通识教育有着上百年的历史。哈佛大学本科生在上主修课之前，必须上通识课程，必须文理并重，了解掌握人文科学和自然科学领域的基本知识和学术流派，课程分成 8 个领域 11 大类，要求学生在一定时间内所修课程必须涉及 9 大类，使之具有宽厚的知识基础。哥伦比亚大学规定，理、工、医科学生在大学就读期间需必修包括亚里士多德、莎士比亚等大家的经典著作的核心课程。通识教育的作用在于：可以培养人的思维能力、条理性和智慧，这将有利于其增强学习其他学科领域的能力，不管是文学、社会学还是会计学的具体领域的心智锻炼都将增强学习其他学科领域的能力；可以帮助学生学会自己思考，使之拥有自己的意见、态度、价值、观念，一旦养成良好的思考习惯，就能胜任每一种工作；可以增强创造性，使学生在大学真正获得的不是一堆死知识，而是学习技能的方法。大类招生作为一种新型的招生方式和培养模式在国内已得到了长足的发展。按大类招生模式培养学生是一种新的本科人才培养模式。大类招生的全称应该是按学科大类招生，是指高校将相同或相近的学科门类，通常是同院系的专业合并，按一个大类招生。学生入校后，经过 1 ~ 2 年的基础培养，再根据兴趣和双向选择原则进行专业分流。目前，高校招生政策是专业招生和大类招生并存，既有研究型大学实行大类招生，也有地方高校实行大类招生。北京联合大学管理学院从 2006 年提出按专业大类招生的设想，并对此开展深入调研，同时开展与之配套的基础建设包括经管类专业基础平台课建设和实践教学体系建设，已初步形成了面向需求、大类招生、分级教学、学生自主、多元发展的经管类应用型本科人才培养模式。

大类招生有利于因材施教，提高人才素质。按照大类招生培养人才，学生可以根据自己的特长和兴趣、学校及专业、社会人才需求都有了更明确的了解，避免了考大学时对专业选择的盲目性，为培养各类优秀人才创造了条件。

大类招生有利于激发学生的积极性。按大类招生对学生能够产生激励的作用，对提高学生的学习主动性会产生动力，因为学生需要学会选择，学会规划自己的学习。同时，学生在学习过程中会在教师的引导下及自己的反思中确立成长的方向，这会使学生进一步发挥积极性、主动性和创造性。此外，由于学生只有具备优异成绩和良好表现，才有更多选择的主动权，在明确的选择目标的激励下，激励学生自主学习时学习动力会增强。故从某种意义上说，大类招生有利于学生靠自己的实力，通过个人努力最终会实现个人目标。

大类招生有利于培养创新型人才。高等教育作为知识和技术创新的基础，其主要责任就是培养具有创新精神和实施能力的高级专门人才。建设创新型国家走自主创新的发展道路，要求高等学校培养的学生不仅要有扎实的专业背景，而且要成为厚基础、宽口径，具备终身学习能力、扩展知识领域的潜力、创新创业能力以及适应社会人才市场多变局面的复合型、创新型人才。大类招生能够让学生入学后得到宽口径、厚基础的培养，避免了由于过早进入专业学习而导致的知识面狭窄、基础素质欠缺的弊端。

第三，分流培养。过去，我国的高等教育模式基于这样一种理论预设：同一层次的所有人，都应该适用于同一种培养方案、同一种教学计划、同一种学习要求，被培养成具有一样或是大体一样的知识结构、能力的人。根据统计，目前高校学生本科毕业10年后，仍然从事原来专业的不到5%；博士毕业5年后，仍然从事所学专业的不到40%。故传统的培养方式与市场经济体制的要求有偏差。北京联合大学部分院校实行大类招生后，学生在一年以后可以自由选择专业，使人才培养模式更加人性化。

二、自主与开放：财经人才培养模式改革与创新

由于财经人才培养具有以上几方面的特殊性，所以在进行人才培养模式改革创新过程中，除了遵循人才培养模式改革创新的基本理念与思路之外，还必须最大限度地体现这些特殊性，创建具有财经学科特色的人才培养模式。

（1）注重教育的终身性。教育的终身性就是教育为受教育者一生的持续发展服务或者说让受教育者终身受益的特性，表现在两个方面：一是基本素质的提升；二是适应能力的增强。基本素质是指个人立身立业、适应社会生活与发展需要所必备的各种素质，这些素质代表一个人的发展水平或者说作为人本身所达到的层次与境界。适应能力是个人可持续发展的能力，表现在三个方面：一是知识与技能口径宽，就业适应面宽；二是

知识基础厚，能满足多层次工作的需要，发展潜力大；三是学习能力强，职业拓展能力强。

（2）突出学生的主体性。目的在于培养自我设计与开发的意识、能力与习惯，使学生能够通过积极主动的自我设计与自我开发，在有效适应不断变换的社会需要的同时，不断提升自己，增强自身的发展能力。

（3）增强学生的参与性。一要增强课堂教学的参与性，变被动的接受式学习为主动的知识探求；二要创造更多的实践锻炼机会，特别是要让学生成为实践活动的设计者、组织者与参与者，在参与中丰富知识与情感，在参与中培养锻炼各种能力，在参与中认识和感悟社会与人生。

（4）加大教学的实践性。一要增强教学内容的实践性；二要加大实践性教学的比重，突出教育教学的应用型特征。

第二节 应用型本科人才培养体系构建的基本原则

人才培养体系的确定，主要以生产力与科学技术、经济社会发展以及受教育者身心发展水平为依据，适应经济社会发展和学生个性发展的需要。随着高等教育发展进入大众化阶段，应用型本科人才培养体系既要注重大众化的生源特点，树立人人成才的观念，注意人才培养体系的合理性和可行性；还要注重将最新的科学技术和社会发展的最新成果充实到教学内容中来，保持培养体系的前瞻性和教学内容的先进性。

一、人的全面发展的原则

人才培养体系的构建是一项系统工程，涉及教学内容的整合以及课程体系的优化等方方面面，不是教学内容的简单堆积。应用型本科人才培养体系要根据应用型本科人才培养目标和规格来制定，确保应用型人才的全面发展。人的全面发展是一个长期、艰苦的过程，这个过程是历史的、具体的。构建以"知识、能力、素质和谐发展为主线"的理论教学体系、素质教学体系、实践教学体系三位一体的人才培养体系。人的综合素质是人的各种能力发展的基础，人才能力的提高又会促进人的综合素质的全面发展。人的全面发展并不否认个性发展，全面发展是个性发展的基础，个性发展是全面发展的体现与展开。

二、学术性与职业性相结合原则

我国本科教育一直比较重视课程的学科标准和知识的内在逻辑性，注重人才培养的理论性和学术性，强调培养对象的理论水平、科学研究能力和继续深造能力。但是，由于学科本身有其发展的逻辑轨道，学科知识有其自身的内在体系，直接按照学科体系组合的理论与社会生活生产实际运用存在一定的差距，缺乏应用性和职业性，培养出的学生在社会适应性方面存在一定的问题，需要用人单位"再培训"之后才能上岗。因此，以学科为主线设计，以研究人才培养为目标的课程体系在某种程度上不适合地方性普通本科院校的办学定位。从世界高等教育的基本走向看，作为高深学问——大学知识不断走向实用化和技术化。反映在高等学校课程设置上，一批实用的、有利于就业的实用课程开始列入人才培养体系。应用型本科人才培养体系应体现先进的基础知识和实践能力相结合的特色，以适应未来就业的需要。

三、知识教学与能力培养相结合原则

知识教学与能力培养相结合是应用型本科区别于传统本科的重要理念。应用型本科把能力培养贯穿于整个人才培养的全过程。同时注重基础知识教学与能力培养相结合，21 世纪的人才需求与评价以"知识、能力、素质"为核心，只有专业基础知识和能力培养相结合，学生才能具备核心能力、职业能力、可持续发展能力。否则就没有发展的后劲，就不会在生产实际中"熟能生巧"和"技术创新"，就不会分析专业性问题和创造性地解决问题，这是相辅相成的关系。

四、专业教育与素质培养相结合原则

具备相应的综合职业能力和全面素质是应用型人才的重要特征。要为学生提供形成技术应用能力的必需的专业知识，同时，学生在实际工作中遇到的问题往往仅靠专业知识无法解决，还需要掌握除专业知识外的科学人文知识和经验，既具有专业知识又具有综合素质的学生很受企业青睐。企业需要毕业生具有良好的人品，具有合作精神，拥有脚踏实地、敢于拼搏，吃苦耐劳，敢于奉献，最重要的是具有社会责任感。而学生普遍缺乏责任心是现代学生的特色。因此，加强学生的素质教育在任何时候都不过时，而素质培养是通过潜移默化的方式使学生所学知识和能力内化为自己的心理层面，积淀于身心组织之中。对学生的思想成长具有重要的指导和促进作用，对大学生素质的形成和发展起着主导作用。使学生不仅会做事，更要会做人；不仅能成才，更要能成人。

第三节 应用型本科人才培养体系构建

一、应用型本科人才培养的理论基础

《国家中长期教育改革和发展规划纲要（2010～2020年）》对人才培养工作提出了一系列的重要战略思想和重大举措，对高等学校提高人才培养具有重要的指导意义。把"育人为本"作为教育工作的根本要求。人力资源是我国经济社会发展的第一资源，教育是开发人力资源的主要途径。以学生为主体，以教师为主导，充分发挥学生的主动性，把促进学生成长成才作为学校一切工作的出发点和落脚点；关心每个学生，促进每个学生主动地、生动活泼地发展；尊重教育规律和学生身心发展规律，为每个学生提供适合的教育，培养造就数以亿计的高素质劳动者、数以千万计的专门人才和一大批拔尖创新人才。把改革创新作为教育发展的强大动力。教育要发展，根本靠改革。要以体制机制改革为重点，鼓励地方和学校大胆探索和试验，加快重要领域和关键环节改革步伐。创新人才培养体制、办学体制、教育管理体制，改革质量评价和考试招生制度，改革教学内容、方法、手段，建设现代学校制度，构建中国特色社会主义现代教育体系。加快解决经济社会发展对高质量多样化人才需要与教育培养能力不足的矛盾、人民群众期盼优质教育与资源相对短缺的矛盾、增强教育活力与体制机制约束的矛盾，为教育事业持续健康发展提供强大动力。（十八）全面提高高等教育质量。高等教育承担着培养高级专门人才、发展科学技术文化、促进现代化建设的重大任务。提高质量是高等教育发展的核心任务，是建设高等教育强国的基本要求。到2020年，高等教育结构更加合理，特色更加鲜明，人才培养、科学研究和社会服务整体水平全面提升，建成一批国际知名、有特色高水平高等学校，若干所大学达到或接近世界一流大学水平，高等教育国际竞争力显著增强。（十九）提高人才培养质量。牢固确立人才培养在高校工作中的中心地位，着力培养信念执着、品德优良、知识丰富、本领过硬的高素质专门人才和拔尖创新人才。加大教学投入。教师要把教学作为首要任务，不断提高教育教学水平；加强实验室、校内外实习基地、课程教材等教学基本建设。深化教学改革。推进和完善学分制，实行弹性学制，促进文理交融；支持学生参与科学研究，强化实践教学环节；推进创业教育。

创立高校与科研院所、行业企业联合培养人才的新机制。全面实施高校本科教学质量与教学改革工程。严格教学管理。健全教学质量保障体系，充分调动学生学习积极性和主动性，激励学生刻苦学习，奋发有为，增强诚信意识。改进高校教学评估。加强对学生的就业指导服务。大力推进研究生培养机制改革。建立以科学研究为主导的导师责任制和导师项目资助制，推行产学研联合培养研究生的"双导师制"。实施研究生教育创新计划。（二十）提升科学研究水平。充分发挥高校在国家创新体系中的重要作用，鼓励高校在知识创新、技术创新、国防科技创新和区域创新中做出贡献。大力开展自然科学、技术科学、哲学社会科学研究。坚持服务国家目标与鼓励自由探索相结合，加强基础研究；以重大实际问题为主攻方向，加强应用研究。促进高校、科研院所、企业科技教育资源共享，推动高校创新组织模式，培育跨学科、跨领域的科研与教学相结合的团队，促进科研与教学互动。加强高校重点科研创新基地与科技创新平台建设。完善以创新和质量为导向的科研评价机制。积极参与马克思主义理论研究和建设工程。深入实施高校哲学社会科学繁荣计划。（二十一）增强社会服务能力。高校要牢固树立主动为社会服务的意识，全方位开展服务。推进产学研用结合，加快科技成果转化；开展科学普及工作，提高公众科学素质和人文素质；积极推进文化传播，弘扬优秀传统文化，发展先进文化；积极参与决策咨询，充分发挥智囊团、思想库作用。鼓励师生开展志愿服务。（二十二）优化结构办出特色。适应国家和区域经济社会发展需要，建立动态调整机制，不断优化高等教育结构。优化学科专业和层次、类型结构，重点扩大应用型、复合型、技能型人才培养规模，加快发展专业学位研究生教育。优化区域布局结构，设立支持地方高等教育专项资金，加大对中西部地区高等教育的支持，实施中西部高等教育振兴计划。新增招生计划向中西部高等教育资源短缺地区倾斜，扩大东部高校在中西部地区招生规模。鼓励东部地区高等教育率先发展，加大东部地区高校对西部地区高校对口支援力度。促进高校办出特色。建立高校分类体系，实行分类管理。发挥政策指导和资源配置的作用，引导高校合理定位，克服同质化倾向，形成各自的办学理念和风格，在不同层次、不同领域办出特色，争创一流。加快建设一流大学和一流学科。以重点学科建设为基础，继续实施'985工程'和优势学科创新平台建设，继续实施'211工程'和启动特色重点学科项目。改进管理模式，引人竞争机制，实行绩效评估，进行动态管理。鼓励学校优势学科面向世界，支持参与和设立国际学术合作组织、国际科学计划，支持与海内外高水平教育、科研机构建立联合研发基地。加快创建世界一流大学和高水平大学的步伐，培养一批拔尖创新人才，形成一批世界一流学科，产生一批国际领先的原创性成果，为提升我国综合国力贡献力量。

《国家中长期教育改革和发展规划纲要（2010—2020年）》强调了提高质量在高等教育人才培养目标中的重要性，培养什么样的人，是教育工作必须首先回答的问题。《规划纲要》强调要全面贯彻党的教育方针，坚持教育为社会主义现代化服务，为人民服务，与生产劳动相结合，培养德智体美全面发展的社会主义建设者和接班人。《规划纲要》明确了人才培养的中心地位，把学校最优质的资源投入到人才培养中；树立科学的教育质量观，把促进人的全面发展、适应社会需要作为衡量教育质量的根本标准。提高质量是高等教育改革发展的核心任务，提高高等教育的质量涉及很多方面，但是，提高人才培养质量是第一位的；《规划纲要》指出：推进素质教育要坚持育人为本，坚持德育为先，坚持全面发展。强调了素质教育在教育改革发展中的战略地位；《规划纲要》指出：人才培养的"五个观念"，即：全面发展的观念、人人成才的观念、多样化人才观念、终身学习观念和系统培养观念。更加强调创新人才的培养模式，注重学思结合，注重知行统一，注重因材施教。

二、构建应用型本科人才培养体系步骤

1. 人才需求调研

以社会需求为导向，是地方性普通本科院校人才培养的基本原则。为更好地培养适应地方社会经济发展的应用型人才，增强高等教育社会适应性、人才培养前瞻性以及提高学生知识应用能力，在人才培养体系设计过程中，准确、及时把握地方经济社会对学科专业人才需求的现状和人才需求的结构与规律，分析区域文化、科技和社会经济特征，明确应用型人才的规格特点，是构建专业人才培养体系、开展教育教学改革、找寻适合学生的教学方法的第一步。

在专业人才需求调研过程中，不仅要研究地方经济社会发展规划，还要走进企业，开展实地考察、走访座谈、问卷调查，深入了解经济社会对应用型人才规格的要求，邀请专家、有关企业的高层领导、行业协会成员参与学校的课程开发与设计，了解企业对应用型专业人才的类型、业务规格和综合能力的基本要求。

2. 人才规格分析

在专业人才需求调研的基础上，根据国家规定的本专业本科人才培养规格的一般要求，结合学校人才培养的总体定位，按照"知识、能力、素质和谐发展"的设计主线，根据学术性与职业性相结合、知识教学与能力培养相结合、共性提高与个性发展相结合的基本原则，从知识、能力、素质三个方面分析本专业应用型本科人才培养规格。

3. 课程体系设置

在确立了人才培养规格之后，提出本专业的理论教学体系、实践教学体系、素质拓展体系，并分别列出每一个体系中的具体课程。按照"平台＋模块"的方式，确立公共基础课程、专业基础课程、专业方向课程和模块课程，基础实验（实践）课程、专业实验（实践）课程、模块实验（实践）课程，公共素质拓展课程、专业素质拓展课程。最后，按照课程的纵向结构安排教学进程表，并合理分配学时与学分，形成人才培养的整个体系。

要根据课程在人才培养中的地位与作用，按照"必修＋选修"的要求，确立每一个体系中具体课程的课程性质。一般而言，必修课程是共性要求，是保证专业基本规格的统一要求：选修课程是个性要求，是保证专业发展方向和促进个性发展的需要。

4. 课程评价与反馈调节

课程体系和教学内容不仅要适应经济社会发展对人才培养规格的要求，而且还要适应学生个性发展的要求，特别是要符合高等教育大众化阶段学生知识基础、认知特点的要求，因材施教，分层分类教学。

课程教学效果应成为课程体系和教学内容评价的重要依据。要更新改良陈旧的教学内容，调整与技术发展不相适应的实验，改革课程教学效果差的教学方法，不断完善课程教学组织过程管理，以使每一教学环节中都能有良好的教学效果，以保证按质保量完成人才培养任务。

具体来讲学生主体意识的增强，他们对世界、对社会有了更深刻的认识，对许多事物的看法都具有自己独立的见解，特别是交费上学、今后就业去向等问题，导致他们对所学专业知识的获取具有更多的选择性和更强烈的自主性，不满足于统一的人才培养模式，存在对人才模式多样化的需求。这就使得高等学校必须结合区域经济的发展需要在人才培养模式、专业设置等方面进行调整和改革，为学生自主发展提供更为广阔的选择空间。学生主体意识的增强对其在大学内所学的知识也就有了新的标准，这就要求高校在教学内容、课程体系方面做出调整和改革以适应他们的需要。"高校应根据培养目标和人才培养模式的要求，更新教学内容，优化课程体系，打破学科课程间的壁垒，加强课程与课程体系间在逻辑和结构上的联系与综合；精选经典教学内容，不断充实反映科学技术和社会发展的最新成果，注意把体现当代学科发展特征的、多学科间的知识交叉与渗透反映到教学内容中来；注重教给学生科学的思维方法，为学生探索新事物、培养创新能力奠定基础。"传统教学方法，以教师为中心，过分偏重讲授，形成满堂灌、填鸭式的教学方式，极大地限制了学生主体参与和主动创造的精神。在教学过程中，教师往往居高临下地看待学生，忽略了学生对学习过程的共同管理能力，其后果不仅是学习质量和学习效率低下，更严重的是压抑了学生主体所必须具备的主动性和能动性的发展，影响学生积极主动的人生态度的形成。学生主体意识的增强，使得他们在教学过程中的主体地位得以回归，这就要求对传统的教学方法和手段进行改革，充分重视学生在教学活动中的主体地位，充分调动学生学习的积极性、主动性和创造性。要进一步精简课堂教学时间，为学生创造更多的自学条件；要根据学生的特点和需要，因材施教；要积极实践启发式、讨论式、研究式等生动活泼的教学方法，充分利用以计算机技术为核心的现代信息技术来改变传统的教学观念、教学技术、教学方法和教学手段；要重视综合性实践教学环节，密切教学与科学研究、生产实践的联系。教学方法和手段的改革要有利于加强学生自学能力、独立分析解决问题的能力的培养，要有利于加强学生高校人才培养模式与课程模式之间的关系。学校培养人的过程是通过教育活动使学生逐渐成为人才的过程。人才培养是状态的变化，模式是状态中表现出来的特征。人才培养模式的内涵是指在一定的教育思想和教育理论指导下，为实现培养目标而采取的教育教学活动的组织形式和运行方式，这些组织形式和运行方式在实践中形成了一定的风格与特征，具有明显的计划性、系统性和规范性。其外延一般是指专业设置、课程体系、教学方式、教育教学活动运行机制和非教学培养途径等。人才培养模式的构造是按照一定方式将传统教育模式中的合理内核与创造出的有利于人才培养活动的要素进行优化综合。人才培养模式在状态上是规范化的、稳定模式区别于另一种模式。换言之，每种人才培养模式都有特定的目标指向、组合形式、操作原则和动作范式。

三、构建应用型本科人才培养体系的核心要素

实现人才培养模式的核心要素是教学模式和课程模式。如果说课程模式是人才培养模式的具体表现形式，那么教学模式则是实现人才培养模式的组织形式。

1. 教学模式

教学模式是指在某种教育思想观念指导下，在一定教育环境和教育资源支撑下，围绕教学目标、教学内容、课程体系、教学方法手段、教学秩序、教学评价以及教师和学生双方等诸要素所涉及形成的教学组合方式和活动顺序，是完成人才培养任务的教与学范式。如果说课程模式是人才培养模式的具体表现形式，那么教学模式则是实现人才培养模式的组织形式。传统的教学模式，在教学内容上，表现为"知识继承型"教育；在教学方法上，表现为"单向灌输式"教学。

传统模式的最大弊病在于没有在教学过程中发挥学生的主体作用，培养的是千人一面的专业人才。现代高等教育的发展趋势是"终身教育、以学生为本，教育的国际化"，

要培养和造就具有高素质的人才，高等学校就必须改革传统的教学模式，积极探索有利于培养创新人才的教学模式。

创新思维和实践创新能力的培养，要有利于学生个性和才能的全面发展。

理工科院校以培养实用性和通用性较强的高级工程技术人才或经营管理人才为目的，以现代工程师基本素质教育为核心，以工程教育为主线，形成基础科学理论、技术基础理论、专业基本理论和工程师基本训练一体化的开放式宽口径专业人才培养模式。使多数学生成为"知识、能力、素质"协调发展的应用型人才；对部分学有余力的学生实施"主辅修制""双学位制"和跨学科门类选修课程等使其成为具备多种专业技能的复合型人才；对少数优秀学生实行本—硕连读制，促进其个性发展，使其成为开发型、研究型人才。

对应人才培养目标，教学模式的改革思路可以从以下几个方面展开：一是以学生为本，在教学模式中落实学生的主体地位，从学生的认知水平、能力和兴趣出发，组织分层次教学，发挥学生特长，培养学生个性；二是从教学内容出发，采取并行式教学，在每一个教学活动中，将分散在不同课程中的有关内容按知识衔接的先后顺序集成组合，将理论学习、方法训练和应用实践融为一体；三是改进教学方法，提倡启发式、辅导式、探索式、讨论式、试听教学与个别教学等方式的综合运用，提倡探讨和发现问题，加强案例教学，不拘泥于只对学科体系中系统性、完整性为主的课程知识的介绍；四是在教学管理上实行学分制，允许学生跨系跨校活动，允许学生在一定范围内选择专业、课程、教师和学习年限；进一步修订教学计划，压缩总课时，增加课程选修学分和综合训练学分；优化课程结构，鼓励教师开设跨学科，跨专业选修课；推行双学位制和主辅修制，全方位满足学生需要，提高学生的学习积极性和主动性；五是在实践教学上做到四年不断线，注重将成熟的科研成果转化为教学实验，让学生在本科学习阶段就接触本专业领域前沿的先进技术，提高学生学习专业的兴趣，激发学生创新的兴奋点；六是加强现代教育技术平台建设，有效利用校园网、多媒体等现代教学手段，使学生从被动接受知识转变为主动建立自己的知识和能力体系。

2. 课程模式

我们所说的"课程"，一般指学校按照一定的教学目的所建构的各学科和各种教育、教学活动的系统。课程是教学活动中内容和实施过程的统一，是学校实现教育目的的一系列内容和实施过程的统一，是学校实现教育目的的一系列内容和手段的核心部分，是实现素质教育目标的基本手段，是培养学生创造力的重要改革途径和必经环节。所谓"课程模式"，亦指在一定观念指导下课程的结构模式，包括课程设置、课程实施及其管理等一整套环节。由于人才培养的目标内化于课程，学生在达到课程要求的同时也达到了培养目标。因此，人才培养模式要切实落实到课程模式之中，按人才培养模式的要求指导课程模式的建立和改革；课程模式支撑人才培养模式的实现，它随着人才培养模式的不断完善而做相应变化和调整。所以说，课程结构、教学体系、内容、方法的改革，是人才培养模式改革的具体体现，是教学改革的核心。

新中国成立初期，学习苏联的专才教育模式，课程模式以分科教育和注重经典知识的传授为主要特征，强调学科专业理论知识的系统性、顺序性和渐进性，忽视能力的培养。从20世纪80年代中期开始，提出要在传授知识的同时，加强对学生能力的培养，并转变专业人才培养的观念，提出通才教育的理念。高等教育不再是人们接受教育的最后环节，素质教育、终身教育的思想逐渐在我国产生了广泛的影响，提倡知识、能力、素质和谐发展，注重培养学生学习的方法和自身品格的塑造；20世纪90年代后期，课程模式逐渐发展为加强和拓宽学科基础知识，增加和强化实践环节，培养和提高学生综合素质的模式。

课程模式的发展呈以下趋势：

（1）逐步实现课程的现代化。一方面是课程体系的现代化，即根据科技发展需要更新课程门类，新开设反映现代科技成果的课程；另一方面是课程内容以及讲授方法和手段的现代化。

（2）逐步实现课程综合化。现代教育发展的基本特征是学科发展相互渗透、综合集成。课程综合化顺应了学科专业交叉、复合的时代趋势，一方面是基础科学与技术、工程科学相结合；另一方面是人文科学、社会科学与自然科学的相互渗透，以加强学生对各学科之间联系的了解，提高学生的综合分析能力和创造性。

（3）逐步加强课程结构的整体性和科学性。课程的设置注重基础化、实践化、个性化、国际化，构建课程体系注意整个课程结构的科学化、课程内容整合衔接的合理性和知识结构的整体性，实现课程体系各环节的整体性与人才培养目标总体要求相一致。

（4）逐步增强课程体系的灵活性。保证课程体系具有自我调节机制，能够对不断变化的社会需求随时做出反应。同时针对新知识迅猛增加的特点和满足学生日益增长的广泛兴趣和要求，逐步增加选修课的比重。

3. 课程结构

课程结构是指根据教育的目标对各种内容、各种类型、各种形态的课程的科学安排以及按照一定的科学标准选择和组织起来的课程内容所具有的各种内部关系。

课程功能的正常发挥不仅取决于课程内容的选择，而且取决于合理的课程结构。课程结构与课程功能密不可分。课程结构的合理程度直接影响着课程功能的大小。优化课程结构的目的正是为了发挥课程的整体功能，课程结构决定了课程功能的方向和水平。

课程功能的方向是指学校课程引导学生身心发展的方向。对课程功能的方向具有决定作用的内因就是课程结构。合理的课程结构，由于具备完整的课程要素、课程成分及各个组成部分，并使它们之间具有密切的联系，因而通过课程的实施，就能引导学生全面、主动地学习，使学生在品德、才智、审美、体质几方面主动地得到发展。建立合理的课程结构既包括建立课程的整体结构，又包括建立课程的具体结构，前者是指课程体系的整体优化，后者是指对每种课程或每类课程的内容和形式安排的优化，无论是课程的整体结构还是课程的具体结构，其完善都要涉及课程的内容和形式两个方面，否则，真正合理的课程结构无法形成。

依照不同的标准，课程的形式可作不同的分类，从课程内容的组织来看，课程形式可分为理论课程、实践课程。从课程的外在表现来看，课程可以分为显性课程和隐性课程。本科应用型人才培养的课程形式将主要是围绕以上两个方面来丰富和发展，其基本思路是：

（1）提高实践课程在课程结构中的地位，而不是从属于理论课程。理论课程一直在我国高校课程结构中占主导地位，其优点是系统性和简约性，但不利于联系社会实际，不利于培养学生的实践能力，而实践课程则可以较好地解决上述问题；

（2）强化隐性课程对显性课程的积极作用，使隐性课程与显性课程有机结合。在实践中，隐性课程总是跟随着显性课程的，并对显性课程产生积极或消极的影响，要加强隐性课程的积极作用，必须尽可能地把它纳入有计划的教学内容中来，从而使两者相互补充，相互促进；

（3）深化通识教育，通识教育在培养学生一般素质起着重要作用，培养本科应用型人才的能力，是建立在学生厚实的一般素质基础上的，这样才能促使学生可持续发展；

（4）逐步实现有效的课程综合化。

四、应用型本科人才培养途径

目标决定过程，内容决定形式。不同的人才培养目标与规格、不同的课程教学目标与内容有着不同的教学方法、手段和教学组织形式。应用型本科人才是知识、能力、素质和谐发展的人才，其培养途径包括理论教学、实践教学、综合素质培养等。

1.理论教学体系

人们在讨论应用型大学的教学问题时，强调实践性教学，注重动手能力的培养，往往成为讨论的重心，成为热门话题，理论教学问题容易被忽略或淡化；另一方面，在探讨理论教学的时候，又认为理论教学可以降低标准，显然，这是一种认识误区。

理论课教学质量在整体教学质量中占有重要地位，如果理论课程的教学质量标准没有保证，那么整体教学质量就不可能达标。理论教学的重点在于知识的传授，是在知识传授过程中注重能力和素质的培养，以讲授为主。从一定程度上讲，理论教学是应用型本科人才培养的基本途径。没有学科基础，本科学习就如大厦失去了地基，缺乏学术底蕴，成为空中楼阁；没有知识基础，应用型人才就如同大树失去了根基，缺乏思维载体。因此，我们必须强调理论教学的重要性，不能从一个极端走向另一个极端。应把先进的科学技术和社会发展的最新趋势融入理论教学，找寻合适的教学方法和手段，提高理论教学的效果与质量。必须明确，应用型大学培养的虽然是一线的应用型人才，突出了应用性和实践性教育，但是输送到社会的必须是既有一定专业基础理论知识，又具备较强的应用能力的专业人才，而不是 21 世纪的"手艺匠"。理论知识，是人类在自然、社会和科学实验活动中规律性、原理性的经验总结。所以，理论往往是实践活动的指南，是学生走向社会，进行终身学习和可持续发展的必要基础。因此，理论课程的教学内容、教学目标、教学手段、教学方法是应用型大学教育教学质量监控的不可或缺的指标内容。

（1）理论教学内容。在理论教学内容上，要突出应用型，应用型本科人才培养的理论教学要突出内容的综合性、先进性，加强理论课程内容的整合和更新；在教学中要凸显应用性，在保证理论知识的系统性、完整性、严密性的基础上，突出强调基础知识对专业知识的必需和够用以及理论的实际应用价值，强调学生能够善于运用理论知识，避免对深奥理论的过多论述。坚持基础为专业服务，专业为行业服务的原则，紧密联系区域经济建设和社会发展，注重基本理论在行业和企业中的应用，突出理论教学的针对性和实效性，为实验课程和实践问题提供相应的理论支撑。

（2）理论教学目标。教师通过教学活动，使学生掌握各类人文社会知识、自然科学知识、专业基础知识、专业知识等为基本目标，在专业知识的传授与学习中强化能力的培养，重视提高学生的综合素质，将理论知识内化为能力素质，使理论教学成为提高学生学习能力、创新能力、实践能力、交流能力和社会适应能力的重要途径。

（3）理论教学方法。应用型大学教学方法与传统的教学方法存在区别，应用型大学的学生普遍缺乏主动学习的能力和习惯，对大学教育缺乏兴趣，因此，教师在授课过程中应因材施教，采用项目法、案例法等教学法使枯燥的理论具体化、形象化、生动化和趣味化。改变传统的教师为主的课堂模式，变换教师和学生的角色，使学生成为课堂的主角，教师起引导作用。比如以问题的方式导入，让学生能够带着问题去调查，准备资料，不仅激发学生学习的积极性，还能提高教学效果，增强实效性。

（4）理论教学手段。传统的教学手段是"粉笔＋黑板"，与现代多媒体教学手段相比存在很多局限。随着科技的发展，多媒体教学手段已经在各类学校普遍应用。多媒体教学手段在应用型大学的应用显得尤为重要。将枯燥的理论用动漫、图画的方式呈现在学生面前，使教学变得生动活泼，一些抽象的原理通过数字模拟以直观的方式呈现，使抽象的概念具体化，从而使学生对课程的基本概念、性质、方法等有更加透彻的理解，能将一些教学内容置于网络中，成立空中课堂，使学生能反复自学，提高学生主动获取知识和独立解决问题的能力。

2. 实践教学体系

中外应用型大学普遍重视实践性教学环节，加强实习教育，注重培养学生解决实际问题和为社会服务的能力。如德国教育法规定工业技术学院必须以培养德国企业所需工程技术人员为宗旨，以培养具备实际工作能力，能胜任技术工作和企业的领导工作、能负责任的应用型人才为目标；教学方法非常重视培养学生的动手能力，重视实验课、课程设计和专项研究课的教学；此外，所有的工业技术学院都有两个学期的实习学期（第三学期与第六学期），共一年时间。学生在实习学期必须到德国企业去实习。此外，发达国家的高等学校还积极承担大量的委托培养与人员培训任务，并积极促进产学研一体化。

马克思主义认为，实践是认识的来源，实践是认识的动力，实践是检验真理的唯一标准。也就是说，从认识论的角度讲，认识来源于实践，人的各种能力也是在实践中发展的，因此，实践在人的培养过程中处于非常重要的地位。我国教育方针明确指出，"教育必须与生产劳动和社会实践相结合"；实践能力是人才培养目标的重要内涵，我国高等教育人才培养目标确立为"培养具有创新精神和实践能力的高级专门人才"。教育部在《关于进一步深化本科教学改革，全面提高教学质量的若干意见》中进一步要求，高等学校要"高度重视实践环节，提高学生实践能力"。

对于应用型大学而言，主要任务是培养面向地方经济社会需要的应用型人才。应用型人才的一个重要特征就是具有较强的实践能力和创新精神。由此，应用型大学加强实践教学工作的意义比其他本科高校更重大。实践教学的质量直接影响培养目标的实现，直接关系到学校整体教学工作和人才培养质量的全局。

实践教学是应用型人才培养模式的重要组成部分，实践教学体系由实践教学目标、实践教学内容、实践教学环节、实践教学环境、实践教学管理和实践教学队伍六部分构成。

（1）实践教学目标。实践教学是师生之间以实验、实习等活动为中介，以巩固和深化理论认识、培养实践能力和创新精神为基本目标，以着力培养创新精神、创新能力和实践动手能力以及运用专业知识分析与解决问题能力为基本导向。对于具有研发潜能的应用型本科人才培养而言，不仅要重视基本操作技能的培养，更要重视综合能力、创新意识和创新能力的培养；不仅要重视基础技能的培养，更要重视专业技能与行业技能结合起来培养，突出专业应用能力，突出行业结合。

（2）实践教学内容。应用型本科人才培养的实践教学内容要根据人才培养目标来确定，对实践内容进行整合与扩展，着力培养学生的科学精神、创新思维、实践动手能力和分析与解决问题的能力。对应用型大学生来说，要减少验证性、演示性实验，增加设计性、自选性、综合性、研究性实验。实验类型可以分为基本实验和提高型实验，基本实验为验证性实验和基本技能训练实验。提高型实验包括综合性实验和设计性实验，实验内容侧重社会应用和科技创新，旨在培养学生的探索精神、科学思维、综合实践能力及创新能力。实验类型不同，培养学生的能力有侧重点，比如验证性实验培养学生的实验基本操作能力，综合性实验培养学生的综合能力，旨在加深学生理解基本原理和培养实验基本技能。设计性试验培养学生的创新意识与能力。通过不同的实验，可以提高学生的综合能力和研发能力增强科研能力和创新能力。

（3）实践教学环节方面。实践教学环节是培养学生掌握实用技术、运用技术解决实际问题的基本教学活动。应用型本科的培养目标是培养"一线工程师"，具有直接为生产第一线服务的特点，因此，应用型本科的实践教学更注重工作能力、工作管理能力和工作技术能力等综合能力的培养，实践教学环节包括实验、实训、实习、试验、证书培训Ⅱ、课程设计、毕业设计等基本形式。

①实验。实验是人们探索客观世界的一种活动，也是人们认识客观世界的一种重要方法，它是实践教学环节中最基本、最普通的形式。"实验就是人们根据一定的科研和教学任务，运用仪器设备手段，突破自然条件的限制，在人为控制和干预客观想象的情况下，观察、探索事物的本质规律的一种学习研究活动。"在高等学校的专业教学计划中，实验既可以作为理论课程的组成部分，也可以在教学计划中独立设课。实验环节包括演示性实验、验证性实验、操作性实验、综合性实验、设计性实验和创新性实验。

演示性实验：旨在演示某一种或某一类实验，让学生观察实验的过程、现象、规律与结果。

验证性实验：旨在验证所讲理论或现象，让学生通过亲手实验感知该理论或现象的正确性、结果以及产生误差的原因。

操作性实验：旨在通过某实验环境下的实际操作，使学生按照实验步骤的要求，了解和掌握实验的全过程，了解或理解某类仪器设备的工作原理，了解该类（种）仪器设备的操作；或了解某种软件的工作原理及使用方法。

设计性实验：在给定实验目的、仪器设备和场地的条件下，由学生运用已学知识（包括实验所需的自学知识）独立设计实验方案，完成实验的全过程。

综合性实验：指实验内容涉及本课程的综合知识或与本课程相关的课程知识、方法或手段，学生在给定实验目的、实验仪器设备和场地的条件下，运用已学知识，按要求完成实验的全过程。

创新性实验：由学生独立提出有一定社会意义的实验课题，按照实验科学的方法，完成从实验方案设计、仪器设备或软件的选择到实验数据处理、得出实验结果、写出实验报告全过程的实验。

在应用性人才培养模式中，实验教学应以操作性、设计性、综合性、故障性实验为主体，适当减少演示性、验证性实验的数量，使实验教学成为应用型人才的实践教学环节的有机组成单元，成为培养学生解决实际问题能力、适应社会能力的基础实践教学环节。

②实习。实习环节（包含认识实习、工作实习和社会实践）需要教师带领学生到真实工作环境参观或从事实际工作，使学生了解自己的职业方向并获得有关的实际知识和技能。它属于现场教学范畴，与课堂教学不同，它是把理论知识所解释的研究对象的发生、发展、运动、变化，按其本来面目显示给学生，并且使学生置身于社会活动、生产过程中，在实践中学习。《教育大辞典》将实习解释为："实习是围绕完成一定实务作业的教学。学生在教师组织和指导下，根据职业定向，在校内实习场所或校外有关现场从事模拟或实际工作，以获得有关的实际知识和技能，养成独立工作能力和职业心理品质。"

③设计。设计环节包括课程设计、项目课程、科技活动与竞赛。教师需要指导学生完成综合性设计任务、以小组形式完成实际项目、参与科研课题研究和课外科技活动，培养学生综合运用知识和技能、增强专业能力和综合素质。试验环节包括与专业教学内容相关的技术产品的功能测试、新功能的开发试验等，是由理论（或实践经验）转换为技术的创造过程，或者是对研究对象的测试过程。证书培训环节旨在培训学生掌握相关的职业能力或技术能力，以取得国家职业资格证书或技术等级证书。

在本科教育中，课程设计是一种传统的、经典的实践教学环节。对于应用型人才培养，课程设计在内容和教学目标设计上应注重与社会实际相结合。课程设计的题目应从解决工程或社会实际问题出发，结合教学实际，将实际问题简化或分割，演变成为课程设计题目。

④毕业设计（论文）。教师指导学生完成符合专业培养目标且具有实际应用价值或一定理论意义的题目，综合运用所学的主要理论、知识和技术，结合社会实践完成课题任务，并撰写设计报告或论文，从而培养学生创造性地、综合运用所学知识解决问题的能力，同时使他们受到工程设计或技术研发的基本训练，以及科学研究的初步训练。

毕业设计（论文）环节是教育教学过程中综合性最强的实践教学环节，是学生毕业前最后一个教学环节，是整个专业教学过程的总结，对教学起着检查、巩固和提高的作用。毕业设计（论文）的重要意义还在于它能促进教学、科研、生产相结合。

应用型大学的毕业设计（论文）更要集中体现应用型教育教学的效果。毕业设计（论文）的选题在符合学科专业培养方向、难易度适合学生学历层次的基础上，要努力做到与社会实际相联系。理工科的毕业设计（论文）应该提供与毕设题目相关的图纸、工艺书等；人文经管类的学科毕业设计，应该提供项目设计方案、社会调研报告等。

实践教学管理方面。做好实践教学工作，建立健全实践教学的组织机构、规范实践教学管理是前提。重点是做好三个方面的工作：教学过程监督、教学质量考评、教学结果管理等。学校教学委员会应负责指导全校的实践教学，制定科学的实践教学的设计思想，使实践教学内容与时代发展的步伐相一致，软件与硬件相结合、虚拟与实际相结合、教师命题与学生自拟命题相结合，培养学生的工程实践能力和创造性思维能力，理顺和协调好理论教学和实践教学的关系，构建与课程体系相配套的实践教学体系。教学指导委员会还应制定全校实践教学的规划，明确实践教学的发展方向，同时还要明确实践教学队伍的配置和职责要求。

（5）实践教学环境方面。实践教学环境的好坏直接影响学生的实践能力培养的实效性。实践教学环境包括校内实践教学基地和校外实践教学基地。实践教学基地使学生有身临其境的感觉，学生在该环境中可以得到系统的、规范的专业和岗位能力训练，掌握更多的规律性知识技能，培养工程思维能力。在北京市教委的大力支持下，北京联合大学紧密结合北京地区经济建设，面向支柱产业和第三产业建立实践教学基地。目前，规划建设了电子信息技术、现代制造技术两个校级实践教学基地，以及生物化工、商业实务、旅游服务与管理、艺术教育等校级实践教学中心。校内实践教学基地的建设不仅要考虑与企业合作的形式，还要考虑为企业创造相应的环境。应该考虑与技术先进、产品应用广泛、能代表相关技术领域发展方向的企业进行特殊合作，例如设立与这些企业合作的联合实验室，创造真实的职业环境；尽可能贴近生产、技术、管理、服务第一线，努力体现真实或仿真的职业环境，让学生在一个真实的职业环境下，按照未来专业岗位群对基本技术技能的要求，得到实际操作训练和综合素质的培养。同时，实验项目要紧跟时代发展前沿，体现新技术、新工艺，瞄准实际操作人才缺乏的高技术含量核心技术行业的职业岗位，在技术要求上要具有专业领域的先进性。使学生在实训过程中，学到和掌握本专业领域先进的技术路线、工艺路线和技术实际应用的本领，使投入具有前瞻性、持久性。北京联合大学应用型实践教学基地的特点是面向北京地区的现代制造业、现代服务业和高新技术产业进行建设。

实践教学基地作为应用型大学的重要实践场所之一，它的建设要积极争取行业、企业的支持，起到学校和企业之间桥梁的作用。将企业的实际需求引入实践教学，改变"产销不对路"的情况。

建立校外实践基地，校外实践教学基地使学生在校期间就接触到本行业的新技术。鉴于校内实践教学基地不能将所有实践教学环节的实验或实训项目都在校内完成，大型或特大型设备引进后不能充分利用，使用率较低。校外实践教学基地可以弥补校内教学实践基地的不足，学校与企业联系紧密，使应用性教育能更及时、更准确地反映经济的发展。每个专业都与对口行业、企业挂钩。近年来，随着首都经济的迅速发展，人们对高等教育的期望已经不再是那个本科文凭，人们希望在获得本科文凭的同时，能够掌握行业、岗位所需的技术以及获得与企业密切相关的可持续发展的职业能力。校内实践教学基地不仅可以为校内教师、学生提供基本科研和实践教学场所，而且应能承担各级各类职业技能的培训任务，为社会提供多方位的服务，成为对外交流的窗口和对外服务的基地。北京联合大学建立了考试中心，利用实践教学基地的条件，与国家劳动部、北京市劳动局和相关行业积极合作，开展职业技术资格证书的考试工作，各实践教学基地先后被劳动部门及行业授权确定为相关证书的考点及培训点。

应用型大学实践教学基地是实践教学的平台，应体现应用为本、能力优先、资源共享、特点突出、产学合作、服务科研的原则。

（6）实践教学教师队伍方面。实践教师的水平和数量是决定应用型大学学生实践能力水平高的关键因素。要培养高素质应用型人才，就应有高素质的应用型实践教师队伍。

①实践教学教师应具备先进的教育理念和强烈的创新意识。实践教学教师应积极地开展实践教学体系改革和实践教学内容和方法改革，要培养具有较强实际动手能力的学生就需要有丰富的专业实践经历的教师，实践教学教师应对相关职业领域内的技术和行业规范十分熟悉，同时具有娴熟的实践技能和操作能力，能够指导学生的实践活动，提高学生实际工作的适应性和实用性。实践教学教师还应具有扎实的基础理论和专业知识，对新知识和新技术有敏锐的反应和接受能力，能够适应实践教学多学科知识相互渗透、相互交融的任务需求；应具备较强的课程开发能力，能将与社会科技发展同步的最新技术和最新管理理念等吸收内化，不断更新实践教学内容，开发综合性和设计性实验项目，同时探索实践教学的教材改革、教学法改革、教学手段和考核方法等方面的改革。

②实践教学教师应具备较强的合作能力和社会交往能力。应用型本科的实践教学教师与传统大学的实践教学教师还有一个区别是要具有较强的社会交往能力或企业兼职的经历。教师应深入社会，了解社会需要和职业要求。因此，其社会交往与合作能力显得

尤为重要。只有与相关行业建立密切的合作关系，教师才能紧密结合行业企业实际问题进行应用技术研究和实践开发研究。只有教师具备了这些素质，才能通过教师的潜移默化的影响，培养学生的良好的职业道德和意志品质、心理承受能力、合作能力、公关能力等非技术性职业素质的培养。

③培养实践教学队伍的骨干教师。设置实践教学带头人和实践骨干教师的岗位，其中，实践教学负责人岗位由具有丰富实践经验的教授或副教授担任。其任务是组织本中心的实践教学建设与改革、实践教学课程的开发、组织制定实践课程的开发和实验（训）项目设计和实验（训）室建设，组织制定实践课程和实践教学辅助人员的检查与培训，负责实践教学环境建设、实践教学队伍建设、实践教学质量监控、实践教学人员培训等，并承担一定的实践教学课程。实践骨干教师则是在实践教学负责人的指导下开展相关课程的实践教学研究与开发，参与实践教学环境建设，以承担实践教学任务为主。实践教学骨干教师既可以由具有实践经验专职教师担任也可由企业行业中有教学能力的技术骨干担任。

④加强实验室人员的培养和提高。大学里教辅人员的质量普遍不高，对应用型大学开放实验室，减轻专业教师的承担实验课的负担存在一定制约，要提高他们科学知识和掌握现代新技术的能力，培养一批精通专业知识、技术熟练的高水平的教辅人才。鼓励教辅人员进修和培训，提升管理实验室的能力和服务水平，不应局限于负责实验室的开关门、卫生环境、设备清洗、实验记录等简单劳动，更应承担起和专业教师一起授课和辅导的任务，并将工作与教学、科研紧密结合，提高教辅人员的任职条件，这也是现代科学技术发展对教辅人员队伍的客观要求。

⑤加强教师的实践能力的培养。通过产学研合作，教师去企业参加企业实践等方式提高企业实践能力，北京联合大学自动化学院鼓励教师去企业参加技能培训、顶岗、企业实验等，使教师全部具有了企业实践经历。

3. 实践教学与理论教学的功能分析

实践教学活动与理论教学活动有机结合，形成了培养应用型人才的教学体系，二者具有不同的功能，一般地说，理论教学主要是通过课堂教学的形式，组织学生有计划地学习基本概念、基本原理和方法，注重抽象思维和理解事物共性特征能力的培养；实践教学是教师通过实验、设计、训练、实习等教学形式，组织学生在实验室、实习场所等有计划地获得结构性、操作性、工艺性的知识与技能，注重形象思维和运用所学知识解决实际问题能力的培养。理论教学和实践教学相结合，有利于学生从理性到感性，又从感性到理性的双向认识；有利于学生由一般到特殊，又由特殊到一般，产生认识上的飞跃；

有利于学生创造性思维的形成和发展。具体到一个人，他的能力的增强，不仅取决于知识的积累，更取决于对知识的理解、吸收和运用的过程，即知识的活化过程。知识的活化过程也是创造性思维的形成过程，它是将知识转化为能力的关键性的中间环节。课堂教学与实践教学相互结合所产生的整体功能，对加速知识活化过程起着决定性的作用。

第四节 自主与开放：财经人才培养模式改革与创新

一、财经人才培养的特殊性

（一）培养目标的特殊性

（1）多样性。财经学科各专业的培养目标都是多样化、多层次的。以管理学科为例，从办公室事务到经邦治国都是管理，从企业会计、银行业务员到国家财政部长、中央银行行长都是管理人才，从个体经营的小企业主到跨国公司总裁乃至政府总理也都是管理人才。财经学科教育既要培养学生从事基层工作的能力，又必须着眼于学生的未来发展，必须有助于具备足够潜能的学生成长为高级财经人才，成长为优秀的企业家、银行家、政府部门高级管理人员以及市长、省长、部长等。

（2）相似性。财经学科各专业的专业性特征较弱，专业之间差异性比较小。学生毕业后的发展则更加多样化，从事相关的其他专业工作的可能性远远大于理工科专业的学生。即使从事本专业工作，其发展更多的也是横向的、跨专业的，越是向高层发展，这种趋势越明显。一个企业经理应当具备的，绝不仅仅是某一个财经专业的知识与技能，而是多个财经专业的知识与技能，同时还必须具备广泛的其他学科知识。同时，还应当看到，财经工作所要求的并不仅仅是专业知识与技能，对专业之外的知识与技能或者说一般性的知识与技能也比其他专业的工作有更多的要求，特别是对作为一个管理者的基本素质与能力，如组织协调能力、决策能力、沟通能力等的要求比较高。这就决定了财经学科的教育教学必须更加注重学生非专业的一般素质与能力的培养，更加注重学生发展潜能的培养，以满足学生多样化发展的需要。

（3）自主性。总体上看，财经工作的不确定性比较高，要求学生具备认识和把握不确定性问题的能力，具有洞察力、判断力以及在信息不充分的条件下抓住事物的本质以及在纷繁复杂、相互冲突的各种力量之间进行协调与平衡的能力，因而对人的主观能动性要求比较高。

（4）模糊性。财经工作对显性知识与能力的要求相对较低，对隐性素质的要求则比较高，而且越是高层次人才越是如此。这些隐性的素质往往都是综合性的，是多种知识、能力、经验乃至个人性格特征等相互融合的结果，因而很难确定究竟是什么教育使一个人具备了这些素质。从而使财经学科各专业的教学内容及课程与具体的培养目标之间的关系不很明确，更不用说——对应了

（5）不完备性。除理论经济学专业之外，财经专业都是实践性很强的专业，不可能通过学校教育完成对财经专业人才的培养。

（二）教育教学模式的特殊性

财经学科培养目标模糊多样，且主要传授不确定性知识，培养学生认识和解决不确定性问题的能力，以及在信息不充分的条件下抓住事物的本质，在纷繁复杂、相互冲突的各种力量之间进行协调与平衡的能力，因此适用于理、工、农、医等学科，以知识讲授、理论推导、练习、记忆、实习等有助于学生获得确定性知识和精准技能的教学模式，显然并不十分有效。因为理、工、农、医等学科的知识、方法、技能工具性更强，对使用者的能动性要求相对较低，而财经学科的知识、方法、技能精确性较低，对使用者的能动性要求相对较高，人才培养的目标和内容差异比较大。

财经学科各专业在人才培养中必须更加注重学生能动性的培育，因而其教育教学模式一方面必须将一般性的知识、方法、技能与具体、多变的环境条件结合起来，把一般性的知识、技能传授与培养认识问题、分析问题和解决问题的能力结合起来；另一方面必须突出学生的自主性，必须将学生置于教学过程的主体地位，把学生由被动的接受者变为自主的探究者，由局外人与旁观者变为剧中人与主角，真正参与到知识、方法的建立与能力的形成之中。不仅要学习和接受知识与方法，而且要体验、感受、领悟并进行自我建构，真正像美国著名教育家杜威说的那样进行"经验的重构"。因而财经学科有效的教育教学模式必须是参与式的、体验式的，本质上则是自主探究式的。这样的教育教学模式必然是开放式的，主要表现在以下四个方面：

（1）开放的教育。一是第二课堂在整个人才培养中应占有较大的比重，使学生有更多自主学习、调整研究、探讨交流、组织参与活动等的机会。二是在第一课堂的教学中，课堂之外的教学应占有较大的比重，一方面给学生更多的时间和机会去为课堂学习进行资料收集整理、文献阅读思考等知识探索与建构性工作；另一方面给学生更多的机会接触实际，参与实践。

（2）开放的课堂。课堂不应被本校教师甚至本专业教师独占，而应向校外专家学者和企业事业单位实际工作者开放；课堂也不应局限于教室，而应将校内外有助于学生学习和掌握教学内容的场所都纳入其中。目的在于创造条件让学生从多种渠道获得多样化的知识与信息，并学会对多样化的知识与信息进行自我选择与整理，进而实现知识的自

我建构。

（3）开放的内容。一是教学内容体系应向新知识、新信息开放，不断吸收、补充新知识、新信息，淘汰落后甚至错误的旧知识、旧信息，实现内容的自我更新与完善，使其具有时代性，确保其先进性。二是不同观点与理论之间开放，通过不同观点与理论的比较分析使学生更好地认识和把握所研究的问题，并学会进行开放性和批判性思维，掌握分析问题和解决问题的方法。三是确定性的编码知识与具有不确定性的非编码知识之间开放，确定性的编码知识通常是一般性的知识与方法，具有不确定性的非编码知识则是策略性和技巧性的，对于培养学生认识和解决不确定性问题的能力十分重要。四是理论性内容向实践开放，一方面要将实验、实习、调查研究等融入理论教学，把学生由单纯接受理论变为经验理论、建构理论；另一方面要将社会实践的结果融入对理论的分析讲解之中，对理论进行实践性批判。此外，还要将社会实践中提出的新问题、产生的新方法以及其他各种尚未得到很好的理论总结的内容纳入教学内容之中。

（4）开放的教学。教学过程不应是教师单向性的知识与技能传授过程，而应是教师与学生共同进行的知识探求过程、方法创立过程、技能形成过程，是不断的信息交互传递与反馈过程，是互动参与式的，而不是被动接受式的。因此诸如讨论（专题性研讨、小组讨论、BBS 网上讨论等）、案例教学、情景模拟、学术报告、讲座等方式应成为财经学科的主要教学方法。

（三）实践性教学的特殊性

（1）不完备性。一方面，财经学科各专业所培养的许多能力难以明确和具体化为可以进行分解与组合的具体技能，很难设计出针对某一项具体技能的实验；另一方面，大学也不可能创造出能够满足财经学科实践性教学需要的完备的条件，企事业单位也不可能让学生直接参与有关经济管理工作以获得必要的实践锻炼。

（2）体验性。通过实践性教学并不仅仅是为了获得对象化的知识，更重要的是开发培养自己。实践对象通常不是外在的物质，而是学生自己。因此财经学科的实践性教学更多的是体验式的，必须让学生有更多的机会参与其中，在参与中丰富自己的知识与情感，在参与中培养锻炼自己的各种能力，在参与中认识和感悟社会与人生。

二、自主与开放：财经人才培养模式改革与创新

由于财经人才培养具有以上几方面的特殊性，所以在进行人才培养模式改革创新过程中，除了遵循人才培养模式改革创新的基本理念与思路之外，还必须最大限度地体现

这些特殊性，创建具有财经学科特色的人才培养模式。

（1）注重教育的终身性。教育的终身性就是教育为受教育者一生的持续发展服务或者说让受教育者终身受益的特性，表现在两个方面：一是基本素质的提升；二是适应能力的增强。基本素质是指个人立身立业、适应社会生活与发展需要所必备的各种素质，这些素质代表一个人的发展水平或者说作为人本身所达到的层次与境界。适应能力是个人可持续发展的能力，表现在三个方面：一是知识与技能口径宽，就业适应面宽；二是知识基础厚，能满足多层次工作的需要，发展潜力大；三是学习能力强，职业拓展能力强。

（2）突出学生的主体性。目的在于培养自我设计与开发的意识、能力与习惯，使学生能够通过积极主动的自我设计与自我开发，在有效适应不断变换的社会需要的同时，不断提升自己，增强自身的发展能力。

（3）增强学生的参与性。一要增强课堂教学的参与性，变被动的接受式学习为主动的知识探求；二要创造更多的实践锻炼机会，特别是要让学生成为实践活动的设计者、组织者与参与者，在参与中丰富知识与情感，在参与中培养锻炼各种能力，在参与中认识和感悟社会与人生。

（4）加大教学的实践性。一要增强教学内容的实践性；二要加大实践性教学的比重，突出教育教学的应用型特征。

第七章　应用型本科课程开发探究

课程是教学顺利进行的保证，应用型院校的人才培养，需要与其人才培养目标相适应的课程体系。然而，长期以来，由于各种主客观条件的制约，应用型本科课程开发难以落实。而应用型本科课程开发，又是当前中国高等教育提高人才培养质量亟待解决的核心问题。

第一节　借助政策支持进行应用型

一、借助公共政策为产学合作提供社会支持

美国学者伯顿·克拉克根据对多国高等教育系统整合力量的研究提出了著名的"三角协调模式"。该模式认为高等教育发展主要受政府、市场及学术权威三种力量的整合影响。政府、市场及学术权威这三种力量合成一个协调三角形，每个角代表一种形式的极端和其他两种形式的最低限度，三角形内部的位置代表三个因素的不同程度的结合。同时，伯顿·克拉克还结合各国高等教育系统的发展实际强调指出，各国高等教育的发展各有偏向，其在三角协调模式内部所居的位置，代表的是上述三种力量不同程度的结合。比较极端的包括苏联（偏向政府权力）、意大利（偏向学术权威）及美国（偏向市场），其他国家则在这三股势力的消长之间各有其位。当然，政府、市场和学术权威三者之间的关系并不是静态的，而是动态的，随着高等教育的发展、社会的需求以及时代思潮的变化而变化。20世纪60年代兴起的高等教育大众化，为市场力量注入高等教育领域提供

了内在动力。高等教育大众化带来大学规模的扩张，但政府预算有限，财政无法随着教育规模或需求的扩张同步增长。在这种情况下，20 世纪 80 年代盛行的新自由主义、新公共管理和经济理性主义等思潮特别是新自由主义则为各国解决高等教育规模扩张与经费短缺的矛盾提供了改革理念。新自由主义的基本观点是：市场机制是传递信息和资源配置的有效机制；基本主张是：缩小国家对经济干预的范围，削减卫生、福利、教育等社会服务中的公共开支，尽可能地将公共服务私营化，引入内部竞争等市场原则。在新自由主义指导下，世界各国的高等教育经历了程度不一的"市场化"：政府将市场逻辑引入高等教育，让竞争与价格机制引导高等教育机构回应市场的需求，以增强弹性、提升效率，将高等教育逐渐交付给那双"愈来愈看不见"的市场之手。可以这样说，自 20 世纪 80 年代以来，西方发达资本主义国家以及正在转型的发展中国家所进行的一轮又一轮的高等教育改革，或多或少地都在朝市场方向趋近，经历着程度不一的市场化趋势。在伯顿·克拉克的三角协调模式里，各国高等教育的整合力量在逐步向市场的方向移动。

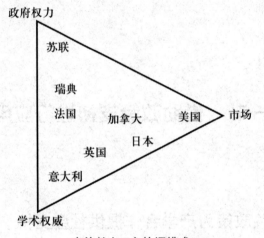

高等教育三角协调模式

然而，市场竞争和选择固有的自发性、盲目性、趋利性所带来的负面影响，以及高等教育的准公共产品属性意味着政府对高等教育的发展负有不可推卸的职责。因此，就高等教育而言，纯粹的市场是不存在的，真正运作的是一种类似于市场或准市场的机制。从世界各国高等教育市场化的历程来看，国家从来都没有把高等教育完全交到市场手中，政府干预与市场调节的两种手段始终存在。如从 20 世纪 80 年代至今，英国政府陆续发布了《高等教育：迎接挑战》白皮书（1987）、《高等教育：一个新架构》白皮书（1991）、《狄亚林报告书》（1997）、《高等教育的未来》白皮书（2003），制定了《1988 年教育改革法》《扩充及高等教育法》（1992）、《教学与高等教育法》（1998）、《迈向 2006 年策略》（2002）等教育政策，为大学与工业部门的合作进而弥补政府资助的削减提供政策支持。

在我国，以 1985 年颁布《中共中央关于教育体制改革的决定》为开端，市场调节手段开始介入高等教育领域，此后诸如投资体制的多元化、毕业生就业制度的改革、科技转移和成果转化的市场化以及高等教育收费制度等，使高等教育增添了越来越多的市场化内容，体现出越来越明显的市场经济特征。在这一改革过程中，政府在高等教育中所扮演的角色已逐步由以往的主导管控的角色向引导监督的角色转变。因此，政府应根据市场需要，根据社会的、文化的目标协同大学之间的关系，政府的行为应该使高校发展所需的资源配置合理优化，从而促使高等教育质量得以提高，办学效益得以提升。针对这一需要，1993 年《中国教育改革和发展纲要》就提出："政府要转变职能，由对学校的直接行政管理，转变为运用立法、拨款、规划、信息服务、政策指导和必要的行政手段，进行宏观管理。"

虽然自 20 世纪 80 年代以来，伴随着高等教育大众化和财政危机，市场力量不断注入高等教育领域，不可避免地成为主导高等教育的最主要的力量之一，但是在市场难以发挥作用的领域，根据伯顿·克拉克的三角协调模式，政府则应采取必要的行政手段进行干预。从国际视野来看，无论是中央集权型国家还是地方自治型国家，这一点是共通的。许多国家的应用型人才培养都有政府干预痕迹。如为了进一步促进英国的大学更有效地与企业合作，自 1999 年起，英国贸工部、教育与就业部和英格兰高等教育基金委员会联合设立一项基金，每年增加 2 亿英镑，用来奖励大学与企业的联系，促进技术与知识转让，加强高水平的技能发展，提高大学生的就业率。为促进高等教育机构与企业进行产学合作，美国国会相继制定了许多高等教育法案，如《史蒂文森—瓦德勒法》（1980）、《国家合作研究法》（1984）、《联邦技术转移法》（1986）、《迈向公元 2000 年美国的教育策略》（1991）、《目标 2000 年：美国法教育》（1994）、《平衡预算法》和《减轻纳税人负担法》（1997）等，其中 1994 年克林顿政府通过的《学校至职场机会法案》（School-to-Work Opportunities Act）更是把美国企业与学校之间的合作以法律的形式固定下来，要求各州政府建立"学校至职场机会"教育体系，同时联邦政府拨出专项资金用以开展校企之间的合作。德国应用科技大学（FH）之所以发展迅猛，并为德国培养了大批高级应用型人才，与德国政府重视应用型人才培养，并严格立法保障其有效实施密切相关。德国应用科技大学的地位、办学方向及其实施措施等均得到了联邦和各州法律的认可，并得到了政府、社会和企业界的大力支持。德国曾先后制定了完备的法律法规，如《教育法》《职业培训条例》《劳动促进法》等，对企业与学校双方的职责及相关的激励与制约措施进行了明确规定，保证了依法治教。可以说，完备的法律法规体系为德国应用科技大学的发展提供了坚实保障。高昂的培训成本是制约行业企业参与教育与培

应用型本科财务管理专业人才培养模式研究

训的主要原因之一，针对这一问题，澳大利亚政府有效地利用了经济杠杆去撬动行业企业这个巨大的资源宝库。《培训保障法（修正案）》规定，企业能够证明自己在职业培训上的开支达到其年度员工工资总额的 5% 或更高，即可免除该法中开列的相应税收。此外，澳大利亚政府为了表彰和鼓励行业企业参与人才培养的过程，教育、就业与工作场所关系部（Department of Education, Employment and Workplace Relations）设有部长杰出奖（The Minister's for Excellence），用于表彰一年内对澳大利亚学徒培训做出突出贡献的组织和个人。部长杰出奖共设三个奖项：最佳雇主奖（The Minister's Awards for Excellence for Employers of Australian Apprentices）、最佳服务支持奖（The Minister's Awards for Support Services Excellence）、最佳学徒协议奖（The Minister's Awards for Commitment to Australian Apprenticeships）。这些奖项的颁布有利于提高雇主个人名誉和公司的声誉，有利于消费者和同行获知公司的成就，对改善其公共关系具有很大的推动作用。这些国家促使行业企业参与人才培养过程的相关法律不断完善，在有法可依的情况下，企业与学校和培训机构的合作更加规范，有力推动了应用型人才的培养。

在颁布相关的法律为应用型人才培养提供政策支持的同时，许多发达国家还建立了实习生制度，为在校学生参与工作进而培养解决实际问题的能力提供合法性制度。如为吸引企业参与学徒制和实习生制，澳大利亚联邦政府按接受培训的等级发给企业补助金，若企业为学徒提供二级证书的培训，可获得 1250 美元的补助，提供三级、四级或更高级证书的培训，可获得 1500 美元的补助。日本在 1997 年 1 月 24 日的《教育改革计划》与1997 年 5 月 16 日《经济结构改革与创新行动计划》中提出建立学生在企业等部门进行实习进修的"体验式就业"制度，其目的是通过"体验式就业"计划的推进，改进大学教育，改善教育内容和教育方法，培养学生的创造能力和自主能力，并以此推动经济结构的调整。国外一些发达国家对企业和实习生都有十分完备的法律进行规范，而我国在这方面的法律建设几乎是一片空白。

当前，地方本科院校在人才培养过程中要实现应用型人才的培养目标，仅仅依靠学校难以实现培养学生解决实际问题的能力，需要企事业单位参与人才培养过程。但是在遵循互惠互利的市场原则下，院校与企事业单位合作培养应用型人才步履维艰，收效甚微。其中的原因除了院校自身因素之外，另一个重要的原因在于作为人才使用者的企事业单位没有表现出足够的热情，明显存在着校"热"企"冷"现象，致使合作难以迈出实际性的步伐，合作效果不明显。而习惯于招聘用人的企事业单位将学生应用能力不强归咎于学校。殊不知，企事业单位对人才规格的要求，离不开企业的主动提供和积极参与。如果企业想获得所需要的人才，不应在学生毕业之后，应该提前介入到人才培养过程中去，特别是对于学生职业观的形成、工作适应能力的培养、良好的职业道德行为习惯的养成，企业的作用尤其重要。既然企业参与人才培养过程是必需的，但单独依靠市场的力量又难以调动企业参与办学的积极性，那么根据三角协调模式，在市场力量难以解决高等教育系统的发展面临的问题时，政府的适度干预就是必需的。因此，我们可借鉴其他国家的经验，进一步制定、实施相关法律、法规和政策，有效促进企业参与应用型人才的培养，以确保应用型本科教育的有效实施。

具体来讲，政府对应用型本科课程开发的政策支持主要有：（1）搭建信息平台，贯通校企合作渠道。各级政府应通过现代信息网络手段，建立地方院校与企业在人才培养、产业开发、科技服务、业务交流方面的沟通平台，便于校企双方通过自由选择或公平竞争找到合适的合作对象。也可以在政府统筹下，建立地方性产学合作委员会或其他形式的协调组织，以培养适应本地区企业所需的人才为主体，为本地区有需求、有能力的院校与企业之间开展产学合作创造条件。设立专项基金，奖励产学合作优秀企业。政府作为高等教育的主要受益者和责任方，应在同级财政的教育资金中建立产学合作基金，鼓励和奖励企业积极参与产学合作，并为解决产学合作中的各种困难提供资金支持。出台相关法规，规范产学合作。政府应在调研的基础上，制定有关产学合作的配套政策和可操作的实施细则，促使产学合作沿着规范有序的方向发展；修改有关企业法规，如在《企业法》等法律中明确规定企业有参与产学合作的责任和义务，并在税费方面对承担产学合作的企业提供优惠；完善职业资格、劳动准入、社会保障等制度，为产学合作提供必要的保障。

发展应用性教育需要行业企业的支持，这种支持是全方位的，不仅学校的专业设置、课程建设、教学改革等教学过程要实施"工作中的学习"和"学习中的工作"等产学合作教育，也包括学校的资源建设，如师资队伍建设、校内外实践教学环境建设以及教育经费的支持等。除此之外还需要企业理念的支持，使大学的管理者和教师具备诸如责任的理念、工程的理念、任务的理念、效率的理念、合作的理念等等。

二、借助课程政策引导应用型本科课程开发

（一）大学的保守性需要课程政策推动改革

近现代高等教育的源头可以追溯至欧洲 12、13 世纪的中世纪大学。中世纪大学在其发展之初，为了减少来自外界的种种控制和干扰，维持教学和生活上的自身利益，从教皇、国王或皇帝那里获得具有法人性质的特许状以及其他一些特权，成为一个既非附属

于教会，又非听命于政府的独立学术机构。"它摆脱了外界的束缚，放弃了暂时利益，成为保护人们进行知识探索的自律的场所"，也获得了"象牙塔"的别称。"象牙塔"里的师生"以闲逸的好奇精神追求知识作为目的"，在人才培养上要求培养理智健全、全面发展、思想自由的人，这就要求大学与社会保持一定的距离。然而，随着自然科学知识发展带来的知识运用于生产和生活之中，功利主义教育理念与大学过去数百年历史所形成的理性主义教育理念产生了激烈的矛盾，自然科学知识进入大学课程受到了保守势力的强烈抵抗。文艺复兴之后，许多大学都成为守旧派排斥和压制新思想的工具。为了维护传统的亚里士多德哲学，这些大学禁止讲授新兴的笛卡儿哲学。18 世纪以前，西方大学傲慢地拒绝了所有科学技术知识进入大学课堂。到 19 世纪，英国和美国还"不得不通过国家立法来打开自治的高等学府的铁门，让新的学科进入课程，其中许多学科与人类利益休戚相关，而学阀们却顽固地将其拒之门外"。1789 年大革命之后，法国新政权强制性地关闭所有的传统大学，建立起和工业社会发展有关的高等教育机构，将新兴的自然科学知识引入大学课程；1852 年，英国政府通过皇家委员会的连续几份报告击溃保守势力的顽强抵抗，为自然科学知识进入大学扫清了障碍。正如伯顿·克拉克所说的，"大学是所有社会机构中最保守的机构之一，同时，又是人类有史以来最能促进社会变革的机构"。历史上，每当社会对大学提出更多的要求之时，大学的保守性就会被激活。大学保守性的存在使大学陷入狭隘、保守的泥潭，与社会的发展和时代的步伐脱节，从而丧失大学对社会进步的推动作用。从大学课程改革的历史可以发现，大学的保守性需要课程政策来推动课程改革。

（二）地方高校教师课程改革的惰性

在大学教育过程中，教师理所当然是最重要的。教师掌握着学术法则，制定课程计划并帮助创造校园内的学术气氛。通过他们的专业优势和他们与学生之间的关系，教师们维系或削弱着学校的社会环境和知识环境。同样，在课程改革过程中，教师是具体实施者，课程改革需要他们的推动才能落实。然而，正如德里克·博克所言，"改变教学方法要比改变教学内容付出更多的努力，因为改革教学方法意味着教师们必须改变长期以来的教学习惯，掌握一些并不熟悉的新教学技巧"。因此，在课程改革面前，教师更多地表现出保守性和惰性。国外过去有一句民间的俏皮话：大学教授就像他们的教授教他们那样去教授。这是对过去墨守成规的大学教授的一种讽刺，也是对学科传统强有力的惯性的描述。我国大学中一度出现的几十年一贯的讲稿的现象也是大学教师保守性或改革惰性的具体表现。对于地方高校教师来讲，在精英教育时代所形成的以学术为取向的学校制度，既规约着教师对地方高校身份的认知，也深刻影响着教师的行为。这促使教师在行动上表现出重科研、轻教学的特征，在教学中产生重理论灌输、轻实践技能培训的行为倾向。地方教师改革惰性的存在需要课程政策来调动教师改革的积极性，为地方高校课程改革的诱致性变迁创造条件。

（三）改革现有课程政策的学术化倾向，建立导向多元化的课程政策

课程政策作为传达革新性课程理念、反映课程领域现实问题和推进课程改革的重要中介性和工具性力量，对本科课程开发具有重要的推进作用。然而，如前所述，现有课程政策的学术化倾向阻碍了地方高校开展应用型课程开发的积极性。毋庸置疑，课程政策在地方高校课程开发中的作用，是其他任何组织和个人所无法替代的。改革开放以来，虽然高等教育管理体制在持续改革，大学自主办学地位得到了较大增强，政策已经不再直接干预高校的课程改革，而是变指令性政策为激励性政策，但课程改革政策引领地方高校课程开发的主导性作用依然没有动摇。为此，我们有理由认为，在地方高校开发应用型课程的过程中，课程政策可以也应当有所作为。政府与学校应该在教材规划立项、精品课程与重点课程建设、教学改革立项、教材评奖等质量工程建设中予以扶持，真正体现应用型课程政策导向，进而构建多样化的课程政策，为每一类型高校建立争创一流的激励机制。

大量的历史归纳和理论演绎都表明，人才培养目标的实现和社会人才需求的满足，不仅仅有高校的责任，各级政府也都负有不可推卸的责任。对于应用型本科课程开发来讲，政府的适度介入是必需的。公共政策为应用型课程开发提供外部支持，课程政策的应用型导向则通过资源导向直接推动和影响地方高校课程开发，进而影响其课程开发的方向、速度和效率，并成为课程改革的直接指南与动力，将地方高校的课程变革演绎成渐进深入的过程。

第二节　本科院校积极参与应用型本科课程开发

毋庸置疑，虽然政府政策可以为地方高校课程改革提供政策支持和改革动力，但是具体的课程改革还需要院校作为改革的主体加以推动才能顺利开展。

一、重构课程理念

（一）以"学、术并举，崇才之为上"的办学理念指导课程理念定位

由于我国高等教育在很大程度上不是自然发展的结果而是政府政策推动形成的，在高等教育迅速迈向大众化的情况下，有些地方高校发展历程较短，来不及凝练办学理念，有些地方高校固守精英教育时期的办学理念，导致办学理念出现危机，必然会导致办学方向不明，课程理念不明，培养人才目标不明，管理方法不妥，学校的各项方针政策缺乏科学性、系统性和连贯性，办学目标缺乏针对性。因而，在全国高校中也缺乏个性，竞争力不强。鉴于办学理念对课程理念的深刻影响，有必要研究地方本科院校应确立的办学理念，进而指导课程理念定位。

长期以来，尊学与理性主义联姻，崇术与功利主义结合，两者在研究型大学和职业技术学院各自找到安身立命的所在。然而，二战之后，以 1957 年英国学者 C.P. 斯诺在剑桥大学所做的《两种文化与科学革命》的演讲为起点，人们开始反思二者割裂带来的种种不良后果，倡导理性主义与功利主义的融合。如美国卡内基促进教学基金会主席博耶1987 年在其著作《学院：美国本科生教育经验》中针对"我们最主要的敌人是'割裂'：在社会中我们失去了文化的内聚力和共性，在大学内部是系科制、严重的职业主义和知识的分割"的弊端，提出主要的解决方法应该是建立联系、共性和具有整体意识。蔡元培早就提出："学必借术以应用，术必借学为基本，两者并进始可"。作为哲学思潮的理性主义与功利主义融合的趋势在高等教育领域必然要求人们调整好"学"和"术"的关系，并在特定院校的办学理念、人才培养类型、课程结构等领域找到其实践的土壤。而处于研究型大学和职业技术学院之间的定位于应用型的地方高校则是其发展的适宜土壤。有学者从学与术在世界各国高等教育发展历史中的具体表现，提炼出地方高校的办学理念应为"学、术并举，崇术为上"，在此基础上提出三种具体的办学理念，即崇尚

实用、服务地方、面向大众。这样一种办学理念将旨在"求真"或追求高深学问的"学"与旨在"求用"或追求技艺的"术"联结起来，对既强调理论知识又强调实践知识的应用型本科课程理念的定位具有极强的理论意义和适切的指导意义。因此，地方高校应摒弃唯学术取向的传统课程理念，充分意识课程设置面向大众、追求实用、服务地方对其自身发展的重大意义。

（二）以"实基础，强应用"的人才培养模式彰显应用型课程理念

当前地方本科院校在实行的"厚基础、宽口径"的课程观与应用型本科"学"与"术"并重的课程理念存在不一致之处，因此，改革人才培养模式，使其与课程理念保持连贯性和一致性是必需的。可行的路径是强调"实基础、强应用"。所谓"实"，是指实在、实用，即基础理论知识应该真正成为能力发展所必需的基础，也就是说，基础理论知识应该以"必需、够用"为原则。在课程设置上，应该从某专业为社会所需要的知识能力出发进行课程的整体设计，一些基础理论课可以适当采用整合的方式处理。在课程内容上，可以适当打破严格的学科逻辑体系，采用模块化方式设计。在课程的设置及学分上，可以适当调整，如生物技术专业，北京大学开设了高等数学8学分、大学物理8学分、物理实验4学分；北京联合大学开设了高等数学8学分、大学物理4学分，没有开设物理实验。两所院校在大学物理与物理实验课程学分与学时上的差异，源于两所院校专业培养目标的差异。北京大学要求学生具备"坚实的数、理、化基础知识"，而北京联合大学主要培养"能在食品化工和检验检疫、生物制品、生物制药等领域从事分析测试、技术研究、产品开发和管理等技术工作的应用型高级专门人才"，学生对数学、物理、化学等基础知识只需"够用、适度"就行，而不需要"系统掌握"。在课程授受方式上，可以适当灵活处理，如德国一些化学专业的高等数学，不是由数学老师来教授，而是由化学老师教授，以真正确保理论知识的适切性。所谓"强"，是指强化，即强化应用能力或实践能力的培养。这需要改变原来的学科教学模式，在一些专业倡导以项目为核心的教学，以"用"导"学"，以"用"促"学"，从而真正把知识的获得与能力的提高联系起来。如果采取每个专业都泛泛而谈的宽口径模式进行人才培养，不仅不会增加学生的社会适应性，而且会丧失原有的办学优势，直接影响到毕业生的就业问题和社会对学校培养人才能力的看法。因此，应用型本科教育的实际选择不应该强调"宽口径"，而应该强调应用能力的培养。在进行专业调整和制订专业培养计划时，更应该充分考虑到不同行业部门对专业人才的需求，而不宜将专业口径拓得过宽，否则必然会造成更大的不适应。如为突出培养学生运用数学知识于专业的能力，合肥学院分类制定了适应各专业需要的教学大纲，针对各系各专业的不同要求，充分考虑到各部分内容的联系，将

相关内容重新整合，有机地组合起来，重新制定了与不同专业培养目标相适应的高等数学教学大纲，同时积极开展应用型案例教学，建立高等数学教师到专业教研室"挂职"制度，这些教师相对固定在某个系承担教学任务，深入到系和专业教研室，与专业课教师沟通交流，学习适当的专业知识，了解专业所需的数学知识和专业中的数学案例，将高等数学与各专业的专业知识结合起来。

二、改革课程编制体系

精英教育阶段的本科培养的是从事基础理论研究和应用的研究型人才，在理性主义课程理念的指导下，采用以学科为中心的三段式课程模式。公共基础课、学科（专业）基础课、专业课按照从一般到具体、从基础到专业，从理论到实践的线性逻辑顺序排列，构成一个封闭的正三角形。三种类型的课程分别承担着不同的任务，具有鲜明的层次性。典型的公共基础课主要由英语、计算机、政治理论课等通用课程构成；学科（专业）基础课是按照本科专业目录中的二级学科设置相应的课程；专业课则由专业原理性知识构成。一般来说，在三段式课程模式中，公共基础课和学科（专业）基础课统一作为基础课程，在课程体系中占有较大的比重，符合学术型本科教育的人才培养目标定位。这样一种课程模式过于强调理论知识的完整性、系统性和严密性，忽视了教育与产业、知识与工作任务之间的联系，往往造成理论与实践的脱节，造成学生学习的盲目性，不利于学生应用能力的培养。同时该课程模式基本上是先上理论课，后上实践课，将理论课与实践课分开，两者相互独立，各成体系。人的认识规律一般是从感性认识上升到理性认识，由于学生没有感性认识，容易造成理论知识的学习流于空泛，无法真正掌握理论知识并通过实践过程将其内化为能力。以这样的课程模式来指导应用型人才培养过程，难以达到人才培养目标。针对目前大部分地方本科院校仍然沿用精英教育阶段学术型本科三段式课程模式，造成难以实现应用型人才培养目标的弊端，改革现有的课程模式就显得尤为必要和紧迫。

那么，如何改革现有的课程模式呢？根据借鉴班尼特促进技能发展的课程模式构建的应用型本科课程模式，以下措施值得地方高校参考。首先，工作感知是课程模式的开端。应用型本科培养的学生以就业为主，因此，有必要让学生了解自己今后从事的行业、工作的性质，如行业或岗位的工作环境、完成工作任务需要的知识及能力。这样有助于学生明确学习目标，并做好职业生涯规划。其次，增加程序性知识模块。美国著名心理学家安德森（J. Anderson）认为，问题解决技能的获得是通过陈述性知识向程序性知识的转化实现的。程序性知识是关于"怎么做"的知识，它主要涉及概念、规则、原理的理解和应用，解决问题的技能、方法及策略的形成，以及行为和情感体验等。这类知识具有较强的特殊性、个体性和活动性。程序性知识的掌握能促使学生主动进行概念、原理的理解，以及将贮存于头脑中的有关原理、定律、法则等命题知识转化为技能，实现这些知识由静态向动态的转化，由贮存知识转化为探究知识，由缓慢再现知识向创造性地解决问题转化，从而提高解决实际问题的能力。本科应用型人才强调对问题解决的执行和监控，程序性知识在其专业知识结构中占主要地位，因此，地方本科院校在课程模式改革中应加强程序性知识课程模块的比重。再次，构建多路径的实践课程体系。实践教学是让学生将所学知识应用于实践并转化为综合能力的关键性教学环节，是培养学生理论联系实际能力的必要手段，是检验和巩固学生所学知识及理论教学质量的有力保证。因此，实践课程在培养应用型人才的过程中起着重要的作用，必须增加实践性课程的学时、学分比例，构建多路径的实践课程体系。具体来讲，实践课程体系可按照"基本技能—初步综合技能—高级综合技能—创新技能"的梯度模式进行设计，采取课内实训、实验设计、毕业设计和课外专业实习、开放实践等多种教学方式，对学生需要掌握的技能进行训练。属于核心或主流技术领域的实践教学内容宜开设为必修课，属于新兴技术领域的实践教学内容宜开设为选修课，属于能力外延扩展或深度提高的实践教学内容宜开设为课外的开放实践。涉及基本技能和初步综合技能的教学内容，可采用与理论教学相捆绑的课内实训或实验的形式；涉及高级综合技能和创新技能的教学内容，可依托实验设计、专业实习、毕业设计和开放实践等形式，独立设置实践教学环节。另外，目前美国等开展的服务性学习也是值得地方高校借鉴的实践教学路径。

知识是能力形成的基础，学生应用能力的形成离不开对理论性知识、工作过程知识和实践性知识的学习。因此，地方新建本科院校培养应用型本科人才，需要突破传统学术型课程模式的构架，对课程编制体系进行大胆的整合、取舍与创新，不断夯实学生应用能力形成的知识基础，不断增强学生的发展后劲。

三、教材建设遵循"编""选"并重原则

事实上对地方高校而言，由于自身师资力量、教学及科研水平、信息资源，以及教材建设经验等方面的差异和不足，本校教师编写的教材并不是教材来源的主要途径。但是现有的教材却难以适应地方高校培养应用型人才的需要。面对教材选用与编写的困境，地方高校的教材建设应本着"编""选"并重的原则，适当处理好这二者之间的关系，做到"扬长避短，借优补弱"，既不可过分选用与人才培养目标不适应的优秀教材，也不可为了片面追求"自编率"，而过多使用一些低水平的职称式的拼凑型教材。具体来讲，

地方高校教材建设应采取以下途径：

（一）重视选用优秀教材

地方高校的教材建设普遍起步较晚，编写力量比较薄弱，其教材更新机制、高质量教材的编写管理体系等还在探索、实践、完善中。因此，地方高校教材建设工作的关键在于教材选用。为此，地方高校应搭建信息平台以帮助教师选用优秀教材。信息平台应包括样书库和资料信息库等。样书库搜集本校历年所使用的教材，国内名校、知名出版社编写出版的著名或优秀或最新教材，同类院校同一专业相同课程所采用的教材等实物，为教师提供选择范围；资料信息库搜集教材征订目录、教材研究和建设报纸杂志、教材评估和点评文章、教材研究和建设的学术交流会议资料等，为教师选用优秀教材提供参考资料。通过这些信息平台，保证地方高校教材的适用率、选优率和选新率。

（二）联合编写知行体系教材

目前我国高校教材的出版建设仍存在着严重的不足和缺陷，概括起来就是：教材编写过分强调知识系统的逻辑性，能反映学科体系基本原理的教材多，以训练、培养学生应用能力、创新意识和探索精神为教学目标的教材少。因此，地方高校有必要编写适用于应用型人才培养的知行体系教材。教材编写是一项系统工程，必须集各人之所学。随着学科发展的相互交叉和渗透的趋势的增强，已往教材编写的个体户模式应转变为现代优质教学资源的团队研发模式。与国家重点院校相比较，地方高校的人力、物力资源等条件本身就存在"先天不足"，发挥团队作用就显得更加重要。整个编写团队的成员应不仅局限于本校的教授、专家、学者，还应扩展到其他地方高校。特别是在凭借一所高校的力量难以完成编写知行体系教材的任务的情况下，联合多所高校共同完成任务才是明智之举。在这方面，皖西学院数学系已经开始迈出了探索的步伐。针对目前使用的同济大学编写的数学教材难以适应大众化阶段地方高校人才培养的现状，皖西学院数学系依托安徽省地方高校联盟平台，联合安徽省其他一些地方高校数学系骨干教师以及中国科学技术大学出版社，共同开展调研、交流。并于2009年8月召开"应用型本科数学类课程教材建设研讨会"，商讨如何编写适用于地方高校人才培养类型的应用型教材。

（三）与业界合作编写实践教材

地方院校以培养应用型人才为定位，实践教学占有重要地位。但应用型人才培养需要的实践性教材却非常短缺，不能满足人才培养的需要。实践性比较强的教材只有与现代生产实践、职业工作实践相结合才能编出水平。所以，应该采取措施鼓励高校教师与有关工程技术人员、工厂、企业的高层管理人员合作编书。教材本身具有商品特性，为校企合作编写实践教材奠定了互惠互利的良好基础。如北京联合大学出版的几本业内很有影响的教材就是由该校教师与北京全聚德集团有限公司、黎昌餐饮集团、北京饭店和香港丰琪食品有限公司等饮食企业的高级技师共同合作编写的。这种由校企合作编写的教材，图文并茂，及时反映了业界最新技术动态，满足了应用型人才培养的需求。

四、探索地方高校教师专业发展的多元化途径

关于教师专业发展，有学者将其定义为："它旨在改进教师的态度、技能、行为，提高其能力和有效性，从而更好地满足学生、教师个人的以及大学的需要。"地方高校教师专业发展旨在提高教师的理论水平和理论联系实际的能力，从而满足应用型人才培养以及地方高校应用型定位的需要。高等教育进入大众化和普及化阶段之后，高校数量不断增加、规模持续扩大，高校呈现出层次化和多样化的特点。由于不同类型层次高校的存在，其内在要求的不同必然导致不同类型层次高校的教师专业发展的多样性。在新形势下，对于研究型大学教师的专业发展，原有精英教育阶段的学术性模式仍然有其适应性，而对于应用型高校教师专业发展来讲，学术性模式已经难以适应其人才培养类型的变化。因此，在宏观上，有必要研究在制度和政策层面如何为地方高校教师专业发展提供有利的外部环境；在微观上，应该研究在院校层面如何建立起完善的教师专业发展机制。而在宏观政策与微观机制建立方面，重视教师专业发展的美国和日本都在加强以校为本和以院系为本的促进教师专业发展模式的建设，充分发挥院系在此方面的领导能力。我们可以借鉴他们的经验，先从院校层面出发，不断完善现有的教师内部专业发展机制，探索地方高校教师专业发展的多元化途径。

（一）将具有一定年限的专业实践经历作为入职条件之一

在师资引进方面，德国应用科技大学对教师素质的要求值得我们借鉴。根据德国高等教育结构法的有关规定，应用科技大学教师的聘任条件是：（1）高校毕业；（2）具有教学才能；（3）具有从事科学工作的特殊能力，一般通过博士学位加以证明，或具有从事艺术工作的特殊能力；（4）在科学知识和方法的应用或开发方面具有至少五年的职业实践经验，其中至少三年在高校以外的领域工作过。从聘任条件可以看出，德国应用科技大学的教师除了具有较高的理论水平外，还必须具有丰富的理论联系实际的实践经验。

因此，为满足培养应用型人才的特殊要求，地方本科院校在引进师资时，应综合考虑新进教师的知识结构和实践经验是否合理，而不是简单地以学历、学位层次的高低或科研成果的多少作为衡量的基本标准。为此，地方高校应重视多渠道引进师资，一方面

要强调将"具有丰富的行业企业专业实践经历"作为地方高校教师的入职条件之一，另一方面可加强学校各专业与对口行业的联系，聘请当地对口行业的专业人士来学校担任专职或兼职教师。

（二）创建多样化的学习平台

为保证教师可持续发展能力的提高，地方高校应创建有利于教师学习的条件，营造良好的学习氛围，并按不同的专业发展目标建设多样化的学习平台。一是与高水平的研究型大学合作构建旨在提高教师理论水平和创新能力的高级研修基地。目前这种模式是地方高校教师专业发展的主流。二是与对口的大中型企业合作构建以加强教师理论与实际的联系、提高专业实践能力为主要目标的挂职基地。现阶段这种教师专业发展模式比较薄弱，但辅之以相应的措施，将成为今后地方高校教师专业发展的主流。三是与高校教师培训基地合作构建以提高教育教学能力为主要目标的教师职业发展指导中心。

（三）建立专业发展休假制度

我国地方高校可以借鉴西方教师专业化发展模式的成功经验，尝试建立类似于西方大学"学术休假制度"的"专业发展休假制度"，让教师每5～7年轮流带薪外出到相关的行业、企业、学习或挂职，也可以到研究型大学进行交流活动，开展应用型研究活动。前者旨在促进教师理论联系实际的应用能力的培养，后者则旨在促进教师深化理论知识学习，当然这一制度还需要地方高校进一步探索。

（四）加强校本培训

教师的专业发展只有在学校的教育过程中，在具体的教学实践中，在对自身教学实践的不断反思中才能完成。课堂教学是教师最基本的专业活动方式，所以，以学校为基础、基于教学实践的校本培训，必然成为教师专业发展的有效途径。地方高校在财力有限和教学任务繁重的情况下，不可能送所有教师外出进修学习。就此而言，充分利用地方高校本身的优质教学资源开展校内培训、研修、新老帮带、教学观摩、教学研究等活动，加强教师之间的沟通和探讨，努力促进教师专业团队建设，为教师的专业发展营造一种积极、融洽的氛围，对教师的专业成长具有不可低估的重要作用。

五、增加学习的可选择性和参与性

地方本科院校在应用型课程开发中面临着学生升学与就业的差异性需求难以协调的障碍。在就业率压倒一切以及升学纳入就业统计口径的情况下，部分地方高校饮鸩止渴，课程设置围绕升学考试开设，大肆宣扬考研率，忽视了培养学生运用理论知识解决实际问题的应用能力和职业能力。而部分地方高校在开发应用型课程中遭到有升学需求的学生的抵制和部分教师的反对。要解决此问题，只有通过向学生提供多样化的课程，增加学习的可选择性来实现。如同在相应的路段设有立交桥的高速公路上行车，需要的时候，经过特定的教育衔接措施就可以转入另一种形式，或另一种类别。然而，地方高校由于资源比较缺乏，难以像重点研究型大学那样给学生提供大量可供选择的课程。如何解决此问题，合肥学院数学系课程改革实践为我们提供了解决问题的思路。为满足少部分学生的升学需要，该系开设了加深理论难度的选修课；为满足大部分学生面向市场的就业需要，则分类制定了适应各专业需要的教学大纲，坚持基础性与应用性相结合，突出用数学方法解决实际问题，特别是解决具有学生所学专业背景的实际问题。借鉴合肥学院数学系的经验，地方高校在解决升学与就业矛盾时，可以通过在陈述性知识模块或基础理论课程中设置可选择性课程，以多样化、高选择度的课程设置，灵活的实施方式满足变动不居的社会需求和学生个性化的学习要求。

在满足学生学习的可选择性基础上，大量的研究表明学生的学习效果如何不仅仅取决于学校和教师对教学的投入，更重要的是取决于学生对学习的参与程度或者学习的主动性。使学生参与学习过程的观念由来已久，杜威的以儿童为中心的教学理念以及后来发展的建构主义理论都强调学习者在学习过程中扮演的角色。《21世纪的高等教育：展望和行动世界宣言》也强调指出："在当今这个日新月异的世界上，高等教育显然需要有以学生为中心的新思路以及新模式。"

对于应用型本科来讲，在培养学生应用能力的目标指导下，应该更加强调学生参与学习的程度。相比学术型本科学生参与学习只需对所学的东西动脑思考思考，动口讲一讲，或者动笔写一写，应用型本科则强调学生在学习过程中实际投入和具体表现的多种多样。这种参与的多样性表现为学生不仅要联系自己的经历或变化的环境对所学的知识动脑思考思考，动口讲一讲，动笔写一写，还要突出动手做一做，将理论运用于实际生活，运用于实际的工作场景。以此而论，应用型本科要求学生不仅要积极参与理论课程的学习，更要积极参与实践教学。当前地方高校在实施实践教学过程中出现了巴西著名教育家弗莱雷（Paulo Freire）指出的一些现象"教师总是教，学生总是被教；教师总是无所不知，学生一无所知；教师总是在思考，学生不用去思考；教师总是在讲授，学生总是顺从听讲……"要改变这种学生不积极参与的现象，必须改革课程实施模式以讲授为主的导向，增加学生自主学习、独立研究和实践活动的时间，增加师生之间的互动、交流，鼓励学生平时积极参与学习，促使学生在任何教学活动中都能主动进行自我建构，进而发展其实践能力和创新能力。

第三节　构建专业学习共同体

应用型本科课程的实施等均需要培育专业学习共同体，那么如何培育专业学习共同体呢？有必要在理论和实践层面对专业学习共同体加以研究，并在此基础上提出具体的构建策略。

一、应用型本科视野中专业学习共同体的基本要素

专业学习共同体作为学习组织的形式，其形成必须具备一定的条件，即基本要素。学者们从不同的角度论述了建构专业学习共同体的要素。赫德及其他学者认为，专业学习共同体包含五个主题或维度：支持性及共享的领导（supportive and shared leadership）、共享的价值和愿景（shared values vision）、合作学习与学习的应用（collective learning, and application of learning）、支持性条件（supportive conditions）、共享的个人实践（shared personal practice）。杜福（DuFour）则认为建构专业学习共同体应注意下列原则：保证学生能够学习——整个思考由教学为焦点转移为学习为中心、协作的文化、以学习结果为焦点。思卡达等（Secada &. Adajian）提出专业学习共同体应具备四个组成部分：集体控制（collective control）、协调的力量（coordinated effort）、共享的目的和协作的专业学习（collaborative professional learning）。路易斯（Louis）和克鲁斯（Kruse）则建议教师专业学习共同体由五个部分组成：协作（collaboration）协作式活动（collaborative activity）、结构性条件以及人文和社会资源、共享的目的（share sense of purpose）/共享的常规和价值（share ways of values）和对学生学习的集体焦点（collective focus on student learning）、反思性对话（reflective dialogue）与去私有化实践（deprivatized practice）。随着研究的深入，对专业学习共同体构成要素的分析思路不再采用孤立的、断裂的思维，研究者们逐步关注实施中各个要素间的相互关系，如沃尔德（Wald）和卡斯尔伯里（Castleberry）（2000）提出形成愿景、设立发展计划以及参与合作学习的构建专业学习共同体的系统途径与过程。

借鉴学者们对教师专业学习共同体构成要素的阐述，本研究认为适用于应用型人才培养的专业学习共同体的构成要素主要有四个部分：共享的价值和愿景、支持性条件及

共享的领导、协作性的学习、共享的实践。

（1）共享的价值和愿景。彼得·圣吉认为，共同愿景的核心是共同的目的感和使命感。专业学习共同体的成员为了促进参与成员的专业成长或应用能力的增强而走到一起，其共同的愿景在于将理论与实践结合，使理论与实践能够取长补短。

（2）支持性条件及共享的领导。支持性条件决定共同体在何时、何地及如何定期地聚在一起围绕专业知识和技能进行学习、讨论和创造性工作。一般来讲，支持性条件包括模拟的或真实的工作环境、实习实训基地以及实验室等物理性和结构性因素，使得共同体成员能够经常性地围绕某个理论的运用进行讨论、学习或者组织相关的实践活动。在以提升学生应用能力为指向的专业学习共同体中，代表理论智慧的导师或实践智慧的专家是专业共同体的核心领导。核心领导对于增进共同体成员彼此之间的交流和信任，维持正常的伙伴关系起着纽带作用，关键时通过引领、点拨，促进理论和实践的交流走向深入，使合作的每一方信服。

（3）协作性的学习。协作性学习摆脱了个体学习孤立、封闭的状态，通过发挥参与成员的合作精神和相互配合能力，形成一种互惠互利、优势互补的多赢格局。

（4）共享的实践。在专业学习共同体里，成员之间自由交流对各种问题的知识与实践经验，形成个人实践经验的多元分享与传播。当然，分享知识与实践经验要以相互信任为前提。因此，需要建立平等民主的学习氛围，以促进共同体成员的真正相互帮助，实现成员之间实践经验的共事。

二、构建应用型本科专业学习共同体策略

（一）专业学习共同体类型

学习共同体由学习者和助学者组成，根据助学者身份的差异性，专业学习共同体可以分为两种类型，一种为校内成员组成的专业学习共同体，另一种为学校成员与校外成员组成的专业学习共同体。其中校内成员组成的专业学习共同体又可以分为由教师和学生组成的师生间类型，和由学生和学生组成的生生间类型。如在调研中，北京联合大学应用文理学院的档案学专业与北京市各档案馆（局）建立实习基地，或聘请档案馆（局）中有丰富实践经验的工作人员为兼职教师为学生上实训课，组成校内人员与校外人员合作的专业学习共同体。上海电机学院依托行业，与同行业内外 600 余家企业建立了长期合作伙伴关系，并聘请大量现场工程技术人员作为学院的兼职教师，负责生产实习和毕业设计的教学指导工作，形成学院与行业企业合作的专业学习共同体。合肥学院数学系

通过勤工俭学的形式组建由高年级学生与低年级学生构成的专业学习共同体，实现学生之间的互助学习。

在构建专业学习共同体的具体实践中，校内成员组成的专业学习共同体相对来讲容易构建，而校内成员和校外成员组成的专业学习共同体的构建则相对艰难得多。究其原因在于企事业单位以追求利润、效率为目标，而高校的目标在于人才培养，两者难以形成共享的价值、愿景。当人才需求大于供给，企事业单位参与人才培养过程的愿望就会增加。反之，若人才供应充足，企事业单位参与人才培养过程的愿望就会减弱。那么，在高等教育走向大众化，人才供过于求的情况下，是不是意味着校内成员与校外成员组成专业学习共同体在现实中难以实践？答案是否定的。对于企业来讲，社会是企业的依托，企业是社会的细胞，企业只有在发展的同时，推出有利于社会进步与发展的实际举措，被社会承认和接纳，才能有足够的发展空间。也就是说，企业社会责任履行得越好，则公司的社会形象就越好，其绩效也就越高。正是基于这样的理念，发达国家企事业单位纷纷参与高校的人才培养过程，接纳实习生，为学生提供实习场所，等等。这些现象表明社会责任是联系学校与企事业单位合作的纽带，构建校内人员与校外人员组成的专业学习共同体是可能的。

然而，在现阶段我国企业履行社会责任的意识和行动都不强的情况下，仅仅依靠企业社会责任感还难以构建校内人员与校外人员组成的专业学习共同体。那么，在这种情况下，高校如何积极发展校外伙伴关系？高等教育进入大众化阶段后，高校的规模越来越大，涉及的利益群体也越来越多样化。这些利益群体都是高校可以合作的伙伴。具体来讲，首先学生的家长是最关心学生的学习成绩和能力的群体，他们是专业学习共同体最容易吸纳的成员。如北京联合大学应用文理学院组建家长委员会参与学生的学习过程；浙江大学城市学院组织成立了学生家长代表参加的家长委员会，定期或不定期召开家长委员会会议，听取他们对学院教学、管理方面的意见，也请他们交流社会有关专业设置和人才需求方面的信息，促进学院及时调整。另外许多家长所在的企业或单位，都成了城市学院的教学实习基地和产学研合作基地。其次，校友对母校充满情感，也是构建专业学习共同体应积极发展的对象。在国外，校友捐赠非常普遍，因此国内高校一提到校友首先想到的是捐赠。殊不知，校友是人才培养过程的直接参与者，他们感同身受，特别是在毕业之后更能发现之前人才培养过程存在的缺陷，因此，发动校友反馈信息并邀请他们参与专业学习共同体，为母校做些力所能及的事，这些方式应该为校友们所乐意接受的。总之，学校应积极发展与家长、校友、社区的伙伴关系，抓住机遇，寻求广泛支持和指导，使专业学习共同体的内涵得到进一步扩展。

（二）建构专业学习共同体的操作策略

1. 基于论坛的专业学习共同体

基于论坛的专业学习共同体指的是以论坛作为学习平台，参与成员就共同关心的理论与实践问题进行探讨，活动可以采用"讲＋评＋互动＋引领"方式，即由其中一个成员开讲话题观点，大家参与讨论、点评，然后是共同体成员之间的互动，最后由专家或教师进行理论的总结和实践的引导。也可以用"辩论＋互动＋引领"模式，即先确定讨论主题，接着是辩论双方各派出两人阐述对同一主题的观点，然后是互动，最后是教师或专家的理论或实践智慧的引领。论坛组织形式从实际需要出发，在解决问题的方式上可以采用讨论式、辩论式、个案分析方式、专题发言、调研汇报、经验总结、专题报告等，以期共同体对某个理论问题或实践问题的探讨不是浮于表层，而是有深度地进行思考、交流和共享。

2. 基于实习、实训的专业学习共同体

实习主要是通过真实的工作环境将所学的理论、技能运用于实践的过程。而实训主要是通过创设基于工作的、模仿从业者真实活动的学习环境，或借助信息技术设计逼真、仿真环境和虚拟真实来提高学习的真实性与有效性，以保证知识向真实情境迁移。实习、实训的关键是给共同体一个真实或模拟的任务，所有成员共同致力于完成这一任务，在与环境的长期而真实的互动过程中，使知识与技能的应用发生于真实的背景中，从而真正掌握成功的实践活动所必需的知识与能力。

3. 基于网络交流的专业学习共同体

网络交流主要具有两个特点：一是具有自由的言论环境，在网络上双方更容易畅所欲言，大胆地表达自己的看法与观点，有利于观点的交锋。二是网络交流不受时空限制，共同体成员随时随地都可以参与网络讨论，及时解决学习过程中碰到的理论困惑与实践难题。因此，高校应充分利用网络平台，共建 BBS，由导师或专家在线主持，对学习过程中的问题给予及时的讨论、指导。

第四节 建立应用型本科课程评价制度

一、明确应用型本科培养规格

高等教育从精英化阶段向大众化阶段转型，意味着本科教育的宏观环境发生了根本性的变化。正是这种根本性的变化，使得本科教育的培养目标、培养规格面临着一系列问题和挑战。目前我国对本科人才培养规格的阐述尚没有比较权威的政策文本，各校在制定各专业的培养规格时主要依据《高等教育法》中培养目标的规定——"本科教育应当使学生比较系统地掌握本学科、专业必需的基础理论、基本知识，掌握本专业必要的基本技能、方法和相关知识，具有从事本专业实际工作和研究工作的初步能力"，再结合各专业的具体情况和对培养目标的分解加以阐述。殊不知，《高等教育法》关于本科教育培养目标的规定，由于运用"比较""初步"等含糊限定的语言，致使在实际质量监控过程中，实施者无法操作。因此，尚处处刻记着精英高等教育时期印迹的地方本科院校的人才培养规格的阐述也比较笼统，存在"规格不明"的问题，难以为课程评价服务，因此，有必要明确应用型人才的培养规格。那么，如何明确应用型人才应具有的规格呢？以下确定应用型人才培养规格的途径，值得思考和借鉴。

（一）明确本科人才培养规格

虽然高等教育大众化导致高等教育向多层次、多类型方向发展，但是作为高等教育的一个层次——本科教育在人才培养规格上还是有其统一性的一面。在高等教育多样化的情况下，为保证人才培养质量，各国都在寻求不同类型本科教育的培养规格的共性标准。1996 年英国政府的咨询机构高等教育调查委员会（National Committee of Inquiry into Higher Education）在其报告中明确要求英国大学毕业生必须达到以下三方面的要求：

（1）关键技能（Key Skills）：交际能力（communication）数量能力（numeracy）、运用信息技术（use of information technology）、掌握学习方法（learning how to learn）；

（2）认知技能（Cognitive Skills）：理解方法论的能力（understanding of methodology）、批判的分析能力（ability in critical analysis）等；

（3）专业技能（Specific Skills）：实验技能、各学科专业能力等。

2005 年欧洲高等教育区卑尔根会议通过的欧洲高等教育区的学术资格框架对学士学位的"学习产出"做出了明确的规定：

（1）已经具有在普通中等教育之上的某一个领域内的知识和智力能力。其典型的水准包括学生所学领域高级教科书中的某些前沿知识；

（2）能以专业的方法在工作或职业中应用其知识和智力能力，典型的表现是在其学习领域内据理争辩，从事设计和解决问题；

（3）能收集和解释相关数据（通常是在其学习领域内），以做出正确判断，包括关于社会、科学或伦理问题的见解；

（4）能与专家和非专业听众交流信息、思想、问题以及解决办法；

（5）已经具有高度自主地持续进修所必需的学习技能。

2007 年 9 月，日本文科省为了保证本科教育和学士学位的质量，希望通过制定学生在本科毕业前必须达到的基本要求，为所有本科课程必须达到的最低学习成果提供政策参考，为此，提出了"学士力"的概念。"学士力"指的是所有本科专业学生在获得学士学位之前必须具备的能力。具体内容包括：

（1）知识与理解：①对多元文化与异文化知识的理解；②对人类文化、社会与自然知识的理解。

（2）应用的技能：①交际能力与技能，运用日语和特定外语，做到读、写、听、说四会；②数量的技能，对于自然或社会现象，能够运用象征或符号等，进行分析、理解与表现；③信息能力，正确判断多种信息，有效运用这些信息；④具备逻辑思考能力，对信息或知识能够进行多视角、逻辑性的分析与表现；⑤解决问题的能力，具备收集、分析、整理有关发现问题和解决问题的信息以及解决问题的能力。

（3）态度与志向性：①自我管理能力；②团队精神、领导力；③伦理观；④作为市民应具备的社会责任；⑤终身学习能力。

（4）综合的学习经验与创造思考力：能够综合地运用已获得的知识与技能等，在自我发现的新课题中运用这些知识与技能，并解决问题。这些规定鼓励各院校在总体一致的规范框架内进行创新，适应了高等教育多样化发展的趋势。虽然我国已经进入高等教育大众化阶段，但现阶段尚缺乏对本科或学士学位人才培养规格基本标准的明确规定，因此政府有必要制定本科人才培养规格的基本标准，以适应高等教育多样化发展的趋势。

（二）借鉴国际经验

应用型本科属于本科教育的一种类型，因此，在本科人才培养规格共同基准下，其人才培养规格具有不同于学术型本科的特征。由于应用型人才要面向某一职业或者专业，因此在其人才培养规格方面的规定不同专业有很大的不同。在这方面，美国是通过专业认证机构的专业认证标准来明确应用型人才的培养规格的，也就是说，它通过专业认证对面向某一职业的专业教育和毕业生能力进行了明确和详细的规定。如 20 世纪 90 年代末，美国工程认定委员会制定了新的《工科标准 2000》（Engineering Criteria 2000），新标准对所有的工科学生明确提出必须具备 11 种基础能力。它们包括数学、科学和工科知识的运用能力、设计和管理实验的能力、分析和解释数据的能力、作为专业人员必须具备的理解责任和伦理的能力、有效交际的能力、认识终身学习必要性和实施的能力等。英国通过 QAA 颁布《学科基准声明》（Subject Benchmark Statements）来进一步明确各个专业的人才培养规格。《学科基准声明》对相当于应用型本科的普通（非荣誉）学士学位的规格规定如下：

（1）掌握并批判性地理解他们所学领域中成熟的原理，以及这些原理的建立和发展途径；

（2）具有应用他们初学范围之外的基本概念和原理的能力，包括在受雇就业情况下，运用这些原理的能力；

（3）掌握本门学科主要的探索方法，批判性地评价在他们所学领域内解决问题的不同方法的适合性；

（4）理解他们所学知识的局限性，以及以此知识为本所做的分析和解释的影响。在其他，国家学会、协会和政府机构为了保证质量而纷纷制定应用型人才培养规格最低标准的形势下，地方本科院校可以借鉴这些国际经验，明确应用型人才培养规格。

（三）在实证调查基础上制定应用型人才培养规格

合理的人才培养规格的制定既要在人才培养目标的基础上进行合理的推理、演绎，同时也要以大量的调研材料为支撑，以确保论证的合理性和有效性。对于应用型本科来讲，由于其培养面向就业市场的某一职业或行业的学生，更需要以用人单位的需求作为参考。调研的对象可以涉及学生家长、校友、相关行业的专家等。应根据调研反馈信息修正在人才培养目标基础上演绎的人才培养规格。

然而，对于不同类型、不同层次、不同服务面向的高等学校来讲，其人才培养的规格是不同的，不同的专业培养人才的质量标准也是不同的。

二、实施专业认证制度

我国的高等教育评估已有 20 多年的历史，随着高等教育评估理论研究的不断深入和实践探索的逐步开展，高等教育评估逐步形成了政府主导的合格评估、办学水平评估、选优评估，以及中介组织倡导的大学排行等，评估的形式和内容也越来越多样化。然而，国际通行的适用于保证应用型人才培养质量的专业认证，在我国整个高等教育评估和高等教育质量保障体系中的地位和作用一直相当薄弱，未能成为一个相对独立的组成部分。因此，在倡导地方高校培养应用型人才的同时有必要大力推广和实施专业认证制度，通过对专业教学计划进行认证、评价，以保证应用型人才培养质量的最低标准。

（一）通过立法促进专业认证的开展

通过立法，确认认证中介机构的权威性与独立性，是搞好专业认证工作的根本保证。欧美各国一般通过立法来保障专业认证机构的合法权益，为其评估行为与有偿服务提供较为完备的法律依据，具有很强的权威性和独立性，保证认证结果能够得到最大限度的社会认可和信任。相比之下，我国关于高等教育评估的立法工作十分落后。目前，我国有关高等教育评估与认证最为系统的专门性的行政法规只有《普通高等学校评估暂行规定》。但由于它产生于20世纪90年代我国高等教育精英化阶段，许多原则和规定与现阶段高等教育大众化的现实有较大差距，以其来指导今天已发生翻天覆地变化的高等教育，显得有点捉襟见肘。同时，随着高等教育评估的迅速发展，出现了独立于政府之外的评估主体和评价模式，这些新发展却未在规定中得到体现，立法规范出现了真空。政府应着手制定有关高教评估与认证的法规，确认评估中介机构的合法性、权威性与独立性，使我国高等教育专业认证能在国家法律和有关政策规范的指导下得到开展。

（二）鼓励和发展中介性质的专业认证机构

从英美发达国家专业认证的成功经验来看，介于政府、社会和高校之间的中介组织在专业认证方面发挥着重要的作用，有鉴于此，鼓励和发展中介性质的专业认证机构是完善我国高等教育专业认证体系的首要任务。具体来讲，可从以下几方面着手：第一，成立中介性质的专业认证机构。本着官民结合的原则，鼓励各种专业协会、学术团体组成具有中介性质的专业认证机构。或者利用现有政府的某些部门和高校内部某些部门构成此类中介组织的框架。此外，带有中介组织性质的机构，如就业指导、人力资源统筹、出国留学等中介组织，也有可以发展的空间。第二，重视专业认证机构专家队伍的建设。认证专家是专业认证的具体执行者，其综合素质关系到认证机构的专业性和权威性，因而，建立一支具有职业道德良好、自律精神强、专业水平高、通晓应用型人才培养过程、了解就业市场中的职业准入资格的相对稳定的专家队伍，是专业认证工作顺利进行的重要保证。专家队伍应以同行专家为核心主体，既包括教育界的专业教授，也包括职业界的专家。这样，一方面保证了认证的专业性和权威性；另一方面，架起了教育界与职业界沟通的桥梁，打破高等教育的封闭状态，使得人才培养过程与就业需要的联系更加紧密。

（三）以某些专业为试点，逐步展开

在英美等发达国家，专业认证范围主要有医药、卫生、建筑设计、工程（包括土木、水利、机械、化学、电子等）、规划、法律、师范等行业领域的专业，涉及面较广。对于专业认证刚刚起步的中国，不宜全面开展，应以几个专业如建筑、工程、医学为试点，在试点过程中不断调整和完善各方面工作，通过以点带面，进而开展大规模的专业认证工作。目前已开展的试点工作有：20 世纪 90 年代已经在建筑工程领域对专业认证制度进行了实践性探索；2006 年 3 月，教育部启动了工程教育专业认证工作，先后在机械工程与自动化、电气工程及其自动化、化学工程与工艺、计算机科学与技术四个领域分别成立试点工作组，制订试点办法和章程，完成了 8 所学校的认证试点；2007 年，教育部又将试点认证的范围扩大到包括电气类、计算机类和环境类等在内的 10 个专业。因此，有必要对这些试点工作取得的经验和不足加以总结，为今后全面开展专业认证奠定基础。

（四）积极参与国际交流，保证认证程序和认证标准的国际化

经济的全球化和高等教育的国际化使人才在国家之间的流动更为频繁，"各国的认证组织签订互认协议，相互承认对方认证过的专业点及其所授学历、学位，是应运而生、势不可当"的潮流。为应对这一潮流，我国试点开展的专业认证工作在认证的程序和标准上，不仅要强调考虑我国的实际，更要强调与国际惯例接轨，积极采用国际通行的程序和标准，还应当分析和研究当前国际高等教育专业认证标准的变化和发展趋势，分析国际相互承认的条件和标准，保证我国高等教育与国际高等教育之间的等效与互认，促进应用型人才的国际流动。

第八章　学生学习模式改革与创新

人才培养既是教育工作者发挥主导作用，对学生进行教育的过程，也是学生发挥自身主体性进行学习的过程。教与学都是人才培养的主体性内容，所以人才培养模式不仅包括教师对学生实施教学的模式，也应当包括学生进行学习的模式。改革创新人才培养模式，必须对学生的学习模式进行改革创新。在某种意义上甚至可以说，学生学习模式的改革创新，比教师教学模式的改革创新更加重要。因为正如陶行知先生所说的，教学无非就是教学生学。无论教师怎样教，如果学生不认真学，或者学习虽然认真但不得法，都不会取得好的效果。教学模式改革创新能否取得成效、能取得多大成效，还取决于学生的学习模式是否也进行了相应的改革创新，是否与教学模式相适应。

第一节　基于自我设计与开发的学习模式

一、基于自我设计与开发的学习模式概述

（一）基于自我设计与开发的学习模式的界定

首先需要说明的是，这里的"学习"不是狭义的"课堂学习"，而是在大教学观念主导下的最广泛意义上的学习，是学生通过获取信息、分析思考、记忆感悟、实践练习等方式，达到丰富知识、增长才干、提升品德、完善人格等目的的过程。它从时间上扩展到了课堂学习之前和之后，从范围和内容上扩展到了课堂学习之外，包括专业学习、社会实践

和日常生活等学生学校生活的全部，这也就是学生在大学生活中赖以成才的全部。

基于自我设计与开发的人才培养模式旨在将以专业为载体的共性化人才培养，与基于学生个人素质条件和未来发展需要的个性化发展有机结合起来，通过人才培养方案的组织实施，使学生具有共性（学习能力、求职能力、胜任能力）能力；同时通过导师制、学生参与教学活动、自我分析等形式，使学生全面、充分发挥主体角色，开发自我个性，由先前的被设计者、被开发者转变成为自我设计与开发者，从而实现大学学习生活化和大学生活学习化。在这一人才培养模式下，倡导以学习者为中心的分散性、个别性自主学习的教育模式，教师的教置于学生学的过程中，使传统的教学方式向主动的、双向交流的、开放的教学模式转变。

学习模式是指学习者利用多种途径对自己已有的知识和技能进一步巩固和操练，同时学习新的知识和技能。基于自我设计与开发的学习模式，是指突出学生个人需求导向，体现学生的个性化特征，学生由过去的被设计、被开发者，转变为基于自我设计的自我开发者，变被动接受知识为通过自主探究性学习获取知识，变被动接受潜能开发为有指导的自我开发，变素质的被动培育为有意识的自我培育，变行为习惯的自然形成为积极的自我养成，也就是要将学生的学习由接受教育变成对人格的自我完善和对知识的自主探索，变"外求"为"内求"，变"接受"为"自得"。

（二）基于自我设计与开发的学习模式的特点

基于自我设计与开发的学习模式的特点主要为：学习环境由多种因素整合而成；学习以个体独立自主为基础；学习的过程是一个循环式的渐进过程：学习要求学生主体以自己的学习过程为监控对象。

1. 学习环境由多种因素整合而成

这些因素包括学习者主体、教师、资源、管理与监控体系等。学生处于这个环境的中心，与其他因素形成双向影响。学生是自主学习环境中的一个核心要素，承担着主要的学习责任。在学习过程中，学生需要确定学习目标，实施学习活动，不断地进行反思，发掘自己的需求，做出合理的调整，并重新决定自己的学习目标和学习策略。这种学习环境决定了自主学习模式有其自身的特点。

2. 学习以个体独立自主为基础

自主学习的各个环节都要求学生具备一定的自主决策能力，要求学生以坚强的意志解决学习过程中的困难。随着学习过程的深入，学生会遇到越来越多的困难与挫折，而最初的学习动力开始减弱时，便需要学生以自己坚强的意志力与恒心去克服这些困难，因此学生要具备较强的责任心、恒心等非能力因素。

3. 学习过程是一个循环式的渐进过程

从最初完全依赖教师、父母的指导逐渐过渡到自己进行独立思考的学习活动，学生的自主学习需要经历一个从他主到自主的发展过程。另外，自主学习是一个循环式的过程，上一次学习任务结束时的自我评价，将反映在下一次任务对学习目标的设置和对自身能力的评价中；上一次学习过程中经历与体验将作为下一次任务中学习策略选择、学习资源控制的依据。如此反复，自主学习方能逐渐发展完善。

4. 学习要求学生主体以自己的学习过程为监控对象

在自主学习过程中，学生不断地进行积极而自觉地监视、控制和调节。从学习目标的设置，学习策略的选择、调节、控制和补救对学习结果的评价与反省，都将由学习主体自主选择和决定。因此，自主学习模式下，学生须具备一定的元认知监控策略及能力。

二、基于自我设计与开发学习模式的内容

基于自我设计与开发的学习模式包括：知识获取的学习模式、能力开发的学习模式、素质培育的学习模式和行为养成的学习模式。

1. 知识获取的学习模式

知识获取的学习模式是指，基于自我设计与开发的学习模式中，以学生学为中心、以教师引导为前提、以"问题驱动"为导向。在这种学习模式下，学生对知识的自主探究主要包括：自主探究式的学习、基于教学内容与课程体系的自主学习、参与开放性探究式学习和导师引导下的探究式学习。在学生对知识的自主探究中，逐渐养成探究式的学习习惯、能力和素质，变"外求"为"内求"，变"接受"为"自得"。

2. 能力开发的学习模式

能力开发的学习模式是指，学生在教师的引导下，自觉开发学习能力、求职能力、胜任能力，具体包括，学生在"自我设计与开发"课程体系的引领下实现创新、创业能力的自我开发；学生通过参与认识实习、专业实习和思维训练实现实际操作能力的自我开发；学生在教师指导下设计、发放调查问卷，统计、分析数据材料，从而实现调查能力的自我开发；学生通过参与"中外文化经典导修"系列课程，实现潜能的自我开发；学生通过研读国外原版教材逐渐养成国际化视野和对不同文明的理解与包容能力。学生在这些能力的自我开发中，逐渐形成较强的语言表达、人际沟通、合作共处、组织协调能力。这些能力是迅速有效地适应不确定性环境所必备的能力，也是高素质应用型人才

所要具备的核心能力。

3. 素质培育的学习模式

素质培育的学习模式是指，教师围绕经典教育这一核心理念，重视学生的主体地位和主动发展，着眼学生的未来需求和持续发展，尊重学生的个性差异，引导学生在学会学习的过程中进行素质的全面培养。财经学科所培养的高素质应用型人才的素质特征包括：既具有较高的人文素质，又具有理学与工学素质；既有理性，更有灵性；既有专业特长，又有广泛的适应性，非专业的综合性素质与能力较为突出。

4. 行为养成的学习模式

基于自我设计与开发的学习模式的关键在于发挥学生的主体性，学生行为的自我完善是发挥学生主体性的基础，也是学生实现对知识的自主探究、能力的自我开发和素质自我培育的前提。因此，行为养成的学习模式是指通过让学生参与一系列教学活动、社团活动和社会实践活动、进行个人素质测评和规划个人成长、开展集中答辩等形式，让学生养成自我管理的习惯、参与和竞争意识、学会自我规划与设计，并能充分认识自身的潜能与价值。

三、基于自我设计与开发的学习模式实践

1. 基于教学内容与课程体系的自主学习

基于自我设计与开发的高素质应用型人才培养模式重点要解决高等教育中普遍存在的学生忽视自主学习意识、综合创新能力不足等问题。通过对教学内容与课程体系的一系列改革设计、通过人才培养方案的组织实施，贯彻教学内容与课程体系的改革措施，培养学生的共性（学习能力、求职能力、胜任能力）能；同时通过导师制、学生参与教学活动、自我分析等形式，让学生全面、充分发挥主体角色，开发自我个性，养成自主学习意识。

2. 参与开放性探究式学习

通过改革实践性教学方法，将实践性教学融入课堂教学之中。将专业课程的内容划分为基础模块、实践模块和专题模块。"实践模块"由社会现实知识和基本技能训练知识两部分组成，从课程内容中剥离出来，进行规范化组织，其实施过程应体现在该课程的授课计划上。

在实践教学中，学生进行开放性的探究式学习和思维训练，增加实际知识。学生在教师指导下，每一门课程都带着问题阅读，读后回答问题并进行讨论，教师再进行讲解、

评述等。同时，利用面向社会的网络教室和网络论坛，吸收已经毕业的学生和企业实际工作者参与进来，使学生经常参与对企业实际人力资源管理问题的讨论，直接接触实际问题。

3. 导师引导下的探究式学习

导师引导下的探究式学习是指，从大学一年级至大学四年级均配备导师的全程指导式导师制。学生在导师的指导下，不仅要学习专业课程、参与专业实习、撰写学年论文和毕业论文；而且还要在导师引导下学习如何面对生活中的困境，如何更快更好地适应工作和社会，如何在考研、考公务员、创业、就业等未来发展中做出最佳选择与准备。

4. 学生能力的自我开发

在自我设计与开发的学习模式下，学生在"自我设计与开发"课程体系的引领下实现创新、创业能力的自我开发；学生通过参与认识实习、专业实习和思维训练实现实际操作能力的自我开发；学生在教师指导下设计、发放调查问卷，统计、分析数据材料，从而实现调查能力的自我开发；学生通过参与"中外文化经典导修"系列课程，实现潜能的自我开发；学生通过研读国外原版教材逐渐养成国际化视野和对不同文明的理解与包容能力。学生在这些能力的自我开发中，逐渐形成较强的语言表能力、人际沟通能力、合作共处能力、组织协调能力。这些能力是迅速有效地适应不确定性环境所必备的能力，也是高素质应用型人才所要具备的核心能力。

5. 学生素质的自我培育

由于财经学科所具有的特殊性，财经学科所培养的高素质应用型人才同时也应当是复合型人才。这种人才除需具有大学毕业生所应有的各种素质之外，在素质结构上还应具有以下特征：第一，既具有较高的人文素质，又具有一定的理学与工学素质；第二，既有理性，更有灵性；第三，既有专业特长，又有广泛的适应性，具有多样化发展的潜力；第四，非专业的综合性素质与能力较为突出。因此，通过经典导修体系设计强调"修"和"导"两个方面，即学生对经典的修读修养和教师、学院对学生的修读修养进行的引导和帮助，学生通过参与"中外文化经典导修"、学科经典导修、专业经典导修以及导修课程体系的配套活动，最终实现学生成功的自导自修。

6. 学生行为的自我养成

基于自我设计与开发的学习模式的关键在于发挥学生的主体性，学生行为的自我完善是发挥学生主体性的基础，也是学生实现对知识的自主探究、能力的自我开发和素质自我培育的前提。因此，通过让学生参与一系列教学活动、社团活动和社会实践活动、进行个人素质测评和规划个人成长、开展集中答辩等形式，让学生养成自我管理的习惯、参与和竞争意识、学会自我规划与设计，并能充分认识自身的潜能与价值。

四、基于自我设计与开发学习模式实践的要求

（一）学生应具备的条件

1. 自主学习成为学生学习的思维原动力

自主学习的特点对学生的心理发展水平提出了较高要求。在自我设计与开发学习模式下，自主学习成为学生学习的思维原动力，在原动力的驱动下，学生拥有正确的学习态度和坚定的信念，能摆正自己在学习中的位置，客观地认识自己的学习，通过计划、监控和评估自己的学习过程，积极主动地开展自主性学习。

2. 具有较强的学习动机

学习动机是促进学生自主学习的重要因素，是培养自主学习的前提。学生拥有强烈的学习动机，才会积极主动地去思考"学什么"和"怎样学"等问题，才会制定明确的学习目标，克服困难，主动寻求知识。

3. 掌握一定的学习策略

学习策略是学习者在学习过程中运用的某些特殊的方法或手段。学习策略是学生得以顺利完成学习动机并取得预期效果的保障。熟练地运用学习策略，不仅可以帮助学生减少对教师的依赖，而且能够有效地推动学生的自主学习。例如，学生可以通过网络资源控制学习主题、学习数量、学习速度等。在自我设计与开发的学习模式下，学生可以根据自身的学习目标、学习风格选择合适的学习材料和学习内容，确立合适的学习进度和学习计划。

（二）基于自我设计与开发学习模式下的学生定位

1. 学习任务的自我决策者

基于自我设计与开发学习模式下，学生应具备一些独立处理问题的能力和决策能力。学生积极地参与对自身的学习管理，如同教师或辅导员的交流、学习计划的制订、学习风格的确立、学习环境的选择、学习技巧的训练、材料的搜集、活动的参与，等等。这种自我管理要求学生对学习资料的有用性、适用度、质量和数量、空白与不足等做出判断，选择合适的自主学习技巧，积极反思，判断学习的效率、效果和缺点。

2. 问题的研究者

基于自我设计与开发学习模式下，学生不仅是知识的接受者，也是问题的研究者，即要围绕着一个需要研究解决的问题展开，以解决问题和表达、交流结束。学生应具有发现和提出问题的能力，提出解决问题的设想的能力，收集资料的能力，分析资料和得出结论的能力，以及表述思想和交流成果的能力。

3. 学习过程的自我监督者

基于自我设计与开发学习模式下，学生要使自己成为自我监督的自觉执行者。首先，要制订切实可行的学习计划，加强对学习的自我调控和自我评估，自觉地确定行动目的，并根据目的有效地实施学习活动。其次，还要有一种自我评估能力。自我评估是在学习活动中，为能达到学习目标和要求、取得更佳的效果而不断地对学习进行自我总结和反思的行为。通过自我评估，学生能亲自体验学习过程，清楚地了解自己的学习情况，看到成绩或差距，从而更加主动地学习。

4. 共同学习环境中的合作者

基于自我设计与开发学习模式下的自主学习并不排斥他人的帮助，学生应有意识地开展合作学习活动，让自己成为自主学习团体中的一员，既以别人为师，也可当别人的老师，在奉献的同时，也会有收获。这种合作学习环境的创设对自主学习具有很大的推动力。合作学习不仅可以在课堂上进行，而且也可以在课外实施。

（三）基于自我设计与开发教学模式中教师角色定位

基于自我设计与开发教学模式中，教师的角色必须由过去相对单一的课程教学任务承担者，拓展为课程教学任务承担者和学生自我设计与开发的指导者。教师应变成教练和导师，要由过去主要是传授知识，转变为主要是指导学生进行自我设计和自我开发，不仅在素质培育和行为养成上，而且在知识传授和能力开发上，都应当由过去的"教授"转变为"教学"—教学生进行自主探究性学习，也就是教师要将教学活动变成对学生修身与求知活动的指导。

在教师的主持下，开展师生讨论，学习基于自我设计与开发学习模式的内涵、特点，探讨学习过程的每个环节如何体现基于自我设计与开发学习模式，师生在讨论、学习的过程中明确各自的角色和职责，互相了解对方的需求，不断完善、创新学习模式。可以说，基于自我设计与开发的学习模式是广大师生共同探讨、相互学习的集体智慧的结晶。也正是由于师生共同的参与才使基于自我设计与开发学习模式得以更好地实践。

第二节　知识获取的学习模式

一、知识获取的学习模式

（一）知识获取的学习模式的界定

知识获取的学习模式是指，基于自我设计与开发的学习模式中，以学生学为中心、以教师引导为前提、以"问题驱动"为导向。在这种学习模式下，学生对知识的自主探究主要包括：自主探究式的学习、基于教学内容与课程体系的自主学习、参与开放性探究式学习和导师引导下的探究式学习。在学生对知识的自主探究中，逐渐养成探究式的学习习惯、能力和素质，变"外求"为"内求"，变"接受"为"自得"。

（二）知识获取的学习模式的特点

（1）学习模式双主化。基于自我设计与开发的高素质应用型人才培养模式通过建立以培养方案实施机制，和学生自我设计与开发机制并行的双轨制过程组织模式，将学生四年大学生活的所有方面（包括以基于培养方案的课程学习）都纳入自我设计与开发的范畴，将整个人才培养过程建立在学生的自我设计之上，将整个人才培养过程变成在培养方案指引下和教师指导下学生基于自我设计的自我开发过程，既突出了学生的主体地位，又充分发挥了学校／教师的主导作用。

（2）学习过程探究化。基于自我设计与开发的知识获取学习模式突出以学为中心，以"问题驱动"为导向。师生共同讨论，确定学习专题，设计专题知识的框架、资源。学生在教师的指导下，围绕专题进行自主学习或协作探究，在一系列的学习活动中发现问题、提出问题、分析问题、解决问题。

（3）学习资源的动态化。基于自我设计与开发的知识获取学习模式突出以学为中心，为学生提供各种丰富的学习资源。这些资源的交互性及整体性强，注意各知识点的横向联系，具有扩展性的特点。

二、知识获取学习模式的实践

（一）基于教学内容与课程体系的自主学习

基于自我设计与开发的高素质应用型人才培养模式重点要解决高等教育中普遍存在的学生忽视自主学习意识、综合创新能力不足等问题。通过对教学内容与课程体系的一系列改革设计，培养学生的共性（学习能力、求职能力、胜任能力）能力；同时通过导师制、学生参与教学活动、自我分析等形式，让学生全面、充分地发挥主体角色，开发自我个性，养成自主学习习惯。学生自主学习主要包括以下几个方面：

（1）通过在中外文化经典导修中增加学生自修的经典课程，实现以教师"导"为主向以学生"修"为主的转变。

（2）学生在自我开发与设计课程体系中的创业教育、创新教育课程引导下，通过掌握创新、创业的方法与内容，开展自主学习与实践，并在实践中自觉总结经验教训。

（3）学生通过学习专业课程中与学生能力培养紧密相连的课程，提升自己的自主学习能力。

（4）学生在"认识体验实习＋专业实习＋毕业实习"模式的引导下，积极参与课内实训与实验、积极参与各种社团活动、论坛等为载体的课外实践训练体系的建设和以实习基地为主的校外实践性教学体系建设。

（二）自主探究式学习

自主探究式学习是指在教师基于自我设计与开发教学模式引导下，学生自主运用国内外先进的公共管理理论，分析、思考和解决我国当前公共管理中的实际问题。

以山东工商学院自主探究式双语学习为例，目前，山东工商学院公共管理学院开展"培养学生自主探究式学习习惯与能力"的双语教学模式已近7年，现已开设5门双语课程，均采用国际一流原版教材，在国内高校双语教学中位于第二层次。

在双语教学中教师本着实施高起点教育，培养适应全球化趋势的国际化高素质人才的原则，按照构建以经典导修为核心的开放式教育模式的整体要求，从解决我国高校双语教学中普遍存在的一些问题与矛盾入手，以改革灌输式课程教学模式和被动接受式学习模式，培养学生自主探究式学习习惯与能力为核心，综合运用教育学理论与技术，采用科学的教育实践方法，通过对教学目标、教学环节、教学方式与方法的系统设计，积极探索各种形式的教学法。通过双语教学，一方面使学生系统掌握最基本和最前沿的公共管理基本理论与方法；另一方面努力使学生具有公共管理方面英文文献的听、说、读、写的基本能力，最终实现通过运用英语达到真正掌握英语的目的。同时，使学生具备运用国外先进的公共管理理论，分析、思考和解决我国当前公共管理中实际问题的能力。

1. 与教学目标相契合的多样化双语课程教学方法

在教学中本着促进学生积极思考，注重对学生知识运用能力培养的原则，采取开放灵活的教学形式。具体教学步骤有三种形式：①教师布置下节课关键问题→学生阅读和查阅资料→课堂汇报→同学提问问题→老师点评；②老师介绍理论、模型和要点→启发学生思考→课堂讨论→学生汇报→老师点评；③老师介绍理论、模型和要点—学者经典文章辅助—相关的案例分析，经典文章和案例都需要课下阅读。主要采取的教学方法与手段包括：互动式教学、提问教学法、角色扮演法、案例教学法、启发式教学法、课后作业＋教师点评、讨论法、对比教学。

通过以上教学方法试图达到以下目的：改革灌输式课程教学模式和被动接受式学习模式，基于国际一流的原版教材，激发学生的学习兴趣与主动性，提高学生专业英语听说能力和阅读原著的基本能力，培养学生英语思维的习惯，培养学生自主探究式学习习惯与能力。教学方法与教学目的、教学目标的关系如图所示。

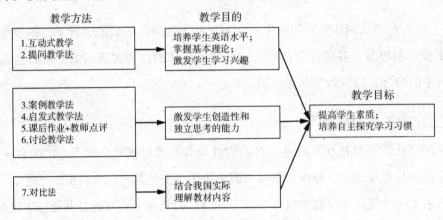

2. 双语教学效果显示学生自主学习能力不断增强

通过问卷调查分析可以发现，双语教学对专业整体学习具有重要作用。它既能增进学生对专业知识的理解，又能提高学生英文水平。更为重要的是，它能够使学生了解国外原初思想或理论，避免国内由于重复引用所造成的知识混淆，能增强学生的国际化视野。

由于教学方式与手段的改进，教学效果不断提升。一方面，认为双语课程深度与难度较大的学生比例从 69.4% 下降到 67.3%。平时课前充分预习的学生比例从 20.1% 提高到 39.85，提高了 19.75 个百分点；不充分预习的学生比例则从 32.4% 下降到 20.18%，下降了 12.22 个百分点。另一方面，学生回答问题的主动性在不断增强，其比例从 9.1% 提高到 12.14%。学生做课后作业的主动性也在不断增强，认为合适的作业时间间隔每次课

1 次及每周 1 次的学生比例从 49% 提高到 69.01，提高了 20.01 个百分点。可以说，教学方式与手段越来越符合学生的实际需求，教学效果上学生的自主学习能力在不断加强。

（三）参与开放性探究式学习

通过改革实践性教学方法，将实践性教学融入课堂教学之中。将专业课程的内容划分为基础模块、实践模块和专题模块。实践模块由社会现实知识和基本技能训练知识两部分组成，从课程内容中剥离出来，进行规范化组织，其实施过程应体现在该课程的授课计划上。

在实践教学中，通过指导学生进行开放性的探究式学习，对学生进行思维训练，增加实际知识。每一门课程都将指定经典文献让学生阅读，教师提出有针对性的问题，让学生带着问题阅读，读后回答问题并进行讨论，教师再进行讲解、评述等。同时，利用面向社会的网络教室和网络论坛，吸收已经毕业的学生和企业实际工作者参与进来，使学生经常参与到对企业实际人力资源管理问题的讨论，直接接触实际问题。

（四）导师引导下的探究式学习

导师引导下的探究式学习，是指学生在教师指导下，为获得科学素养以类似科学探究的方式所开展的学习活动。公共管理学院实行导师制已近 7 年，2010 年以来，实行大学一年级就配备导师的全程指导式导师制。全程指导式导师制是指学院为学生配备教学科研经验丰富的教师做导师。导师针对专业指导和课程（自我设计与开发课程）指导两方面，学生在导师的指导下，不仅要学习专业课程、参与专业实习、撰写学年论文和毕业论文；而且要在导师引导下学习如何面对生活中的困境，如何更快更好地适应工作和社会，如何在考研、考公务员、创业、就业等未来发展中做出最佳选择与准备。

三、知识获取学习模式的要求

（一）突出学生的主体性

目的在于培养自我设计与开发的意识、能力与习惯，使学生能够通过积极主动的自我设计与自我开发，在有效适应不断变换的社会需要的同时，不断提升自己，增强自身的发展能力。

（二）增强学生的参与性

一要增强课堂教学的参与性，变被动的接受式学习为主动的知识探求；二要创造更多的实践锻炼机会，特别是要让学生成为实践活动的设计者、组织者与参与者，在参与中丰富知识与情感，在参与中培养锻炼各种能力，在参与中认识和感悟社会与人生。

（三）加大教学的实践性

一要增强教学内容的实践性：二要加大实践性教学的比重，突出教育教学的应用型特征。

第三节　能力开发的学习模式

一、能力开发的学习模式

（一）能力开发的学习模式界定

能力开发的学习模式是指学生在教师的引导下，自觉开发学习能力、求职能力、胜任能力，具体包括：学生在"自我设计与开发"课程体系的引领下实现创新、创业能力的自我开发；学生通过参与认识实习、专业实习和思维训练实现实际操作能力的自我开发；学生在教师指导下设计、发放调查问卷，统计、分析数据材料，从而实现调查能力的自我开发；学生通过参与"中外文化经典导修"系列课程，实现潜能的自我开发；学生通过研读国外原版教材逐渐养成国际化视野和对不同文明的理解与包容能力。学生在这些能力的自我开发中，逐渐形成较强的语言表达、人际沟通、合作共处、组织协调能力。这些能力是迅速有效地适应不确定性环境所必备的能力，也是高素质应用型人才所要具备的核心能力。

（二）能力开发的学习模式的特点

（1）学习活动化。基于自我设计与开发的能力开发学习模式遵循课内教学和课外实践相结合的学习思路。每一位学生都有机会参与课堂内外活动，进而使学生的潜能得到开发。

（2）学习生活化。在此模式下，学生自觉将大学学习与毕业后的工作联系起来，将大学学习与一生的事业联系起来，将大学学习与对幸福美满人生的追求联系起来，将大学学习变成自我发展与完善的内在需要。教师通过引导学生进行探究式学习，不断实现自我开发与设计，成为一个终生自我开发与完善的人。

二、能力开发学习模式的实践

（一）学生创业能力的自我开发

学生创业能力的自我开发包括两个方面：一方面，学生要具备当前用人单位所要求的能力，能够为当前社会经济的发展服务；另一方面，要具备个人可持续发展所必需的能力。这些能力是比用人单位当前的实际工作需要更多、更先进的东西，学生超前创业能力的自我开发，不仅能够给用人单位注入新的观念、新的知识、新的技术、新的方法，具备提升用人单位的知识与技术水平的能力，而且能够用自己的双手创造幸福美好的人生，推动、引领经济发展与社会和谐，成为社会经济发展乃至整个人类文明与进步的推动者与领导者。因此，学生创业能力的自我开发可使其一只脚站在现实的土地上，而另一只脚已经迈向未来。

1. 基于自我设计与开发课程体系的学生创业能力的自我开发

学生通过参与自我设计与开发主题（这些主题主要包括我的大学、我的世界、学会生存、学会学习、学会共处、学会欣赏、学会创造、学会超越八个方面的内容的学习与讨论），通过参加专题讲座、讨论、师生对话、观看录像、利用网络资源和图书馆书刊资源等自我设计与开发形式，在专业教师、辅导员老师、校外学者、企业家、政府、事业单位工作人员的指导下，学生逐渐养成自我设计与开发的意识、能力与习惯，并将其运用到一切课程的学习和生活创新实践中去。

在自我设计与开发课程体系的引领下，学生在学习中会有意识地将课内教学和课外实践相结合，积极参与到课内外活动中来，从而使学生的主体性得到充分发挥，使每一位学生的潜能得到开发、能力得到锻炼。通过自我设计与开发课程体系，学生可将大学学习与毕业后的工作联系起来，将大学学习与一生的事业联系起来，将大学学习与对幸福美满人生的追求联系起来，将大学学习变成自我发展与完善的内在需要。

2. 基于自我设计与开发课程体系的学生创业能力的自我开发效果

学校组织的毕业生调查结果显示，实验区毕业生受到社会普遍欢迎。48.9%的用人单位对我校的毕业生"非常满意"，47.2%的用人单位表示"比较满意"，两项合计为96.1%，仅有3.5%的用人单位表示"不太满意"，没有一家单位表示"不满意"在具体评价项目上，90%以上的用人单位对毕业生的"专业知识""综合素质""合作精神""实际工作能力"评价为"很好"或"较好"；认为毕业生组织协调能力"很好"或"较好"的单位占89.3.4%，开拓创新能力"很好"或"较好"的单位占77.4%，略逊于其他几个方面。在本实验区的毕业生中，出类拔萃者不乏其人。许多学生走上工作岗位之后很快就成长为单位业务骨干，这充分证明了已达到实验区的预期人才培养效果。

（二）学生实际操作能力的自我开发

应用型财经类本科高校管理类人才培养定位决定了学生具备专业技能和就业能力同样重要。由于财经学科各专业实践教学具有不完备性和体验性，所以要改革实践教学体系。在"开放、交流、整合、创新"的实践教学思路的指导下，强调修读与修养并重、知行合一的教育模式。学生根据自己的兴趣爱好与发展需要，参加各种各样的社会实践活动，以培养和发展多种兴趣爱好，增强社会适应能力、人际交往能力、组织能力等。

学生实际操作能力的自我开发途径包括：课内实验与实训、专业实习和社会实践。课内实验是学生进入课外实践的预热阶段，可将课内实验分为两类：模拟流程和运用软件综合模拟。专业实习是学生将理论与操作相结合的实战阶段，具体包括：认识实习、社会调查、专业实习、毕业实习与毕业论文设计。社会实践是培养方案规定以外的学生自主参与的社会实践活动，包括实地调研、问卷调查、勤工俭学等形式。

学生通过实际操作能力的自我开发，具备了三个层次的能力：

（1）经验层能力。通过认识实习，学生可了解企业（事业单位、地方政府等）实际，熟悉和掌握现代管理活动的主要内容和基本规则，了解人力资源管理制度、社会保障制度、行政管理体制、劳动关系规范、工作原则、工作程序和方法等方面的内容，从而使学生具备对社会、企业（事业单位、地方政府等）实际的认知能力，为学生学习专业课程奠定经验基础。

（2）操作能力。通过专业实习，学生具备了撰写研究报告和学术论文的能力以及实际操作技能。目前，公共管理学院已建成1个公共危机管理实验中心、18个专业实习基地，建立起"烟台交运集团莱阳分公司实践教学模式"和"公共管理学科导师制自我设计与开发实践教学模式"。

（3）思辨能力。学生通过专业实习和社会实践，具备探究式学习能力和运用所学专业知识综合分析问题和解决问题的能力。

（三）学生调查研究能力的自我开发

实验区重视大学生调查研究能力的训练，以此作为提高分析问题和解决问题的能力的基础。学生通过在第一学期学习《调查研究方法》，在入学之初就意识到调查研究能力的重要性；在教师调查研究相关知识和基本原则的辅导下，学生参加调查实践活动，运用调查研究方法、遵循调查研究步骤（程序），通过调查问卷的设计、问卷的发放和数据统计，调查报告的写作等，深入了解相关知识，掌握文献检索、统计软件使用等基本技能；在导师指导下，学生按"社会调查报告—文献综述—学年论文—毕业论文"依次递进的方式，系统强化大学生调查能力的训练，从而增强调研能力，更为透彻地了解调查研究的相关知识，更为深刻地理解调查研究的积极作用和重要意义。

（四）学生潜能的自我开发

通过开设"中外文化经典导修"系列课程，在教师指导下，自觉阅读经典名著书目，在强化公共基础和学科基础知识的同时，逐渐奠定良好的中外文化素养、深厚的公共管理学科专业基础，使学生具备基本素质和发展潜能。

第四节 素质培育的学习模式

一、素质培育的学习模式

联合国教科文组织 20 世纪 70 年代组织编撰出版的报告《学会生存——教育世界的今天和明天》中就已经提出，在未来的社会里，每个成员都是终身学习者，每个组织都是学习型组织。报告中所提出的学习化社会、终身教育、终身学习、学会学习这四大教育理念目前已在全球范围得以推广和传播，取得世界范围内的广泛认可和赞同，世界各国都将这四个概念所蕴含的理念作为本国教育改革的指引。《国家中长期教育改革和发展规划纲要（2010—2020 年）》把终身教育理念作为重要指导思想，把学习型社会建设放在更加突出的位置，提出了"到 2020 年，基本实现教育现代化，基本形成学习型社会，进入人力资源强国行列"的战略目标。对大学生而言，良好的素质培育学习模式，可以使学生在未来的竞争中，有目的的更新知识结构，适应社会发展的需要，为社会做出贡献，进而推动社会的发展。

（一）素质培育的学习模式界定

素质培育的学习模式是指教师围绕经典教育这一核心理念，重视学生的主体地位和主动发展，着眼学生的未来需求和持续发展，尊重学生的个性差异，引导学生在学会学习的过程中进行素质的全面培养。财经学科所培养的高素质应用型人才的素质特征包括：既具有较高的人文素质，又具有理学与工学素质；既有理性，更有灵性；既有专业特长，又有广泛的适应性；非专业的综合性素质与能力较为突出。

（二）素质培育的学习模式的特点

素质培养的学习模式的特点主要包括：素质培育的充分参与性、全面性、主体性和开放性。

（1）素质培育的充分参与性

全体学生必须参与素质培育，每个学生都通过这种教育获得过硬的综合素质，从而得到全面的发展，形成健康的人格。

（2）素质培育的全面性

学生通过自我素质培育，其基本素质得到全面和谐的发展。一方面，每个学生在道德素质、科学文化素质、智能素质、身体素质、审美素质、劳动素质和心理素质等方面，都得到应有的发展；另一方面，每个学生的素质结构都得到协调发展和整体优化。

（3）素质培育的主体性

学生的自觉性、自主性和创造性、独立的人格得到教师的尊重，教师将学习的主动权交给学生

（4）素质培育的开放性。

学生自我素质培育的空间和受教育的渠道不再局限于校内、课内和课本，具有开放性。基于自我设计与开发的高素质应用型人才培养模式则通过建立自我设计与开发机制，打破了"第一课堂"和"第二课堂"相对封闭的格局，使两者相互渗透，实现了两个课堂的相互开放。

二、素质培育的学习模式的实践

素质培育的学习模式实践途径主要包括：学生参与全程经典导修课程体系和自主参与经典导修课程体系的配套活动。

（一）参与全程经典导修课程体系

学生大学四年要参与全程经典导修课程体系学习与实践，通过对经典的修读修养和教师、学院对学生的修读修养进行的引导和帮助，最终目标是实现学生成功的自导自修。学生经典导修的内容包括原典和参考文献。其中，原典更侧重传统性，参考文献更侧重现代性，以实现传统和现代的有机结合，推陈出新，继往开来。

1. 学生参与全程经典导修课程体系的内容

目前，实验区全程经典导修课程体系基本形成了经典导修、经典诵读、经典与管理三大模块，50多门课程组成的人文素质教育课程体系，具体包括以下课程：

（1）经典导修类课程包括："中外文化经典导修""经典讲座""儒家文化经典解读""道家文化经典解读""中国传统文化概论""中国文化概要""中国文化史概要""中国传统伦理道德""中国传统宗教概论""中国法律思想史""中国传统法律文化""中国古代社会与法律""中国政治制度史""中国传统礼仪礼俗""中国儒学史话""中国哲学史""唐代文化概论""中国古今小说""中国饮食文化""当代中国文学概观""五千年中外文化交流史""民俗学""中国文化地理概述""世界文化遗产"等。

（2）经典诵读类课程包括："经典诗文诵读训练""经典诵读""朗诵表演与技能训练""普通话技能与训练""汉字书写技能训练""名家名帖书法赏析""古诗鉴赏""毛泽东诗词赏读""中国古典词曲选读""中国现当代新诗名作赏读""中国古今散文名篇导读""旅游文化与中国旅游名胜欣赏""民歌概述与赏析""演讲与口才"等。

（3）经典与管理类课程包括："儒商及儒商精神""中国传统文化对现代管理的影响""中国古代行政谋略与现代领导风采""孙子兵法与现代企业管理""孙子兵法与军事谋略学""三十六计研究与应用""文化创意产业"等。

2. 学生自主运用经典网络教学平台

为配合以自我设计与开发为基础的经典导修教育的探索和实验，实验区开通了"我的大学"网络教学研究平台。该网站设有课件发布系统、在线测试系统、资源下载中心、博客系统等栏目，可以方便地实现广大师生之间的资源共享，建立个人网络空间，以展示个人思想，进行教学互动交流，引导学生深入思考，文明讨论。学生可以对自己关心的热点问题与老师和同学进行交流，老师也可以适时在网上释疑解惑。

3. 学生经典导修课程体系学习方法的养成

学生通过经典导修课程体系的学习与实践，逐渐养成以下学习方法：①初级方法：中英文经典背诵；②中级方法：自我提问和相互提问，利用工具书和信息检索工具（尤其是现代信息技术）自我解决或互助解决一些常识性问题；③高级方法：深入质疑，自主研讨，辩论赛（尤其是四方辩论赛），社会调研，撰写文摘、文献综述和学术论文，自编模拟教材和畅销书，模拟授课，自设模拟试卷，相互考试、改卷、评分，小品、戏剧等艺术表演，自主创设社会工作团队、社会服务团队和个人网站，等等。

（二）自主参与经典导修课程体系的配套活动

1. 成立学生社团

实验区鼓励学生成立和参加社团，以各种形式进行自我开发与完善。围绕经典导修活动，已成立两个学生社团——经典修读社和同学讲坛，成员范围涉及全校各个院系的学生。社团成员经常开展经典诵读、经典导修活动，以及以经典为主旨的校园文化、社会实践、志愿服务等活动。

2. 学生自行设计"四方辩论赛"规则并开展辩论赛

四方循环辩论赛（也称百合杯全球辩论赛）所采用的四方全对抗式循环辩论，是一种全新的辩论赛模式，已经作为北京四海经典文化传播中心及其下属企业百合素食餐厅的企业人力资源开发、学习型餐厅建设的试用模式，也是我实验区中外文化经典导修为核心的开放式教学模式的重要教学方法，效果显著。辩论赛规则有辩手自行设计，辩论赛理念是：经典修习，重在普及；礼尚往来，不分等级。我们正努力把这种新型的以自主活动为目的辩论赛向实验区外推广。

3. 经典导修结课汇演

学生每学期参与一次大型自编自演的经典教育结课汇演，节目以经典诵读及经典才艺展示的形式展开。一方面，直接以导修的形式引导学生积极参与教学改革实践；另一方面，也为课堂教学改革创造条件，以达到营造氛围，启发引导，开阔眼界，深化认识的效果。汇演的成员不仅包括实验区的学生，也包括其他院系对经典教育有热心和恒心的同学，校外的一些院校和团体也不断加入到这一活动中来。

4. 出版报纸《大学之道》

与国内相关机构交流合作，专门设立"经典教育研究基金"，用于建立经典文库，并资助经典导修研究及成果出版，推广经典教育。同时，合作出版经典教育方面的报纸——《大学之道》。《大学之道》完全由学生撰稿、编辑和排版。宣传报道经典导修、经典诵读活动的开展情况，介绍选登中外经典文献，为实验区人才培养模式的落实和推广提供平台。目前《大学之道》报纸已经出版 8 期，学生对经典教育的认识和实践活动，成为每期报纸必有的栏目，有效地调动了学生对经典教育的兴趣和参与经典实践活动的热情。

5. 参与中外文化经典"博士讲坛"

围绕中外文化经典导修课程，邀请对文化经典有研究，热爱教育事业的博士义务为学生做讲座。由主讲人自由选择所喜爱的讲座方式（如宣讲式、对话式、讨论式等）和技术手段（如多媒体、幻灯片、投影、板书等）。讲座面向全院学生，并通过网络向社会公开，以使更多的人获益。来自北京大学、中国社会科学院、中国科学院、上海外国语大学、北京师范大学、中国人民大学等著名院校博士纷纷前来进行义务讲座，至今已举办"博士讲坛"20 期。通过讲坛，了解学术前沿，激发学生的学习兴趣与欲望。

（三）素质培育的学习模式效果

基于自我设计与开发的素质培育学习模式是一种将德育同研读经典相结合的，既传统又现代的学习方式，在文化越来越成为民族凝聚力和创造力的重要源泉、越来越成为综合国力竞争的重要因素的当今时代，它对于弘扬民族精神、传承民族文化、吸收借鉴世界各国优秀文化成果、培养具有大国风范的高素质国民有着重要的意义。

基于自我设计与开发的素质培育学习开阔了学生的视野，提高了人文素养和综合素质，增强了学生自主学习和探究性思维与实践能力，对学生的人生规划及今后的发展起到了积极作用。调查显示，八成以上的大学生认为经典导修教育对他们的学习生活起到了积极向上的作用。八成以上的学生认为经典导修教育让他们更成熟，8 成以上的学生认为经典导修教育将对他们今后的人生起到长期而持续的影响。经典导修教育已成为广大学生的为人立世之道、为学立业之本、成才立身之资。

第五节　行为养成的学习模式

一、行为养成的学习模式

（一）行为养成的学习模式界定

基于自我设计与开发的学习模式的关键在于发挥学生的主体性。学生行为的自我完善是发挥学生主体性的基础，也是学生实现对知识的自主探究、能力的自我开发和素质自我培育的前提。因此，行为养成的学习模式是指通过让学生参与一系列教学活动、社团活动和社会实践活动、进行个人素质测评和规划个人成长、开展集中答辩等形式，让学生养成自我管理的习惯、参与和竞争意识、学会自我规划与设计，并能充分认识自身的潜能与价值。

（二）行为养成的学习模式的特点

（1）学生具备自主学习意识

自主学习意识包括自我管理、自我调控、自我激励和自我评价等。自主学习环境下的学习者需要根据自己的目标和条件选择学习方向，制订科学合理的学习计划，决定学习进程，调整心态及定期进行测评以形成良性刺激。

（2）学生充分认识自身潜能与价值

在自我设计与开发体系的引导下，学生充分认识自身的潜能与价值，认识自己在人生不同时期的社会角色，在未来职业、事业与生活上取得成功所应具备的基本素质，对大学学习生活及未来的事业与人生等进行自觉的思考与合理设计，并有效地开发自己的潜能与价值。真正做到基于自我设计，终于自我设计。

（3）学生养成较强的约束力

大学生养成良好习惯是实现自我设计与开发学习模式的基础，行为养成学习具有较强的约束性。在教师引导下，学生自觉规范日常行为，并且将约束自身行为形成一种习惯进行遵守。

（4）学生在社会实践中养成优良的学习和生活习惯

基于自我设计与开发学习模式下，学生根据自己的兴趣爱好与发展需要，参加各种各样的社会实践活动，在教师引导下，学生逐渐养成优良的学习和生活习惯。

二、行为养成学习模式的实践

（一）学生自我管理行为的养成

学生自我管理行为养成的途径包括，在教师指导下，参与教学手册的编订，参与教学模式的反馈调查等。从而，让学生在实践中总结得失、做好学习和就业规划、活动安排、增强学生责任心、提高学生的民主参与意识，使学生变被动学习为主动学习。

1.学生参与教学手册的编订

学生通过参与《学生自我管理手册》《实习实践管理手册》等的编订和完善，不仅可以了解校园内外多方面的信息，更重要的是在手册的编订过程中，学生自我管理行为得以养成。手册记录学生平时的活动及心得，有利于学生总结得失；手册为学生提供了大学期间的课程安排，有利于学生了解专业课程安排，做好学习规划；手册为学生提供了大学期间的主要活动安排时间表，有利于学生做好活动安排；手册为学生提供了专业对口考研学校目录，有利于考研学生做好考研准备；辅导员每月对学生手册进行指导，写评语，有利于学生更好地提高自己、发展自己，同时也有利于老师及时发现问题解决问题。

2.学生参与教学模式的反馈调查

通过让学生参与考勤、期中教学检查、填写课堂教学调查问卷等教学活动，学生感受到学院教学能够真正体现"以生为本"的办学理念，营造和谐温馨的教学氛围；增强学生责任心，使学生变被动学习为主动学习；提高学生的民主参与意识；使学生了解和掌握教学过程和教学效果的相关情况；为培养学生能力构建了一个平台。

（1）每学期参与调查

学生每学期针对所上的课程以及参与的活动，填写学生满意度调查问卷，将教学效果的评价反馈给教师；然后与教师就教学中出现的问题进行沟通、探讨，找到完善教学模式的途径、方式、方法，并且与教师就教学模式达成共识并广泛实践。

（2）每年六月份大四学生参与的调查

每年六月份大四学生即将离开学校奔赴工作岗位之际，就大学期间课程安排、知识传授、能力开发、素质培育、行为养成等模式参与调查，并与教师共同总结教学中的经验与问题。

（3）每两年一次毕业生参与跟踪调查

毕业生的初次就业能力和潜在就业能力都要在工作岗位中得到体现，在社会实践中检验，为此，每两年一次所有的毕业生要参与跟踪调查。他们要将其工作状况、职位变化、业务核心竞争力等反馈给教师，便于教师探索毕业生的初次就业能力和潜在就业能力存在的问题，以为完善教学模式提供借鉴。

（二）学生合作参与行为的养成

学生合作参与行为养成的途径包括，学生积极参与社团活动和各项实践活动。

1. 学生积极参与社团活动

在辅导员教师的引导下，学生积极参与实验区内外大学生社团等组织。山东工商学院现有已注册学生社团 70 多个，社团活动多样，每一位有不同兴趣爱好的同学都能找到适合展示自己风采的舞台，学校还专门设立"社团文化月"，为创造性人才的培养提供良好的条件。

2. 学生积极参与各项实践活动

在辅导员教师的引导下，学生积极参与实验区内外各项实践活动或赛事，如课余举办的各类书法、文艺、辩论赛、演讲、经典诵读等各类活动，也包括"挑战杯"大学生课外学术科技作品竞赛、"挑战杯"大学生创业计划竞赛以及寒暑假大学生社会实践活动等。通过系统设计的讲座和自我开发与设计项目等，通过参与各项实践活动，使学生合作意识得以完善。

（三）学生学会自我成长规划与设计

每一个大学生都必须为自己毕业以后究竟干什么做出选择，并以此对自己的大学学习与生活进行设计，做出合理的安排。例如，每一个大学生都必须在考研与直接就业之间做出选择，如果选择毕业后直接就业，还需要选择从事什么工作，是否需要读第二学位，是否需要考相应的资格证书等。

在导师的引导下，学生在第一学期要完成个人素质测评综合分析报告，即从基于个人性格、目前的学习成绩和将来的预期对自己目前的优势和劣势进行分析，从而制订下一步发展计划，并在导师的指导下，进行完善。学生在第四学期要完成个人成长规划书，即基于目前学习和实践基础规划未来就业选择。在自我成长规划与设计中，学生要学会未雨绸缪、积极进取、坚定执着。

（四）学生竞争意识的养成

在导师制下，学生完成自我设计与开发课程的一系列任务，如随堂笔记、自我体会、自我设计与开发的规划和方案、职业生涯规划、集中答辩等。在这些环节中，教师要根据学生的表现给出成绩，学生要取得好成绩，必须进行充分的准备，这有利于学生竞争意识的养成。

总之，基于自我设计与开发的高素质应用型人才培养模式是将大学教育变成学生的自我设计与开发活动。在这种人才培养模式下，学生用对美好人生和社会的理想与信念、对知识的渴求和对创造的激情，代替就业压力和患得患失；将学习由接受教育变成对人格的自我完善和对知识的自主探索。

第九章　推动人才培养模式改革的对策研究

人才培养模式改革突破徘徊困局，应当在更高层次的制度和理念中寻找突破口，而这将意味着必须对经济、政治、教育管理等制度和一些观念或价值进行审慎的反思，并谋求在新的观念或价值上达成广泛共识，构建适合学生发展并能满足国家和社会需要的人才培养模式。

第一节　人才培养与经济

"人"作为实现经济发展的一种重要资源，很早就成为众多经济学家关注的焦点。早在 1676 年古典经济学家威廉·配第就曾提出了"土地是财富之母，劳动是财富之父"的著名论断，充分体现了人在财富创造中的重要性。可以说，教育对经济增长的贡献主要是通过育人这一途径实现的。因为一个国家的经济发展，主要受制于生产力的发展水平，而生产力中最活跃的因素就是人。一个国家所培养的劳动力素质的高低，直接影响着该国的生产力发展水平和经济发展的程度。因此，人才培养模式的基本经济功能之一，主要体现在对参与社会经济活动的劳动者素质与能力的培养上。这些素质与能力都是现代化生产所必需的，也就是说，现代生产的好与坏依附于高等教育人才培养质量的高与低。人才培养模式的另一个基本经济功能是通过教育为社会物质生产过程提供科学知识形态的生产力。科学技术是第一生产力，科学技术一旦渗透到生产力诸要素中，就会转化为巨大的现实生产力，促进经济的发展。人才培养模式不仅通过为一个国家培养合格的劳动者而为本国的经济发展服务，而且通过培养高素质、创新型人才为社会提供新的科学技术而推动经济的发展。

反之，经济增长的质量与效果也制约高等教育人才培养的质量。一方面，经济增长为人才培养提供物质基础。教育一定程度上是指通过人力投资的基本形式—教育投资所形成的、按计划培养和训练劳动能力的活动。从这个角度看，教育的投资和经营可以看作是一个产业的一种投入产出过程。从负担的主体角度看，教育成本可以分为社会成本和个人成本两部分。人才培养质量的提高，在根本上是要保证长期和持续的教育投入，但这必须以经济的持续稳定增长为前提。另一方面，经济增长对人才培养具有制约和导向作用。经济发展的水平决定着教育的规模、内容、组织形式、教学方式和教育手段，从而最终决定着劳动力的素质和人才培养质量。从根本上说，高校人才培养的活动，是社会发展的重要组成部分，其发展最终受经济发展水平的制约。因为经济发展水平既决定着教育投资的需要量，也决定着教育投资的供给量，这必然要求各级各类人才培养模式的规模与发展速度与经济建设的规模和发展速度相适应，在数量上相协调。

一、推进高等教育投资体制改革

1. 教育投资的概念和理论基础

"投资"是经济学的概念，是指为了实现某个能够生产社会和经济效益的目标，而将一定的资金投入某项事业的活动。在宏观经济学中，投资指的是一定时期内资本存量的增加，按生产部门划分，投资可分为生产性投资和非生产性投资。教育投资，也称教育投入，是指一个国家或地区，为了培养不同熟练程度的后备劳动力和各种专门人才，以及提高现有劳动力智力水平和劳动能力而投入到教育领域中的人力、物力和财力资源，它是以货币形式表现出来的费用综合。教育投资包含两层意思：第一，教育投资是投入到教育这一特定领域内的人力、物力和财力的货币表现；第二，教育投资的目的在于培养和提高人的劳动能力和智力水平。

人力资本投资理论认为，人的素质对经济增长，乃至社会进步的影响是第一位的，而物质资源（包括可再生资源和不可再生资源）却在其次。这一理论的核心就是人的素质是经济增长的决定因素，即人力资本投资的作用要比物质资本投资更大，这一点是现代经济发展中最突出的特征。根据人力资本投资理论的观点，人类可以通过人力资本的投资，不断提高人口素质，不断加快技术改造和技术创新的步伐，从而可以导致新资源的发现与利用。

2. 我国高等教育投资体制存在的问题

从人力资本投资理论的视角看，目前的高等教育投资体制依然是"供给导向型"的。

这与计划经济体制下的大政方针并无根本改变。在目前我国总体经济市场化的条件下，选择这种制度安排必然与现实制度环境相冲突。主要表现在以下几个方面：

首先，教育经费短缺制约高校可持续发展。目前，我国高等教育发展已进入大众化阶段，政府经费投入普遍不足，无力为高校提供足够的经费，高校普遍经费紧张，极大地制约了高校的发展和功能的发挥。1993年中共中央、国务院颁布的《中国教育改革和发展纲要》提出了财政性教育经费支出占国民生产总值的比例，在20世纪末达到4%的战略目标。在2006年召开的十六届六中全会上再次提出，明确各级政府提供教育公共服务的职责，保证财政性教育经费增长幅度明显高于财政经常性收入增长幅度，逐渐使财政性教育经费占国内生产总值的比例达到4%。据统计，"九五"期间，全国财政性教育经费投入占GDP的比例从1995年的2.46%增加到2001年的3.19%，但未达到《中国教育改革和发展纲要》提出国家财政性教育经费支出占国民生产总值的比例20世纪末应达4%的目标；2005年全国国内生产总值为183084.80亿元，国家财政性教育经费占国内生产总值比例为2.82%，比2004年的2.79%增加0.03个百分点。但至今4%的政策目标尚未达到。其实国际上4%并不是一个很高的目标，它只是教育发展的一个底线目标。

我国教育投入之所以这样低，固然与人口多、包袱重、经济实力不强有关，但这并不是国家经济实力不足造成的。"主要原因在于国家对教育的重视程度不够，是投资导向的失误。新中国成立后，我国重视工业发展是正确的，但是忽视了教育的地位作用，把发展教育事业作为非生产性投资，在这种剩余原则的指导下，教育所得到的投资很少。我国在过去20年中（1978～1998），国民生产总值以年平均9.8%的速度递增，经济实力明显提高，但国家财政对教育的投入并没有大幅度提高。一般来说，当一个国家的国民生产总值的年平均增长速度超过5%时，教育投入应有大幅度的增长。由于政府在教育上的投资未能与经济发展速度同步增长，故财政性教育经费支出占国民生产总值的比例一直不高。"由于高等教育财政性经费总量的增幅远远落后于在校生规模扩张的比例，导致大多数高校扩招后出现了师资力量短缺，教室、教学和生活设施、图书馆等各方面资源紧张的局面，教育质量不同程度的下滑，人才培养质量令人担忧。

其次，高等教育经费的主渠道薄弱，结构不合理。我国财政性教育经费占国民生产总值的比例过低，并且高等教育的财政经费也只占总财政性教育经费的20%，所以，我国高等教育的财政经费的主渠道还很薄弱。虽然高等教育已形成多元化的投资格局，但经费还是远远不能满足高等教育事业发展需要。目前，我国高等教育经费主要由国家财政对高等教育的拨款、学生缴纳学费、社会对高等学校的投资以及其他经费筹措渠道四个方面构成。其中，国家财政对高等教育的拨款是教育经费的主渠道，虽呈下降趋势但还是一直占据高等教育总投资的一半以上。也就是说，我国高等教育经费的绝大多数是政府投入的，其他辅助渠道还没有完全发挥其作用。

学生缴纳学费已到达极限。从高等教育生均成本的相对水平看，目前学费负担的压力相当大。1990年，生均相对成本（即生均成本占人均GNP的比重）为3.3%，到2001年，下降到2.1%；同期生均学费负担水平则由0.5%上升到24.7%，地方属高等学校中学生负担水平的变化更为明显，从0.7%上升到34.2%。这表明学生及其家庭负担的高等教育成本从人均GNP的1.65%上升到51.87%（地方属院校达到71.8%）。学费对中国人民的经济负担已经到了相当高的程度。因此学费继续增加的余地并不大。

社会投资不足。中国社会和私人办学以及社会捐资、集资办学经费比例过低，近年来两者之和一直低于1%。尽管国家放宽了对民间法人对高等教育领域投资办学资格的审查，但因为缺少民办高等教育的收费控制制度和相应的减免税与财政补贴措施，使本来应该实行"民办公助"的高等教育因缺乏政府的财政补助而影响了民间投资的积极性。据统计，中国具备颁发高等学历文凭资格的1852所高等院校中，民办高等院校只有39所，所占比例仅为2.1%，与国际上60%～80%的水平相差悬殊。此外，当前中国社会集资、捐资志愿者也不多，捐资办学在中国难成气候。社会机构和人士对高等教育捐资助学占整个经费总额的比重始终徘徊在2%左右，2001年下降到1.5%，最近几年还出现了连续下降，对实现高等教育机构经费多元化贡献甚微。这表明中国高等教育的市场化程度仍然很低。但同时也说明，如果政府的政策得当，这些社会力量办学还是有很大空间的。

高校产学研发展缺乏动力。企业投资也是高校经费，特别是科研经费的重要来源之一。高校通过与企业合作开发、专利出让、联合科研、联合培训等方式，不仅可以充分发挥教师和学生的才能，扩大学校与社会的接触面，也能从企业获取经费。但是，这种情况并不多，大多数高校产学研协作举步艰难，科技开发经费短缺，无论高校或企业大多不愿冒风险投入，致使不少成果仍搁置实验室或停留在论文或报告上。我国科技成果转化率不足30%，而发达国家高达80%。

最后，高等教育经费使用的低效益。传统的教育管理体制在很大程度上限制了高等教育经费的充分利用。我国高等教育经费投入不足，与教育经费的低效益使用与浪费（尤其是经费的结构性浪费）同时并存。教育的结构性浪费主要体现在高等院校的类似经济领域的重复建设，造成人力、物力的巨大浪费。这与我国现行的高等教育的管理体制所形成的条块分割密切相关。另外，由于我国高等教育长期以来的"外延式"发展道路，使得有限的资金得不到集中使用，重复办学、重复投资现象严重。传统的因管理分工而形成的教育系统内部的条块分割与各自为政的管理格局，在很大程度上限制了教育资源的充分利用。同时，在教育经费使用管理方面，还普遍存在"重分配轻管理""重数量轻效益"；对教育经费的审计与监督不力造成不当支出与浪费。

3. 我国高等教育投资体制改革的路径选择

首先，依法增加政府对教育经费投入。政府应从战略的高度认识高等教育对经济发展的重要作用，切实加大财政性高等教育经费的投入力度。严格按照法律关于教育经费增长的规定安排教育经费预算，真正落实"两个比例"和"三个增长"的指标，尽快兑现财政性教育经费支出占 GDP 的 4% 的投资目标。完善财政拨款机制，开辟为教育服务的多种税种，坚持专款专用；调整支出结构，压缩不必要的财政支出，保证政府对教育投入的规模及其稳定增长；"改进综合定额 + 专项补助模式，把教员、行政管理人员和后勤服务人员、学生数以及建筑面积等纳入拨款公式中来，建立多政策参数的拨款模式"；努力缩小政府投入在高校间的不平衡。

其次，实行投资主体的多元化和投资方式的多样化。在投资主体上，不仅是政府，还包括社会和个人。社会指的是非政府组织，如企业、社团、基金会等。个人方面，既指受教育者个人，也包括捐资的慈善人士。在投资方式上，不仅仅是单一的财政拨款，还包括社会集资（如捐资、民间自愿集资、股份制、债券、彩票等）、金融信贷（如学校向银行贷款、银行和学校合作、企业贷款办学、政府向世界银行贷款办学等）、资本市场（如通过证券市场发行股票，借壳上市）、有偿支付受教育费（如受教育者个人交纳学费；学校自身对社会提供劳务，获得报酬，形成基金）。多种力量办学是市场经济条件下扩大和保障教育投资来源的重要条件。政府应当创造条件，充分调动社会各投资主体投资办学的积极性。从发达国家的实践经验来看，只要制度安排得当，非国有经济也可以积极而有效地参与教育投资。政府在高等教育投资制度建设方面所提供的制度，应能保证投资主体的长期利益，规避投资风险。

再次，加大高等教育经费管理体制改革力度，提高经费使用效益。"盘活存量"，对现有教育资源进行优化配置，避免教育经费的结构性浪费。教育行政主管部门同高校之间应建立起市场经济所要求的契约关系，按契约合同，具体规定高校教育的投资、分配和使用。在协议书上签订教育经费使用的"责任状"。实行有偿占用，即用了多少资金，必须实现多少"产值"，充分调动高校领导、教职工的积极性，使有限的高等教育资源发挥更大的投资效益。鼓励名牌高校利用其科研优势、人才优势和管理优势，合并、重组办学效益差、靠自身难以生存的一般性院校，实现名牌高校低成本快速扩张，提高其规模效益，实现教育资源的优化配置。

采取措施防范教育投资管理中的越位、缺位和不到位现象。对于我国而言，可以建立高等教育基金会或教育发展银行之类的组织，由其充当国家和高校间的中介组织。高等教育基金会可以将教育事业费和教育基本建设投资合并，全方位行使国家发展高等教育事业的财权和事权。每年的高等教育拨款预算接受全国人民代表大会的审议和监督，一方面可以减少政府对高校活动过多的干预，增加高校办学的自主性；另一方面也可以减少高校为教育经费问题向政府寻租的行为，使高校通过强化比较优势来争取资金，有效地促使高校放弃自己不具备优势和特色的学科领域，转而发展各自有竞争优势的学科领域。教育银行可以对教育经费的投资方向、用途进行监督、管理、引导，可以检查国家、地方政府教育投资到位情况以及使用情况，引导教育经费的正确使用。

二、人才培养模式与区域经济和谐互动发展

区域经济是指在一定的空间内由各种生产要素的有机结合而形成的并各具特点的经济运行模式。区域经济的竞争，从根本上来说就是人才的竞争。新加坡留美博士叶傅在《人才战争》一书中曾说道："人才战争是一场与美伊战争不同的战争，因为没有流血，也没有牺牲，而这场战争争夺的对象不是配备手榴弹与枪支的军人，而是配备计算机、个人数字助理器及手机的科学家和工程师。"毋庸置疑，区域经济要发展，必然需要有大量的人才，这样才能在全球化的竞争中处于领先的地位。

1. 人才培养与区域经济的相互关系

首先，人才培养对促进区域经济发展具有重要作用。高素质创新人才是区域经济发展过程中必不可少的要件之一。由于地缘优势的存在，高等教育可以为本地区经济发展优先培养所需人才，换句话说，该区域内的企业可以比其他区域优先得到人才。从第二次世界大战后世界各国经济发展的历程，可以得出一个基本结论：物质资源的短缺，并不能从根本上阻止一个国家从落后向发达的跃进，然而，一个国家人力资源特别是人才资源储量不足，则虽有丰富的物质资源也不可能在世界经济舞台中崛起。这充分证明了人才在区域经济的发展中有着举足轻重的作用。（1）人才可以促进区域经济的迅速增长。联合国教科文组织的研究成果显示，劳动生产率与劳动者文化程度呈现出高度的正相关，与文盲相比，小学毕业可提高生产率43%，初中毕业提高108%，大学毕业可提高300%。人才的知识属性决定了他们必定是高素质的生产者，人才对于某一专业领域有着熟练的技术程度，在其他生产条件都不变的情况下，能够吸收更多的劳动资料，从而提高劳动生产率。另一方面，人才具有强烈的主观能动性，在参与生产实践的过程中，能主动地改进生产技术，并直接作用于生产资料和劳动对象，从而迅速地产生经济效益，促进经济增长。（2）人才可以促进区域经济的持续增长。"科学技术是第一生产力"这

一论断充分证明了技术进步在社会和经济发展中的重要作用。所谓技术进步，广义的说是由技术变革而引起生产要素质的变化而导致生产率提高和经济增长的过程。技术进步说明了要实现区域经济的持续增长，不是靠增加劳动或资本投入量而产生的，而是依靠技术的改革与创新实现的。人才的创新属性决定了其能在技术进步的过程中发挥重要作用。此外，人才的可再生性也为经济的持续发展提供源源不断的动力。（3）人才可以促进区域经济内部结构的良性发展。区域经济内部产业结构的优化也是区域经济发展的一种表现。高等教育为区域经济培养具有高层次的知识、能力、素质结构的人才，这些高素质的人才能够创造良好的企业文化和社会价值，还能够通过对新知识的追求和对新事物的敏感，创造性地开展工作，从而促使整个企业乃至行业优胜劣汰，实现产业结构变革，使其能更好地与经济发展水平相适应。

其次，区域经济对人才培养的影响。

（1）区域经济状况影响高等教育的资金投入。一个区域的经济状况对区内高等教育的资金投入有很大影响。区域经济状况决定居民的经济实力和投资结构，也就决定着居民对高等教育的投资水平。由我国的实际情况可以看到，越是经济发达的地区，比如东南沿海地区，居民和家庭的恩格尔系数就越低，居民和家庭就会有更多资金对高等教育进行投入。反之，经济落后地区，比如西部地区，居民和家庭用于食物的支出相对较多，而相应地用于高等教育方面的投资就较少。另外，区域经济水平较低的地区，地方政府对高等教育的投入必然低于经济发达地区，而且，区域经济不发达会制约整个地区的资金流动存量和流量，使高等教育其他渠道的资金来源也相应匮乏。这必定在不同程度上会影响区域内高等教育人才培养质量。

（2）良好的区域经济对人才培养提出更高要求。区域经济的不断发展，必然对区域内的劳动者素质和人才水平提出更高更新的要求。而要满足这样的要求必须相应地提高高等教育人才培养质量以及扩大人才培养规模。

（3）区域经济的良性发展能吸引和留住人才。良好的区域经济可以为人才提供满意的薪酬。人才也是经济的动物，对于薪酬也有一定的期望值，每个人付出劳动，都希望能得到与价值相当的回报。所以，作为一种刺激的手段，付给满意的薪酬才能吸引和留住人才。区域经济的良性发展为较高的薪酬水平提供了基础，也为其提供了保障，因此对于人才具有一定的吸引力。

2. 人才培养与区域经济和谐互动发展的路径选择

第一，树立和谐互动观念，政府积极引导。

目前，我国高等教育与区域经济的发展关系正处于方兴未艾的阶段，与20世纪相比已有非常明显的进步，但与经济发达国家相比，在互动形式和互动深度上都存在一定的差距。在这样的一个阶段，政府的引导十分重要。政府应该树立高等教育和区域经济和谐互动发展的观念，鼓励各地方高等教育与区域经济互动。首先，政府可以制定法律法规或优惠性政策，保护和保障各种产学研组织和机构的利益。其次，政府可以引导社会经济信息进入校园，为两者间的沟通建立畅通的渠道，逐渐使高等教育的人才培养与区域经济市场人才需求接轨。同时，加大对经济欠发达区域高等院校的投入力度。

第二，因区域而异，制定不同的人才发展战略。

引导区域发展中将经济战略和高等教育人才培养战略相结合，找到拉动经济的潜在增长点，制定不同的高等教育人才发展战略。位于东部的几个经济区域有着比较雄厚的经济基础和高等教育基础，应注重科技创新，着力发展产学研结合的人才培养模式，推动区域经济与高等教育和谐互动。位于西部的几个经济区域地处内陆，经济发展相对较慢，市场化进程相对落后。但中西部地区有些省份的高等教育的水平并不低，所以，中西部经济区域应当加强与高等教育间的互动，以高等教育为桥梁纽带，吸引外界的先进技术，提升科技创新能力，加快经济发展。

第三，加强合作，促进区域经济与高等教育的和谐互动。

区域经济和高等教育合作重要的形式是高校与企业的合作，应当制定政策鼓励科技成果转化，支持高校科研人员就科研问题主动与企业进行各种联系和合作。同时，高校还应就人才培养与企业建立密切联系，及时了解企业需要，使人才培养和科学研究有的放矢。高校应当充分发挥高等教育的科学研究的职能，学习发达国家创业型大学的经验，鼓励衍生知识型创业企业，大力发展大学科技园和科技创新基地。此外，高校研究实力雄厚，科研力量大，并拥有高水平的实验仪器、实验室和图书情报资源，企业应充分重视高等教育中的这些科研资源，加强与高校的密切合作。企业可以借助高校的科研力量，推动技术开发和科技攻关，开展技术改造。同时，企业还应加强对员工素质的整体提升；依托高校人才培养这一平台，选送优秀员工进入大学深造，为企业的内涵式发展提供人力支持。

3. 实施东北老工业基地区域经济发展的人才战略

随着区域经济的迅速发展，对高层次、高规格的人才需求越来越强烈。但是，目前东北老工业基地产业之间、城乡之间、不同所有制之间、大城市、大机关与偏远地市、生产第一线之间的人才结构还存在着严重的不平衡。管理体制不顺、政策不够配套、投入不足、激励不强、保障不利、人才市场体系不完善、市场配置人才资源的基础性作用不强；人才创业环境不够宽松，人才流失问题十分严重，一些地方对人才的重视不够，人才的积极性、主动性和创造性没有得到充分发挥。因此，在振兴老工业基地的新形势和任务要求下，我们必须创新人才机制，实施区域经济发展的人才战略。

"立足地方，服务社会"是地方本科院校立校之本、发展之基。为满足东北老工业基地经济建设与社会发展对人才的需求，高等院校应从人才培养方向及专业方向上，充分考虑区域经济对人才培养的需求，通过积极与企业建立密切联系，及时了解企业需求，了解区域经济的发展趋向，使高校的人才培养与科学研究有的放矢。只有立足于自身培养，从自身区域内培育和开发人才，才能从根本上解决人才短缺的问题。所以，地方性的本科院校应加大专业调整改革力度，构建与区域经济发展相适应的专业体系，主动适应区域经济发展需求，积极调整专业结构，开设地方经济发展急需的专业；加强学生对地方社会经济发展现状和发展趋势的了解，构建大学生合理的知识、能力、素质结构体系，实现从学历教育到能力本位的战略转移；在教育观念和教学过程中，更加注重提高学生的学习能力、就业能力和创业能力，使他们有明确的努力方向和奋斗目标，以便于大学生毕业后能尽快适应地方社会、适应工作岗位对自身的要求。

同时，东北老工业基地各级地方政府应积极鼓励地方本科院校与区域经济良性互动，制定法律和优惠政策保护各种产学研组织和机构的利益，并加大对本区域内高等院校的投入力度。同时，根据本区域经济的实际情况，建立相应的"引、用、育、留"一体化战略，建立和完善人才的引进机制、管理机制、培训机制、流动机制，并将其有机结合，以此作为指导其他各项人才政策的依据。在充分利用人才的同时注重人才的管理和培训，不断提升人才的竞争力，从而为区域经济发展提供源源不竭的最核心资源。

第二节　人才培养与政治

政治是一种近乎无处不在的社会现象，因为政治的基本问题是权力的分配与运作问题，而权力的分配与运作存在于大部分人类群体之中。高等教育作为社会资源的一种，因此不可能摆脱政治权力的控制和政治制度的制约，所以，大学自诞生之日起就始终与政府共生存。

在我国，高等学校政治权力、行政权力和学术权力是并存的。政治权力、学术权力与行政权力之间的冲突和矛盾始终贯穿于高等学校的整个运行机制过程之中。同时，三者的协调与整合也是权力运行机制的一个方面。政治权力、学术权力与行政权力都有自身的局限性。学术权力是符合高校内在逻辑要求的基本权力。但随着高等学校生存发展的外部环境变化复杂化，完全依靠学术权力处理大学事务已不可能。同时，学术权力由于主体的特殊性而常常带有局限性，学术人员行使的学术权力往往局限于一个学科或专业，或是某一领域，顾及不到全局的利益，学术权力追求民主、平等的价值取向难免会牺牲效率与秩序。行政权力源于大学的科层组织，照章办事是行政权力遵循的通行原则。但是，完全依靠行政权力进行决策难以保证学术决策的科学性、合理性，其对效率的高度追求会压抑学术权力生长，窒息学术团体的空气，使高校难以按照大学的逻辑办好大学，使大学丧失其应有的活力。因此只有将两者结合起来，借助行政权力高效率地实现学术目标，借助学术权力提高行政权力决策的科学水平。事实上，高等学校的一些事务很难归结为到底是学术问题还是行政问题，如教师的评聘、职称评定，既涉及对教师进行学术水平的判断，又有关于人事编制和名额分配的行政问题，不是凭借某一种具体的权力能够合理解决的。此外，一些关于学校、院系在学术方面的重大发展规划不能够单纯从学术的角度进行判断，如大学学科规划的制定，既要考虑各学科的发展，还要考虑社会的需要，学校优势的发挥，人、财、物资源的优化配置，在这种情形下需要多种权力的协调。根据高校事务的特点决定分配的比例，通过民主协商，共同决策，在决策过程中合理分配政治、学术和行政的工作。政治权力、学术权力与行政权力协调的基础是既要遵循知识和学术发展的内在规律，又要使大学能够适应自身运转和外界变化的需要，培养国家和社会需要的人才。

一、高等教育领域的权力关系

高等教育领域的权力关系主要表现在两个层面，一是大学与党政（党委和政府）之间的权力关系，即政治权力；二是高校内部的权力关系，即行政权力和学术权力。

（一）三种权力的不可替代性

中国是社会主义国家，大学的性质被界定为社会主义的高等学校。这就决定了中国大学与西方国家大学在实质上的区别。高校内部管理体制也存在本质的差别，西方国家高校内部管理体制主要涉及行政权力和学术权力，而中国大学的特有管理权力体系主要由以党政为核心的政治权力，以校长为核心的行政权力及以教授为核心的学术权力三大部分组成。三大权力紧密相连而又不可替代，共同构成高等学校内部的权力体系。中国高校内部权力机制是政治权力、行政权力与学术权力并存的三元权力结构。三种权力在同一组织里运作，为组织共同目标的实现而服务。政治权力、行政权力和学术权力在高校都有其存在的必要性和局限性，三种权力不能互相替代或以某种权力掩盖另一种权力。政治权力和行政权力的行政决策必须依托学术权力因素，既不能独立于学术环境和学术对象之外，更不能凌驾其上。同时，大学行政权力的合理性还在于能够弥补学术权力的不足，克服学术权力的局限性。例如，对行政权力的过分强调必然会影响从事学术活动者的积极性和创造性，而过分松散的学术权力则有损于大学效率的提高和整体。所以，从某种程度来说，某种权力存在形式的局限性恰恰是另一种权力形式存在的合理性，政治权力把握社会主义办学方向，学术权力确保大学教学和科学研究的基本属性，行政权力使大学内部各部门形成不可分割的整体。

高校的政治权力是国家所赋予的，在高校中占据统治地位，它既不能滥用权力，脱离行政权力和学术权力，也不能与行政权力和学术权力混同，融化和淹没于学术权力和行政权力之中，而形同虚设。所以，高校政治权力的运用，要保持其独立性行政权力以提高学校效率为宗旨，是维系大学组织正常运行不可或缺的因素，并以科层等级为存在形式，大学职能的多样化，大学组织的复杂性，需要有强有力的行政权力发挥作用。行政权力的正确运用必须受到政治权力的监督以及学术权力的反馈。学术权力更不能脱离政治权力和行政权力而单独行使，离开了政治权力与行政权力所创造的学术环境，学术权力也很难发挥其作用。高等教育的基本规律及国内外优秀大学建设和发展的实践都表明，学术权力是高校履行学术事务的基本组织形式，学术发展是高校发展的基本动力和主要目标。学术人员应该广泛参与大学学术管理事务，提高行政决策的科学性和民主性。

高校学术事务管理和决策的成功与否，既是高校教育事业发展的重要保证和突出标志，也是高校能否可持续发展之关键。三种权力既不能独立行使，又不能相互混同，共性和个性的存在，使三权共处于高校的统一体中。所以，高校中的政治权力、行政权力与学术权力三种权力共同作用，推动高校健康持续发展。

（二）三种权力关系存在的问题

大学与政府是两个性质不同的社会组织，二者之间的关系错综复杂。简单地讲，大学就是指从事教学和科研工作的全日制普通高校。在西方，大学指的是由中世纪大学发展而来的多科性、综合性大学；在中国，大学则是指清朝末年以来所创办的新式近代大学。大学的主要功能就是进行教学和科研，即进行人才培养、科学研究、技术开发、传承民族和人类文明、创造文化。大学的科学研究、知识生产、知识传播、知识应用都是以人才培养为基础的，如果大学培养不出高素质的人才，大学拿什么来进行知识生产？由谁来实施知识传播？由谁来承担服务社会的职责？所以说，大学之间的竞争，最关键的因素是学生的培养质量。一流的大学不仅因为有一流的教师、一流的设备和一流的科研，更因为这所大学能培养出一流的学生。而一流的学生在社会中所创造的价值和为学校带来的声誉，是无法被估量的。从某种意义上来说，大学的竞争就等于学生的竞争，大学的竞争力最直接的表现就是学生的竞争力。从这个角度说，学生的培养质量是大学的核心竞争力，一点也不为过。学生的培养质量涉及一所大学的人才培养模式。政府泛指大学以外并对大学施加影响的国家权力机关。因为与大学的研究相对应，在西方指中世纪以来的政府，在中国指清朝末年以来的政府。翻开新中国高等教育发展史，我们可以看到，在长期的计划经济体制中大学完全依附于政府部门，政府是高等教育的主要投资者和公立学校的所有者，处于主导和决定性的地位，对大学有权威性的促进和限制作用；大学则处于从属和被领导的地位。大学按照高等教育规律运行发展壮大，依靠政府给予政策、法律、经费、安全等支持和保障，政府扶持、调控大学的行为和走势，从大学吸取先进思想、依靠大学创造和培养高素质人才以巩固政府自身的地位，因此，大学与政府在不同角色的扮演中，必然产生矛盾与冲突。

大学内部组织结构实际上是政府主管部门组织结构的向下延伸，可以说，大学内部的行政部门和科研教学序列之间的关系，在某种意义上是政府和大学之间关系的复制版本。这种体制强化了大学的行政权力和行政系统，使学术权力的作用没有得到很好地发挥。大学的行政权力来源于大学对行政事务的需要，行政权力是行政机关及其行政人员通过各种方式管理行政事务的权力，这种权力扎根于权力的授予，它通过科层制的行政组织系统，突出照章办事和等级服从，具有整体性和层次性。大学的学术权力来源于学术事务的需要，它在性质上是一种完全不同于行政权力的"权力"，它的存在与否，依赖于专家的专业背景和学术水平，是学术组织及学术人员通过各种途径管理学术事务的权力，这种权力扎根于学科专业，具有自主性和松散性。从权力的来源看，行政权力主要来自组织的委派或任命，而学术权力主要来自专家学者的学术声望。从权力的实质看，行政权力的核心是"权力"（行政职位），权大力大；学术权力的核心是"力"（学术地位），力大权大。学术权力的价值追求是保证学术标准得以贯彻，学者所从事的学科得以发展，学术人员的学术权力得以保障；而行政权力的价值定位则是保障大学组织目标的实现，保证教育方针和办学思想得以落实。所以，大学内部的行政权力与学术权力之间也必然产生矛盾与冲突。具体而言：

第一，政府职能的计划色彩依然存在。

有人说，我国现今的高等教育是计划经济体制下的最后一块世袭领地。这种观点并不过分。在集权式高等教育管理体制中，国家集中计划、中央部门和地方政府分别办学并直接管理高校，政府集举办权、管理权和办学权于一身，扮演着举办者、管理者和办学者的角色，对大学包揽过多，管理过细，统得过死。政府与大学之间政事不分、产权不分、职责不明，因此常常出现一统就死，一放就乱的弊端，成为制约我国高等教育改革和发展的瓶颈。改革开放以后，随着我国社会主义市场经济体制的建立和逐步完善，我国开始了政治体制改革，改革政府机构，转变政府职能。政府对高等教育的管理职能发生了很大变化，高校自主权逐渐放大，高等教育因此取得长足进展。但是，与世界发达国家高等教育管理体制相比，我国政府职能从计划经济体制沿袭下来的鲜明的计划色彩仍在一定程度上制约着大学的发展，进而影响着大学的人才培养。即使是现在，政府对高校不仅在宏观上进行管理，而且在某些方面直接管理高校的微观工作。

例如，教育私营化是当今世界教育发展的一大潮流。私立高校在国外已撑起了一片蓝天，如美国、日本、菲律宾、韩国、印尼、泰国等私立高等院校所占比例均在60%以上。历年来能跻身著名大学行列的，绝大多数都是私立大学。如美国的哈佛、耶鲁、斯坦福、康奈尔，英国的普利茅斯大学，日本的早稻田大学、庆应义塾大学等这些世界一流大学无一不是私立大学。但是我国的私立大学发展却步履维艰。我国的民办高等教育从20世纪80年代的高教自考助学起步，到2003年元月《民办教育促进法》的迟迟出台，磕磕绊绊，在"姓资还是姓社"的争论中诞生，在社会和人们的"白眼"中生存。至今，虽有了一批由黄河科技大学、西安翻译学院、西安思源学院等万人、数万人以上规模的民办普通高校，有了100多所进入国家统招系列的普通民办高校，尤其是十几所全国著名的万人民办高校，其师资、规模、教学设施、教学质量和教学管理毫不逊色于一些由地方财政拔苗助长，用大批国拨资金堆砌起来的普通高校。但这些知名民办高校在政策上、招生上、资金上还享受不了地方普通高校由国家划拨教育经费的优厚待遇。它们在进入国家统招系列时，必须打上"民办"两个字，以示与国家公立高校的区分。这种身份上的歧视随处可见。与此相对应的是一些原有的公办成人高校、夜大、职工大学、招生不景气的中专学校，校舍破烂像四合院，学生寥寥无几，教职工没有多少。在国有公办高职教育的大旗下，或几所学校合并，或单独一所小学校，区区一二百名学生，摇身一变，成为高等专科学校，高等职业学校，有的管理人员加教师合起来比学生少不了多少。只因为改为高职、高专，教职员工可继续享受国家划拨教育经费和工资的待遇。谁也不清楚这种计划经济体制下的地方保护主义使我国有限的教育经费究竟流失了多少。聚集在高校扩招的大旗下，究竟这样的地方普通高校又能培养出什么水平的大专生，这种拔苗助长的地方高等院校所享受的优厚待遇是那些拼杀多年，没有国家投资的著名民办高校可望而不可即的。国家一流重点高校，省属重点高校应有大投入，应重点倾斜。而对一般的地方普通高校的财政拨款制度，实际上是在保护落后，而使本来有限的教育资金继续支撑着这类本该淘汰的高校恶性运转。这是一种高等教育不公平性的体现，恰恰说明了我国高等教育的运作还摆脱不了计划经济体制的阴影。高等教育仍是计划经济体制下的最后一块世袭领地。

第二，大学官僚化严重。

大学作为政治和行政组织，要实现对大学的管理目标，管理者必须掌握资源分配权，所以大学制度自上而下的建立形成了几套制度体系，"高等教育管理体制——大学领导体制——行政后勤管理体制——教师管理体制"这一层级分明的制度体系就是典型的代表。该制度体系运行的直接后果就是大学必然以权力为本位——大学从政府手中争取"级别"，以获得更多资源，大学行政人员因争取到资源，因而掌握了校内资源的分配权，当然占据主导地位，并且有强烈的优越感。在高校内部，学校的行政领导、行政管理人员，他们的地位往往是高高在上的。霍尔巴赫指出中国普通的行政人员在其他国家应该是给专业领导和专业人员做辅助工作的，而在中国却常常能领导和指挥专家。高等学校所谓的学术权威，教授、专家、学者的意见常常被束之高阁。在高校的基层，教授也很少有机会介入决策过程，即使是学术事务也没有太多的发言权。更有甚者，在某些高校，一个科长的地位都会比教授显赫，通常教授办不到的事，科长们却能轻而易举地办到。所以，大学内部管理行政化色彩非常浓厚，以至于行政权力干预或取代学术权力的现象比较普遍。

行政权力的泛化导致了学术权力的弱化。学术权力弱化主要表现为：教师参与管理的权力薄弱。教师代表参与大学管理的组织体制尚不健全，只是在某些咨询性委员会如校务委员会、学术委员会或各种各样的座谈会上才能听到教师的声音。即使在学位评定、职称评审等学术事务委员会中，教师代表也只是在行政部门制定的原则下发挥有限的作用。在大学管理中教师权力的影响力与完备的庞大的党政体制相比，只是处于从属地位。无论是个人还是集体，教师对大部分学术事务以及大量的非学术事务少有发言权。学术权力的弱化影响了行政决策的科学性，降低了决策实施的严肃性，大学管理中不同程度地存在着"议而不决、决而不行、行而不果"的现象，行政权力泛化的结果是官本位意识的增强，使更多的人关心权术而不关心学术，追求"官位"而不是"学术真理"。近年来，"学术成名当官去"一度成为时尚，学术生态环境较为恶劣，学术人员根本无法沉下心来搞研究。这不仅不利于高校的整体发展，更不利于人才培养。

（三）三种权力冲突的根源

1. 理念的冲突

理念是行动的指南，不同的理念导致不同的行为。高校的政治权力维护高校社会主义办学方向，以实现高校整体利益为目标；行政权力是高校法定的权力和理性的权力，在衡量和处理问题时，也是从高等学校的总体目标和整体出发，保证整个组织的协调、有序、有效运行，并以效率为目标；学术权力以实现学术人员利益最大化为目标。三者理念不同，均以各自利益为中心，均难以兼顾全局的利益。政治权力、行政权力强势就可能造成大学忽视学术发展规律、片面追求大学的整体效益，而忽视学术人员学术权力的施展。

2. 作用方式的冲突

在高等学校，政治权力的作用方式是以"权威性"为特征，具有强制性；行政权力的作用方式，以"科层化"为特征，以效率为行动的追求目标；而学术权力的作用方式具有松散性和自主性，三者在作用上完全不同。在学术界，工作等级是极为平坦的，联合方式也相当松散，则说明了学术权力的一个基本特征。随着学科和专业领域的日趋专业化，学术组织的结构变得松散，与之密切相连的学术权力也变得松散，弥散在学术组织的各个角落。知识的探索需要的是自由、松散甚至无政府的学术环境，这与学术权力的作用方式有着天然的亲近性。而现实情况是政治权力和行政权力对学术的干预，过多地约束了学术人员的自由，在没有良好的对话和协商机制的条件下，会导致行政人员和学术人员之间的关系的恶化。

3. 权力主体和权力客体的冲突

在不同国家的高等学校，或者在同一高校的不同历史时期，政治权力、行政权力与学术权力都会存在不同程度的冲突，具体表现为：一是权力主体的冲突。高校的权力究竟由谁来控制，是政治权力、行政权力还是学术权力？高校是一个学术组织，知识是其载体，作为知识的拥有者、传承者及创新者的学术人员及其学术机构，有理由来控制高等学校。然而，高等学校又是一个正规的社会组织，组织的运行必须要有一定的专门人员来管理和操作，否则就会出现无政府状态和杂乱无章的局面。所以，基于上述情况，三种权力围绕着高等学校的控制权，长期处于较量与博弈之中。二是基于权力客体的冲突。高校的内部事务纷繁复杂，而且常常是交织在一起，各权力客体的工作范围有时很难界定到底是属于谁负责，界限模糊不清。因此，要界定和区分权力的适用性质、适用特点和适用范围，使三者在学术管理活动中建立其依法行使的规范秩序。大学的管理运行机制不够健全，缺乏相关的法律制度及其实施细则，不对权力的范围明确定位，就会造成三种权力分工不明和权力主体彼此间的相互越位。

（四）改善高等教育领域内三种权力关系的建议与对策

高等教育领域内的权力关系冲突与矛盾，解决的根本指导思想是树立以学术为本、育人为中心、管理就是服务的理念，逐渐消除官本位的思想。"大学是学术机构，大学的声誉主要取决于学术水平的高低和人才培养的质量。一流的学术离不开一流的教师，没有一流的学术，就培养不出一流的学生。社会对大学的评价，最终取决于大学所培养出学生的质量。"因此，行政是为学术服务的，是为育人、科研创造良好条件的。但是，在大学与政府关系中或是在大学内部的学术和行政的关系中，政府不能无视大学作为学术、教育机构的独立存在，大学也不能期望像中世纪那样完全游离于社会与政府的监督之外。

1. 明确政府管理权限的范围，加强服务职能

在计划经济体制下，政府是高校的举办者、管理者和事实上的办学者。但在市场经济体制下，政府的这种角色必须分化：一是政府作为高校管理者与举办者的双重角色必须分离。改革开放后出现社会力量举办的学校，高校举办主体呈现多元化趋势，因此政府不是社会力量举办的高校的举办者，但确是行政管理者。政府是公立学校的举办者，又是公立学校的管理者。二是政府作为高校管理者与办学者的双重角色必须分离。高校是独立办学的主体，应该独立行使办学权力，政府只是高校的宏观管理者，只能按照国家法律和政策规定行使管理权，因此高校的具体事务理应由高校自己管理。三是政府作为公立大学的举办者与管理者的双重角色必须分离。政府作为公立大学的举办者必然要对自身投资行为负责，进而对高校行使管理权。但高校的建设发展不同于政府机关的运作，

虽然是投资者但政府直接干预高校的具体经营与运作未必合适，可以委托代理人来具体从事办学活动。例如，创建适合我国国情的高等教育中介机构，借助中介组织协调政府与高校之间的关系。西方国家在这方面已有成功的经验，如英国高校的拨款委员会、高等教育基金委员会，法国高校咨询委员会、高等教育基金委员会，美国的学校评估委员会、专业评估委员会等在控制高校质量、加强与社会联系等方面都起到了很好的作用。我国可以通过建立中介组织，在政府与高校之间设置一个缓冲，减少政府对高校的直接控制，为高校自主办学提供更大的自由空间。

当然，转换政府职能并不是削弱政府职能，政府则可以充分运用立法、规划、拨款、政策指导、信息服务、评估监督等一系列行政手段，对高校实行宏观调控管理。不仅如此，还可为高校的生存与发展创造良好的外部环境和生存空间，如提供政策、法律保障等。

2. 落实高校办学自主权，减少行政干预

高校自主办学是实现高校权力协调的前提条件。高校只有脱离政府的严格控制，取得相对独立地位，才能得以主动调整自己内部行为，摆脱教育行政对高校带来的种种限制和干预，按照高校自身的逻辑发展，提高适应社会需求的能力。"这既是一个实际问题，是高等教育体制改革中必须解决的核心问题，也是一个理论问题，是高等学校按照教育规律办学的本质要求"。高校办学自主权一般包括教学自主权、研究自主权、学术自主权、人事任免和财务使用自主权。高校办学自主权的核心实际上是"大学自治"，其核心即是排除外部的干扰，以保证大学这座独立王国的宁静和独立，保障作为基本权利之一的学术自由。以"大学自治"的方式来保障学术自由，的确是一种值得肯定的价值追求。然而这一制度的前提，必须是一国宪法对言论自由、思想自由与学术自由的尊重和法律保障。如果不考虑这一前提，只是因"自治"而自治或者虽假借"大学自治"之名，却行大学内部专制之实，就歪曲了大学自治的本意了。

在历史上，英国和美国的高校是获得特许的自治团体，享有很大的自治权力，高校内部的自我约束通过各种权力系统之间、各管理层次以及利益集团之间的平衡机制达到，因此内部权力趋于平衡，管理趋于民主，学术权力和教授权力在高校中都占有重要地位，这与我国目前行政权力一头倾的特点形成鲜明对比。改革开放以来，落实和扩大高校办学自主权一直是高教界十分关注的问题。1985年《中共中央关于教育体制改革的决定》发表后，给予高校办学自主权的问题被正式提出，1998年《高等教育法》颁布，第十一条规定"高等学校应面向社会，依法自主办学，实行民主管理"。紧接着又在第三十一条到第三十七条中规定了高校在招生、设置专业、教学、科研、对外科技合作、组织机构设置和评聘教师等几个方面的自主权。这一规定给予高校办学自主权以法律依据和保障，在立法上是一个很大进步。但在实践中，高校的办学自主权并没有根本突破。立法中可操作性差是一方面原因，但主要障碍来自政府已形成的传统管理思想和管理权力，政府不放权，学校就无法自主决策。所以解决高校办学自主权的关键是政府部门进一步放权、转变观念、转变职能，根据管理者与办学者分离的原则，强化高校的权力与责任，明确划分宏观管理与微观管理的权力范围。政府宏观管理的权力限于制定教育方针、发展战略、政策法规，组织协调、教育拨款、检查监督等，高等学校在执行国家政策法规的前提下依法自主办学。

"教授治校"是我们现今积极倡导的理念。教授治校源于大学学术自由的理念，"教授治校"即教授集体全权管理大学和学术事务，这就构成了大学治理的一种内在逻辑，服务于学术，服务于真理。早在蔡元培时代，"教授治校"思想就得到了实践。但是教授治校的真正落实有赖于合理的制度设计。一个大学只有教授并不能运作，一定需要有人必须从事行政工作，处理日常事务，教授们才可能安心地从事教学和研究。因此，理想中的大学"教授治校"模式应该有合理的分工，教授们对学校的长期学术发展提供政策和咨询，行政单位则针对这些政策制定行政管理庶务，以使得教授们能在优良的环境里从事于教学和研究的创新。

但是理想的实现涉及如何使得"教授治校"落实到制度的设计，良好或不良的制度，更大程度地决定了大学的学术发展和人才培养。"教授治校"的目的在于追求学术自由和发展，假如"教授治校"成为目的本身而忽略了它本来是一个手段和方法，将使得这样高贵的理想无法产生预期的结果，甚至产生可怕和严重的后果。虽然当前一些大学"教授治校"的做法增加了大学教授对学校行政和决策的参与程度，也强化了校园民主的发展，但是由于制度设计的问题，现今许多大学在"教授治校"的制度设计上，已经相当程度地对大学的学术发展产生了一些不良的后果。简单地说，现今的"教授治校"在制度设计上是以对行政制衡的目的出发，"教授治校"成为目的本身，而学术的长期发展反而变成次要，或被认为只要"教授治校"，学术自然就可以发展。不可否认的是，这样的观点与过去大学的行政权过大和日益政治化有紧密的联系，使得大学在民主化进程中，改革的焦点和制度设计大多针对制衡这样的独断权力而发。然而，也正因为是以制衡为出发点，使得现今大学行政权力萎缩，校长和行政体系无法大胆和前瞻地展现学术的企图和魄力，而使现今大学面临学术发展的困境。这样以制衡为出发点的"教授治校"制度设计，对大学学术发展显然是极其不利的，对大学的人才培养当然也有影响。在美国，一般大学设有由各学院的教授组成的"学术议会""学术议会"制定管理学校的政策，它代表了学校方方面面的声音。另外，它也提供了一个区别于劳资关系的中性场合，使行政部门和教职工能坐在一起商议如何治理好学校。实行教授治校要建立健全各级学术权力机构，如学术委员会、教授委员会等并给予相应的职权，学术上的事情应由学术权力机构负责，不能以行政权力代替学术权力。学术权与行政权都是大学治理的基本问题，不能过分地强调其中一面而忽视另一面。两者都是围绕大学培养人才的共同目标，具有最终的一致性。

因此，在大学内部治理中，一是要坚守大学的学术自由理念，实行学术自治，推崇教授治校的本质不能丢。因为只有大学坚守对真理的执着和在科研领域的卓越这一前提，大学才有生命力和创造力。二是要在学校内部复杂事物中正确地区别对待学术与行政事务。虽然说二者难以分辨，但这两者终究有着本质的不同，绝不能因此造成分工不明，责任不清，导致行政权力与学术权力相互越位和干预。处理好学术权与行政权之间的平衡，是大学内部治理结构的关键问题所在，是更加完善地实施教授治校的纽带。大学内部治理结构在教授治校原则的引领下，有利于为学生创造融洽和谐的创新氛围，有利于为知识经济输送更多的高素质、创新型人才。

3. 平衡政治权力、行政权力和学术权力的主要手段

无论对于大学与政府之间的政治权力，还是高校内部行政权力与学术权力，三者关系模式的构建只是从制度上的设想，要使各种权力能够合理运行必须通过建立约束机制来实现。从政治学的角度讲，任何权力都需要制衡，缺乏制衡和丧失制衡的权力都有可能走向异化。不受约束的权力必然导致腐败。如果政治权力过大，大学就失去了自主，也就失去了精华；如果高校内部行政权力过大，会助长官僚主义，进而削弱学术权力，限制学术自由发展，压制教授群体的积极性和创造性；如果学术权力过大，容易形成学术领域垄断，滋生学术腐败，削弱统一意志，助长分散主义。因此，如何在相互冲突的权力系统中寻找一个平衡点，是高校在自治过程中必须解决的一个悖论。只有三者整合、协调发挥作用才能使高校得以正常发展。

（1）建立以经纬交叉的网状运行路径

高校在横向上是一个按知识与学科逻辑组织起来的学术机构，追求的是学术自由和学术自治，在纵向上又是一个带有明显行政管理倾向的科层化组织，追求的是行政效率和管理绩效。因此，学术权力和行政权力之间的冲突，实际上是这一纵一横两种价值追求的权衡与博弈。反之，高校内部权力架构也应参照这种纵横交错的网状结构，构建以行政权力为经、学术权力为纬的网状运行路径。当然，两种权力并不是绝对对立的，只是各自的运作路径不同而已，学术权力的运作路径对应的是横向的学科，行政权力的运作路径对应的则是纵向的院校及其官僚主义。网状运行路径中的任何管理活动都不同程

度地体现两种权力及其运作方式，只是不同点有所侧重，学术权力侧重于对学术事务的管理，行政权力侧重于对非学术事务的管理，重大事务则在政治权力的协调下，两种权力共同协商决策。这样行政权力和学术权力既相互独立又相互依存，共同保证学术性专业组织的大学正常运行。

（2）建立以权力主客体相辅的权力冲突整合模式

无论高校中政治权力、行政权力与学术权力之间的冲突如何变化，其核心是权力主体层面的冲突，而客体层面的冲突只是其平台。因此，权力整合既要考虑主体层面又要考虑客体层面。学术权力的主体是学术人员及其学术组织，权力基石来自知识及本学科的专业性。行政权力的主体是行政机构及行政人员，权力基石来自主办者的行政授权。然而，随着高等教育规模的扩大和复杂性程度的增大，职能的专门化相应地要求行政人员技能的专业化。行政权力与学术权力参与学校事务的管理活动都是基于自己的专业性，两种权力主体共同参与学校事务的决策，学术权力运行不是为了谋求学术寡头的地位，行政权力的运行也非追求行政垄断，两者都是为了谋求学校的发展壮大，为社会提供更多更好的专业人才。行政权力的客体是行政事务，其典型特征是系统性与整体性。学术权力的客体是学术事务，其典型特征是学术性，强调民主协商管理。正因为各自管理对象的特殊性，行政权力与学术权力在对院校的事务进行管理时，应该扬长避短，分工负责。两种权力又不可能绝对分开，行政事务需要学术权力的参与才能解决，学术事务需要行政权力的参与才能进行。因而，两者既分工又协作，共同参与学校事务决策。

（3）建立公共利益为载体的权力制衡机制

大学突出的文化特性决定了大学管理一定是以学术事务为主的民主管理。大学内部的权力运行机制相应地也应该以学术权力为主导，建立民主协商的学术基本准则与管理机制，使行政权力逐步服务于学术权力。同时，在第三部门视野下，高等学校作为一个自主机构，为谋求自身的发展与壮大，需要与政府、社会各方密切联系与合作，作为公共利益代表的政府与社会各有关人员及组织也会不同程度地参与高等学校的管理。这样，来自政府的行政权力与来自社会的公共权力会影响高等学校的组织运行，形成多种权力共同管理学校的格局。管理的核心就是要通过学校章程及法律法规等正式制度来明确它们各自的职责与权力范围，制定民主协商机制，多种权力平等自愿地参与学校事务管理决策。

具体做法：一是修改和完善高等教育相关法律法规。从近几年高等教育的相关法律法规实施的实践看，法律效益不明显。比如，对权力机构的权力范围规定过于原则化，可操作性不强。高等教育法赋予了高校七个方面的办学自主权，但每一项权利在政府与高校之间的界限不清，因此种种规定在实践中难以落实。法律责任缺位也是一个较为严重的问题。高教法一般只有权力规定，缺少责任承担，对权力行使者超越职权、滥用职权的行为缺乏具体、明确的监督措施和制裁措施，因此对权力机构不作为行为和权力滥用现象无能为力。再一个就是对学术权力的保障不够。法律规定了学术委员会审议功能和审议范围，但此规定对学术机构的功能定位不够，缺乏对委员会行使职权程序和方式的规定，并且也未能明确学术权力与行政权力在高校中的地位和相互关系。以上种种问题表明，现有立法已不能够很好地规范各种权力的运行和保障各种权力的行使，不能很好地适应高校改革和发展的需要，我们不能不对其进行重新审视，并加以修改和完善。

二是加强和完善高校权力的监督机制。加强和完善高校权力的监督机制可从以下几方面落实：首先，以权力制约权力。对权力系统横向的是党委权力、行政权力与学术权力，纵向是校、院、系三个层次的权力中的权力进行合理分配，明确权力主体和权力层次的职责权限和相互关系，克服职能模糊、权限不清、推诿扯皮、效率低下的现象。对管理人、财、物的重要部门过于集中的权力进行分解，避免权力集中在少数机构和少数人手中，将事务的决策、审议、执行权分开。其次，以法规制约权力。运用法律的权威性和制度的规范性约束权力的行使。建章立制就是对权力进行规范和约束的过程。以法律、规章的形式确定各种权力行使的范围和程序，并进一步完善监督法规建设，建立从监督组织性质、地位、成员构成，监督内容、范围、形式、结果处理等一整套的制度，对超越权力约束范围的行为给予行政处分或是诉诸法律。建立完善高校原有的干部任用制度、收入申报制度、重大事项报告制度等，使各种权力的行使都纳入监督的范围内。再次，建立独立的监督机构。监督主要是对权力主体的约束，保证他们正确运用手中的权力，监督机构应独立于权力机构和领导干部之外，或者由上级委任，或者由其他权力主体和利益群体组成。最后，建立群众监督机制，这主要是发挥高校中其他群体的监督作用，主要是普通教师、学生和教辅人员。实行校务公开制度，增强群众的知情权，把权力的行使充分暴露在"阳光"下，增加透明度。学校的重大决策、校内的各项管理改革措施，领导班子的廉洁自律情况，教师职称的评聘、考核、晋职，学生的招生、分配、奖惩等事务都应是监督内容，凡涉及高校发展的人、财、物的管理都应当受到教职工的监督。

二、优化、开发高素质、创新型人才培养的发展环境

目前，社会上很多人在思考这样几个问题：为什么古代的中国在科学工艺的发展等许多方面领先于西方？为什么具有合理基础的近代科学没有产生于中国或者说中国没有一次近代科学革命？中国大陆为什么不能实现诺贝尔奖零的突破？为什么杨振宁、李政

道、朱棣文等美籍华人能在他国土地上获此殊荣呢？为什么中国的中学生每一年都能击败众多对手，获得国际奥林匹克知识竞赛的各种个人奖和集体奖，但当今中国的高校从来没有培养出获得诺贝尔奖的人才？

这不仅仅是个人的困惑，更是我们整个中华民族所感到迷惑不解的地方。这不能不引起我们的深思。从实质上说，上述问题其实是一个问题，即中国人为什么缺乏创造性，或者说是为什么我们自己就培养不出那样的高素质、创新型人才，主要是因为我们缺乏适合高素质、创新型人才生长的"土壤"环境。

（一）环境的内涵

"环境通常泛指生物有机体生存空间各种条件的总和。具体说，它是有机体外部可以进入有机体的反应系统，直接影响到生命活动的物质、能量和信息的总和。广义地讲，环境是相对于某项中心事物，并且总是作为某项中心事物的对立面而存在的，它因中心事物的不同而不同，随着中心事物的变化而变化。"这个理解与美国教育家杜威的理解基本是一致的，他指出"'环境''生活条件'这些词，不仅表示围绕个体的周围事物，还表示周围事物和个体自己的主动趋势的特殊的连续性。当然，无机物是和它的周围事物连接在一起的，但是，除非用比喻的说法，周围的情况并不构成环境。因为无机物并不关心影响它的各种势力。另一方面，有些东西在空间和时间上和一种生物，特别是人类，相隔遥远，甚至可以比有些和他接近的东西更加真实地形成他的环境。一个人的活动跟着事物而变异，这些东西就是他的真环境。因而，天文学家的活动跟着他所凝视和计算的星星而变异。在他直接的事物中，他的望远镜是他最亲密的环境。作为一个文物工作者，他的环境包括他所关心的人类生活的远古时代以及他借以和那个时代建立联系的遗迹、铭刻等。总之，环境包括促进或阻碍、刺激或抑制生物的特有的活动的各种条件。"为此，杜威举例说水是鱼的环境，因为水对鱼的活动、对它的生活是必需的。北极是北极探险家的环境的一个重要组成部分，不管他是否到达北极，因为北极说明他的活动，使这些活动具有自己的特色。因此，对环境的理解至少应该包括以下几点：第一，环境总是相对于一定的事物或活动的外部存在条件。如果把一定的事物或活动视为中心项中心体，那么其外部的影响因素就构成了它的环境；第二，环境是中心项外部相关因素和条件的综合统一体。中心项外部的因素和条件是多样化的，它们之间形成相互联系、相互制约、相互影响的生态关系；第三，环境是与中心项对立而存在的。一定的事物或活动是在相应的环境中存在的，并通过环境表现自己的特征，一定的环境也构成了该事物或活动存在的条件和基础；第四，环境是动态的。因为事物总是处于不断的发展变化之中，因此，环境并不是静止不变的，而是变化发展的。

（二）马克思主义的环境论

马克思和恩格斯认为，环境是包括人和自然以及人与人之间形成的社会关系，其中，人与自然的关系构成自然环境，人与人之间的社会关系构成社会环境。马克思和恩格斯指出"历史的每一个阶段都遇到一定的物质结果，一定数量的生产力总和，人对自然以及个人之间历史地形成的关系，都遇到前一代传给后一代的大量生产力、资金和环境，尽管一方面这些生产力、资金和环境为新的一代所改变，但另一方面，它们也预先规定新的一代本身的生活条件，使它得到一定的发展和具有特殊的性质"。在对环境进行界定的同时，马克思和恩格斯也对人的本质进行了界定"人的本质不是单个人所固有的抽象物，在其现实性上，它是一切社会关系的总和"。正是基于上述对环境的理解和人的本质的理解，他们得出了"人创造环境，同样，环境也创造人"的结论。

马克思主义提出"环境创造人"的思想，其前提是现实的有生命的个人。"我们的出发点是从事实际活动的人""任何人类历史的第一个前提无疑是有生命的个人的存在。"没有"人"也就无所谓"环境创造人"的思想。环境为人的生存和发展提供了客观物质条件。马克思和恩格斯指出"我们首先应当确定一切人类生存的第一个前提，也就是一切历史的第一个前提，这个前提是人们为了能够'创造历史'，必须能够生活。但是为了生活，首先就需要吃喝住穿以及其他一些东西。因此第一个历史活动就是生产满足这些需要的资料，即生产物质生活本身，而且这是这样的历史活动，一切历史的一种基本条件，人们单是为了能够生活就必须每日每时去完成它，现在和几千年前都是这样。"环境创造人，实质上反映了马克思主义"社会存在决定社会意识"的思想。"人们用以生产自己的生活资料的方式，首先取决于他们的现成的和需要再生产的生活资料本身的特性……它在更大程度上是这些个人的一定的活动方式，是他们表现自己生活的一定方式、他们的一定的生活方式。个人怎样表现自己的生活，他们自己就是怎样。因此，他们是什么样的，这同他们的生产是一致的——既和他们生产什么一致，又和他们怎样生产一致。因而，个人是什么样的，这取决于他们进行生产的物质条件。"社会存在也就是人们的现实生活过程，环境创造人也就是在这一现实生活过程中实现的。从他们的现实生活过程中，人们"还可以揭示出这一生活过程在意识形态上的反射和回声的发展。甚至人们头脑中模糊的东西也是他们的可以通过经验来确定的，与物质前提相联系的物质生活过程的必然升华物。……那些发展着自己的物质生产和物质交往的人们，在改变自己的这个现实的同时也改变着自己的思维和思维的产物。不是意识决定生活，而是生活决定意识。"这实际上指明了环境创造人的实质就是社会存在决定社会意识。

马克思主义不仅看到环境对人的创造，而且也看到了人对环境的创造。换言之，人在环境面前并不是完全被动的，人可以认识并改造环境。实际上，一部人类发展史就是人对环境不断创造的历史。"历史什么事情也没有做，它'并不拥有任何无穷无尽的丰富性'，它并'没有在任何战斗中作战'创造这一切、拥有这一切并为这一切而斗争的，不是'历史'，而正是人，现实的、活生生的人。'历史'并不是把人当作达到自己目的的工具来利用的某种特殊人格。历史不过是追求着自己目的的人的活动而已。"人对环境的创造不能离开现有的基础，人们总是在承袭现成环境的基础上对其有所改变的。每一代都利用以前各代遗留下来的材料、资金和生产力，由于这个缘故，每一代一方面在完全改变了的条件下继续从事先辈的活动，另一方面又通过完全改变了的活动来改变旧的条件。人对环境的创造是在人与人之间的交往由此形成的社会和社会关系中进行的，因此，个人赖以生存的社会，"是人们交互活动的产物"，决定着人的本质的社会关系也是由人们的"自主活动创造出来的"。马克思对此还作了一个比喻来说明这一道理"这些一定的社会关系同麻布、亚麻等一样，也是人们生产出来的"。人对环境的创造活动是一种能动的实践活动，但不是随心所欲、无限制的主观活动，它要受到客观环境变化规律的制约。现实的创造环境的活动正是人的能动的、带有规律性的活动。历史的发展表明，人类活动总是受到它所创造的环境的制约。人们在历史上的自由只是表现在他们对历史规律的认识和掌握程度上，表现在他们自觉地应用客观规律推动历史前进的能动性上。马克思把在历史中行动的人形象地比喻为历史戏剧的"剧作者"和"剧中人物"。人作为主体，一方面像剧作者那样自主地创造着历史，另一方面又像剧中人物那样必须依照某种必然的秩序来演出这幕活生生的戏剧。人既是历史的创造者，又是历史的参加者和演员。正是在现实的人身上体现了历史的主体与客体、人类能动活动与客观的历史必然规律的辩证的统一。正像马克思所说的"只要你们把人们当成他们本身历史的剧中人物和剧作者，你们就是迂回曲折地回到真正的出发点，因为你们抛弃了最初作为出发点的永恒的原理"。

通过以上分析，我们可以清楚地看到，环境创造人与人创造环境是辩证统一的关系。所以，环境创造人与人创造环境，二者可以统一于社会实践。人的社会实践具有双向的作用。一方面，社会实践改变环境，并通过改变了的环境对人产生新的影响。另一方面，社会实践改变实践主体自身，并通过主体的不断改变与发展实现对环境的进一步改造。实践的这两方面作用是紧密相连的，实践主体正是在改变客观环境的同时改变着自身。马克思主义环境论坚持人与环境、教育与环境关系的唯物论，承认环境的决定作用，同时更坚持辩证法，强调人对环境的能动作用。

（三）环境对于高素质、创新型人才培养的重要性

近年来，环境对创造力的影响更加引起人们的高度关注。"如果把人类的创造性比作一双翅膀的话，能够飞翔、能够超越全要依靠于它。"每个孩子都有一双翅膀，创造力的翅膀。所以应该记住的是"要想飞，就不能丢掉翅膀，至于选择天空，那是鸟儿自己的事情"。环境不该成为坠在翅膀上的重物，而应是托起翅膀的风。然而，现在整个的环境在客观上是不利于创造力的生成和发展的。我们在一个人幼小的生命期间已经失去了最初的创造力和想象力的开发。贝尼斯讲述了这样一个故事：一个为贫民区工作的艺术家让孩子们画画，他告诉孩子们想画什么就画什么，结果所有 10 岁以下孩子创作的东西都具有鲜明独特的风格。这是因为，对每一个孩子来说，他周围的世界完全都是新的，绿油油的

草地，含羞低垂的小树，温和可爱的小动物，饱含诗意的轻风，沉静的白雪，还有那朝升暮落周而复始的太阳。孩子带着好奇的心理天天看到这些奇迹，而这正是他们的长辈们习以为常，视为无聊的东西。换言之，创造性是我们每个人都有的东西，只是有的人把它丢掉罢了。

创造力需要"有助于生命的舒展、生命的涌动的教育情境的创设，甚至是整个社会崇尚开放与多元的文化形态的创生"。没有"异端"的社会是一团漆黑一潭死水的社会。"异端"的存在状态，是衡量社会文明程度的标尺之一。"异端"对权威的任何质疑和挑战都将影响现有的秩序和权威的地位。江山代代有"异端"出，人类思想的天空才会群星闪耀。不过，仅有"异端"的自觉自愿、自我受难还远远不够，我们必须要有保护"异端"的社会土壤。创造力的发展需要培育保护"异端"的社会。然而，我们不得不承认，不适宜于创新的现实环境是顽固的，但不适宜于创新的观念其实比现实更顽固，这种无处不在、习以为常的精神生态使适宜于创新的观念——制度系统被消解和退化。因此，虽然我们不断在说要进行素质教育，创新教育，但事实上，我们的管理者、教师、家长和社会总是容易在习惯性思维中将这些美好的理念悄悄地解构。只有当一种观念变成了传统、风俗、风气、习惯之后，这种观念才会变成一种实实在在的文明。创造性需要创造一种新文明去养育它。留美博士黄全愈曾说"创造性就像种子一样，它需要一定的环境，包括土壤、气候、科学的灌溉、施肥、培养才能发芽、生根、开花、结果"。因此，我们需要在全社会培育一种适合学生创造力表现和发展的生长环境。

（四）优化、开发高素质、创新型人才培养环境的建议与对策

高素质、创新型人才培养环境是一个由多因素、多层次、多环节构成的复杂系统，从大的层面说，包括三个方面，即观念创新、制度创新、实践创新。无论什么样的环境，

在一定意义上，都是某种心理特征的产物。因此，有学者提出创造性环境的观点，认为创造性环境不只是一个纯客观的外部条件因素，更重要的是创造主体在心理意义上的认同感、满意度等因素的整合。创造性环境主要是针对创造力的发展和表现来说的，是创造主体进行创造活动，并能促进创造力发展和表现的情境。创造力是个体在遗传基础上与环境之间相互作用的产物，主体与环境的互动是创造力发展的根本动力。在创造力的发展过程中，一方面，创造主体能够对环境主动施加影响，如对环境的选择、调控；另一方面，环境对创造主体产生影响，在很大程度上决定着主体创造力的发展状况。从这个意义上讲，创造性环境是主体创造力发展的根本条件之一。

1. 创设有利于高素质、创新型人才培养的社会文化环境

要创设有利于高素质、创新型人才培养的社会文化环境，前提是对文化有一个自觉认识。这就是我国著名的社会学家、人类学家、民族学家费孝通先生首先提出的"文化自觉"，具体采用这个名词是他在 1997 年北京大学举办的第二届社会学人类学高级研讨班上。费孝通说"文化，我叫它人造的人文世界。这个世界造得怎样呢？我们每天都生活在里边，可是并不清楚这个问题，从来也没有人对我们讲过。我现在老了，如果到死都不清楚这个问题，有点不甘心，所以想看一看自己从小学来的这一套文化究竟是个什么东西。它的内容是什么样的、它在发挥着怎样的作用、它是怎样发挥出那样的作用、它是怎样发生变化、为什么发生了那样的变化、下一步会变到什么地方去，怎样去分析它、理解它……研究并对这些问题做出说明，就是我所说的文化自觉的第一步。"

那么，什么是文化自觉呢？费孝通指出，文化自觉指的是生活在一定文化中的人对其文化有"自知之明"，明白它的来历、形成的过程，所具有的特色和它的发展的趋向，自知之明是为了加强对文化转型的自主能力，取得决定适应新环境、新时代文化选择的自主地位。同时，"文化自觉"指的又是生活在不同文化中的人，在对自身文化有"自知之明"的基础上，了解其他文化及其与自身文化的关系。全球化过程中的"文化自觉"，指的就是世界范围内文化关系的多元一体格局的建立，指的就是在全球范围内实行和确立"和而不同"的文化关系。谋求文化自觉的目的就在于，一方面正确认识自己民族的文化传统，继承和发扬民族文化的优良传统，保持自身文化的特色，在与其他民族进行文化交流的过程中，把我们优良的文化传统变成世界性的东西，也就是文化的本土化和全球化；另一方面，我们要"放眼世界"，关注世界大潮流的发展变化，了解和认识世界其他民族的文化，积极吸收其他民族的优秀文化，生成有利于创造教育的创新文化环境。

所谓创新文化，就是一种能够激发人们的创新意识和热情，增强创新能力和动力，鼓励和支持创新行为，提供宽厚创新活动空间的文化基因、文化模式和文化环境的总称。

它是一种有利于创新活动健康、持续开展的价值观念和行为规范，一种能够给予创新者在创新道路上遇到挫折和失败时提供宽容和保护的制度安排，一种给创新者以归属感的"精神家园"，一种能够使创新的精神追求和实际行动不断扩大和自由张扬的"生态环境"。具体包含两层含义：一是指外在于创新实践的文化环境，二是指内在于创新实践的文化要素。作为外在于创新实践的文化环境，创新文化是指适合或有利于创新的制度环境、组织文化和社会氛围。作为内在于创新实践的文化要素，创新文化是指创新所需要的观念、价值取向、精神、思维方式和行为方式等。前者简称为外在创新文化，后者可以叫作内在创新文化，创新文化就是外在创新文化和内在创新文化的总和，是激励和孕育创新的文化。能够创新的主体必然有其相应的文化特质，这种文化特质我们称之为创新的内在文化，主要包括适于创新的价值观和创新者的心理素质、认知品质和行为模式等。内在文化恰如一粒种子的活性。创新种子中的活性，就是创新思想萌生的依据。而种子要生长发芽，除活性外，还需要有适宜的土壤、空气、水分等。创新要展示自己的活力，也需要有合适的创新环境—外在文化。

一个保证创新的自由环境首先是由制度文化提供的。制度中的体制对不对、机制灵活不灵活、管理好不好，决定了这种制度文化是否有利于创新。创新活动不仅仅是技术活动，也不是创新者的孤立行为，它更主要地表现为创新人群的社会活动。创新人群所处的社会环境，如政策、法规、五大流（物流、人流、资金流、信息流、知识流）的渠道、市场等，必然会对创新活动产生影响，有时甚至是决定性的影响。另外，创新的外在文化还包括器物文化，即创新所需要的物质生活条件，这是创新能够发生的基础。观念文化、制度文化和器物文化构成了创新文化的基本内容，创新文化建设也就是观念文化、制度文化和器物文化的建设。胡锦涛指出"一个国家的文化，同科技创新有着相互促进、相互激荡的密切关系。创新文化孕育创新事业，创新事业激励创新文化。……要在全社会培育创新意识，倡导创新精神，完善创新机制，大力提倡敢为人先、敢冒风险的精神，大力倡导敢于创新、勇于竞争和宽容失败的精神，努力营造鼓励科技人员创新、支持科技人员实现创新的有利条件。"这为创新文化培育指明了方向。创新文化建设是一项涉及面极广的复杂的系统文化建设工程，为此，我们必须有一种统筹规划的整体意识，要有统一的文化建设战略。

第一，坚持以人为本。无论是创新、创造，还是创新文化建设，人都是最根本的。人是最宝贵的资源，也是最积极、最活跃的因素。因此，进行创新文化建设必须始终坚持"以人为本"，充分发挥人的积极性、主动性和创造性。创造一种良好的文化氛围，尊重人的个性发展，尊重人的自由探索，尊重人的首创精神，尊重人才、尊重创造，鼓励和激励人通过创造努力实现个人价值，创造条件使人的创造激情和活力最大限度地迸发出来和充分涌流，真正让文化融入民族的生命力、创造力和凝聚力之中。创新文化建设表面上指向创造活动，而实际上指向的是作为创造主体和作为创造成果受益者的人。所以，在创新文化建设过程中，我们必须自始至终坚持"以人为本"。只有这样，创新文化建设才能结出人性化的果实，才成其为真正的文化建设，促进创造力的发展。

第二，进一步深化改革、扩大开放。创新文化必然是开放的、兼容的文化，必须在改革开放的环境中不断进行文化信息和能量交换才能生成和发展。"创新文化环境的建设必须基于观念更新和体制改革。它首先需要建立竞争机制、开放机制和激励机制，使得创新人才的作用得以充分发挥。因此，我们需要深化改革、扩大开放，这是创新文化建设的政治基础。"在世界多极化和知识经济的今天，只有进一步深化改革、扩大开放，加强与世界各国的交流与合作，在改革开放中不断汲取世界文明成果，更新自己的思想观念，才能不断生成和发展自己的创新文化。

第三，进行文化创新。创新文化是文化的精髓，因此创新文化建设就必须进行文化创新。进行文化创新，既要大力继承和弘扬中华文化的优良传统，又要充分吸收国外有益的文化成果。要以海纳百川的胸襟，摒弃形形色色的自由主义"全盘西化"论和保守主义"儒学复兴"论（国粹主义），确实做到"古为今用，洋为中用，批判继承，综合创新"。在博采众长的基础上进行文化创新，形成立足本国、面向世界，既有民族特色、又有时代精神的先进文化，进而不断生成自己的创新文化。

第四，加强制度建设。"创新的种子要发芽生长，需要适宜的气候和环境。发展创新文化，培育创新精神需要观念的支撑，更呼唤制度的保障。"创新文化环境建设离不开制度的承载和支撑，特定的环境是特定的制度设计、安排及塑造的结果。在创新文化环境建设中，制度同样具有举足轻重的地位和作用。制度是开启创新文化建设的钥匙，创新文化建设的过程实质上也是制度的不断调整、变迁和完善的过程，加快制度变迁与创新的步伐是创新文化建设的根本途径和必由之路。

2. 开发有利于高素质、创新型人才培养的大学校园文化环境

大学是培养人才的重要场所，大学内一切与人才培养活动相关的诸因素的综合构成了大学的育人环境。大学的校园文化一方面从属于社会大文化，是社会大文化的一个重要组成部分，其本质受社会大文化的制约，但另一方面，又时时显现其独立性，而且以其独立性影响着社会大文化的发展。人格心理学家的研究表明"文化对每一个人的塑造力量很大。平常我们不太能看出这塑造过程的全部力量，因为它发生在每个人身上，逐渐缓慢地发生，它带给人满足，同样也带给人痛苦，人除了顺着它走以外，别无选择。

因此这个塑造过程便很自然，毫无理由地被人接受，就像文化本身一样也许不全然是不知不觉地，但确是无可指责的"。这种自然的文化塑造过程也会对校园文化产生影响。从一定意义上讲，校园文化是一个民族文化的缩影。学校的本质是由社会文化决定的，校园文化则在一定程度上反映着学校的本质。校园文化主要是由教师和学生共同创设的，反过来，它又潜移默化地陶冶着它的创造者。既然校园文化本身是一种强大的教育力量，因此，形成鼓励创造的校园文化环境就很有必要。

苏霍姆林斯基曾指出："用环境、用学生自己创造的周围情景、用丰富集体精神生活的一切东西进行教育，这是教育过程中最微妙的领域之一。"这说明了良好的校园物质文化环境是开展创造教育的物质。无论是人类精神的发展，还是个体精神的发展，只有在充满民主自由、宽松和谐、崇尚科学、追求真理的精神氛围中才有可能。创造性的思想只可能在民主自由的学术空气中勃发，科学与真理也只能在民主的学术环境中闪光，在专制的、令人压抑的学术环境中，真知灼见就会被湮灭、科学的花朵也将会凋零。更为重要的是，只有在充满着民主、自由、友爱、团结互助、追求真理的精神氛围中，健全的人格——特别是普遍的信任感、成熟的幽默感、宽广的襟怀、宽容的精神、坦诚的态度、开放的头脑、真挚的感情的形成才有可能。可见，民主自由、宽松和谐、热爱科学、追求真理的校园精神氛围，才是创造教育所需要的。创造力最能发挥的条件是民主。当然在不民主的环境下，创造力也有表现，那仅是限于少数，而且不能充分发挥其天才。但如果要大量开发创造力，只有民主才能办到，只有民主的目的、民主的方法才能完成这样的大事。为此，我国著名教育家陶行知先生提出了"六大解放"："解放眼睛，敲碎有色眼镜，教大家看事实。解放头脑，撕掉精神的裹头布，使大家想得通。解放双手，剪去指甲，摔掉无形的手套，使大家可以执行头脑的命令，动手向前开辟。解放嘴，使大家可以享受言论自由，摆龙门阵，谈天、谈心，谈出真理来解放空间，把人民与小孩从文化鸟笼里解放出来，飞进大自然大社会去寻觅丰富的食粮。解放时间，把人民与小孩从劳碌中解放出来，使大家有点空闲，想想问题，谈谈国事，看看书，干点与老百姓有益的事，还要有空玩玩，才算是有点做人的味道。有了这六大解放，创造力才可以尽量发挥出来。""六大解放"为创造教育创设了其所需要的和谐、民主、宽松、自由的校园文化环境氛围。

3. 营造有利于高素质、创新型人才培养的制度环境

创造性环境的培育，无疑需要一场深刻的观念变革和文化更新。但是，值得指出的是，"单纯的'观念变革'，往往无所附着，而那些需要革除的旧观念、旧文化并不是抽象的，而是具体地留存于现行的教育制度之中，继续在发挥其效用。因而，比较而言，制度创

新也许比单纯的观念更新更为重要，也更为有效。也只有通过制度变革，才能真正除旧立新，树立新的教育观念。"

世界一流大学没有一个不重视制度创新的。哈佛大学校长德里克·博克在哈佛350周年校庆讲话中说："我们的学校是美国高等教育甚至整个美国的一个重要力量……美国的大学还得到了世界上最繁荣经济的支持。但最重要的是我们有了一套组织高等学校的方法。这套方法就是制度。"应当说，哈佛的制度是常新的。例如选课制，第21任校长艾略特创立了自由选课制，给学生以选课的自由。100多年中，每一任校长都对此有创新。第22任校长洛厄尔在此基础上更新为集中与分配制度。到第23任校长科特南，又在5年实践的基础上，将其改革为普通教育制度。而第25任校长博克和第26任校长陆登庭，则在核心课程的基础上不断丰富和完善了选课制度。另一个值得一提的例子是美国州立大学中独树一帜的加州大学，它之所以能成为公立大学的巨人，就在于它在制度建设中有自己的独特思路。加州大学采取分校独立外延拓展方式，通过松散的联合来鼓励分校多元化发展，使各个分校能够行政自治，各具特色，名领风骚，从而创造出多元化巨型大学的组合制度，奠定了加州大学作为一流研究型大学的地位。

制度创新能带来组织活力，能使大学与时俱进，适应社会的变化和发展。而人才的积极性和创造性的发挥，关键在制度。虽然我国高水平的大学距离世界一流大学还有很大差距，但是潜力还是有的，我们现在的任务就是要通过大胆的制度创新，破除种种藩篱，把这种能量充分释放出来：

第一，创新教师聘任制度，为大师汇聚创造良好环境。教师，不仅是创造性环境的重要创设者，其本身也是创造性环境的重要组成部分。社会文化中的价值观、道德情操、审美情趣、理想和信念，都会通过教师"映照"在学生身上。因此，"教师的成功是创造出值得自己崇拜的人。先生之最大的快乐，是创造出值得自己崇拜的学生。说得正确些，先生创造学生，学生也创造先生，学生先生合作而创造出值得彼此崇拜之活人。"世界一流大学之所以一流，最重要的是有一流的师资。我们现在的教师聘任制度还没有完全跳出计划经济时代的框框，一流师资不容易进来，冗余人员难以出去，严重影响教师队伍素质的提高。所以，我们要打破旧框框，以更加开放、灵活、富有吸引力的政策，汇聚各方有识之士；搞活用人机制，促进人才流动，固定与流动并存，引进与培养并举，不拘一格使用人才；实行符合科学规律的绩效评估制度，激发教师创新教育、创新知识的积极性，使他们满腔热情、专心致志地培养创新人才，攀登科学高峰。

第二，创新基本组织制度，为学科发展构筑坚实平台。大学组织构造的核心要素学科，它是教学和科研工作赖以进行的共同基础。良好的大学组织制度应当既有利于学科顺应科学发展的新趋势，又有利于人力资源的调配和教学科研活动的展开。对于研究型大学而言，组织结构以科学研究为中心，做到科学与教学的有机统一，是实现大学发展目标的基本要求。世界上一流大学在组织制度上都有一套符合其文化特点的形式。如哈佛大学，它的十大学院既有以本科教育为主的文理学院，又有以研究生教育为主的专业学院，行政建构与学院建构大体一致。牛津大学是若干独立自治的综合学院组成的"联邦"，各学院相互竞争，相互支持，共享资源。日本东京大学近年来也改变了以学部为主的组织构架，而以研究科目为主干，实行大学院重点化，以科学研究为龙头带动学校发展，取得了很好的效果。相比之下，我国的大学组织结构带着很浓的专业化，教学型特征。虽然经过二十多年的改革，有了很大的变化，但基本模式没有革新。即使是高水平的大学，组织僵硬、专业分割、学科壁垒森严的状况依然严重存在。因此，需要以学科发展为基点，努力创新，构筑起以科学研究为核心、固定与弹性结合、分化有径、综合有序的高效组织架构，适应多校区、大规模、多层次、多元化发展要求。

第三，创新人才培养制度，为学生自主学习铺平道路。人才培养始终是大学的第一要务。培养高素质、创新型人才，需要创新培养制度，使学生能够最大限度发挥其学习潜能，激发其创新欲望，锻炼其创新能力。

只有给予学生充分的学习自由，才能有利于创新人才的涌现。我国大学的人才培养制度长期以来不侧重创新人才的培养，过分重视知识继承，高度专业化和定型化，难以适应当今社会发展的新形势。虽然近些年来，我们在人才培养模式上也不断革新，提出许多好的人才培养思路，但现在的问题是要通过制度化来巩固和深化这些思路。实行本科生的大文大理培养，从制度上根除专业化的弊端；建立专业方向的自由选择制度，使学生根据自己的兴趣开展学习；通过完全学分制和有充分选择性的课程制度，使学生能自主地根据个人实际完成学业；建立各种实践制度，让本科生参与到科学研究中来，在实践中增长才干；建立个性化培养制度，不拘一格培养人才，允许"偏才""怪才"自由成长。

总之，要实现高等教育的可持续发展，培养适应时代发展需要的人才，就要不断地进行观念创新、制度创新和实践创新，只有及时构建出符合时代发展要求、具有前瞻性、同国际接轨的科学人才培养制度体系，并进一步优化、开发人才培养的发展环境，才能调动学生内在的学习积极性，激发其创造力，为全面实现小康社会和中华民族伟大复兴培养更多的高素质、创新型人才。

三、人才培养的公平与效率的现实选择

提出人才培养成本问题，是因为人才培养与经济建设一样，要讲投入和效益。在计划经济体制下，人才需求可以通过从各行各业的实际发展需要，逐级汇总上报国家计划和教育主管部门，然后编制人才培养计划，下达各高校。同时，国家也就确定了各高校的教育规模。但是，随着高等教育市场化的逐渐深入，人才培养规模与效益的问题越发突出，进而引发更深层次的高等教育的公平与效率的争论。对于高等教育的公平与效率问题，不能简单地以"效率优先，兼顾公平"或者"公平优先，兼顾效率"论处，而应该视具体情况而定，也就是要在公平与效率之间寻求它的"平衡点"。

1. 公平与效率的内涵

自古以来，公平就是一个争论不休的话题，人们始终未停止过对它的理论探讨，至今仍是见仁见智、莫衷一是。从语义上看，所谓公平，顾名思义应是"公正、公道、平等、平均"之意。但是，公平不能简单等同于公正、公道、平等、平均，公平作为一个含有价值判断的"规范性概念"，比平等、平均更为抽象。

总体来说，对于公平这一复杂的概念，可以从以下几个不同的角度来分析。第一，从层次上看，公平包括两个层次，即实存层次和观念层次。实存层次的公平是指存在于各种社会关系体系中的公平状况，它包括物质分配状况和人际关系规范，物质分配状况属于经济公平范畴，人际关系规范属于政治公平范畴。观念层次的公平是指社会关系体系中的实存公平在社会观念体系中的反映，它主要是通过法律体系和道德价值体系表现出来的。第二，从内容上看，公平应包括三个方面，即起点公平、过程平等和结果公平。所谓起点公平更多是指机会均等，即每个人都站在同一起跑线上平等参与竞争。过程平等则是指在竞争过程中必须遵循同一游戏规则。所谓结果公平是指社会财富和收入分配上的公平。一般认为机会均等更为重要。因为机会均等更强调维护人们参与的权利，更能体现"人人生而平等"，而如果只强调结果公平就会抑制人们的积极性和创造性，并由此造成机会不均等。第三，从特点上看，公平有历史性与相对性两大特点。公平是具体的历史的，而不是抽象的永恒不变的。公平的状况是与所处时代的社会经济发展水平和社会价值体系相适应的，不同历史条件下的公平具有不同的内容，在阶级社会，公平只能表现为阶级的公平。正如马克思所说："希腊人和罗马人的公平观认为奴隶制度是公平的；1789年资产者阶级的公平规则要求废除被宣布为不公平的封建制度……所以，关于永恒公平的观念不仅是因时因地而变，甚至也因人而异。"相对性是公平的另一个特点。公平的相对性是指任何公平都只可能是一定意义一定尺度上的公平，历史上从来

没有也永远不会有无条件的、在任何角度上、对任何人都公平的公平。

效率是西方经济学中的一个核心概念，英文词是 efficiency，含有能力、效力、效能、功效、实力等意思。效率是一个经济范畴，相对公平的概念，效率的概念更为简单，更容易理解。

在经济学中，效率可分为微观经济学中的效率和宏观经济学中的效率两种。微观经济学中的效率是指经济运行过程对所有适当的边际条件的满足（一种均衡状态），即边际产品比率与相应的要素价格比率之间相等关系的实现。一般表述为产出（产品、服务等）与投入（人力、物力、资金等）之比率，或劳动效果与劳动消耗之比率。宏观经济学中的效率多指由既定资源投入或占用所获得的产出数量，即由既定价值的资源所获得的产品价值。一般表述为：效率是对社会资源配置和利用的合理性、有效性的评价和量度。

2. 教育公平与教育效率的关系

教育公平是一种社会理想，是社会对其成员平等地位的一种价值追求，重在解释教育资源配置的合理性问题，是社会公平价值在教育领域的延伸和体现；教育效率是一种对教育投入与教育产出之间的关系量的事实判断，侧重解释教育资源配置的科学性问题，是经济效率在教育领域的延伸和体现。从哲学上说，公平与效率不是一对矛盾概念，因为两者不属于同一范畴体系，公平是伦理学上的概念，效率是源于经济学上的概念。但在社会现实中，它们是两个密切相关的概念。在一定情况、一定条件下，两者往往产生矛盾。因而从现实出发，人们往往把它们视为一对矛盾统一的概念，以便正确处理它们之间的现实矛盾。

高等教育公平与效率的对立性：其一，在维持公平原则的情况下，不一定能保持高效率。公平强调对高等教育资源进行公平配置，而公平又具有相对性。马克思、恩格斯从来都不认为有永恒的、绝对的、适用于一切时代一切民族的公平原则的存在，而只承认相对的、有条件的公平。高等教育公平问题其实是一个价值判断的问题，是否公平，取决于每个人的价值判断。客观存在的教育现象，本身并无公平与否的问题，而是人们依照某个标准对其进行价值判断的时候，才有高等教育公平问题。对公平的判断也是与主客观原因分不开的，会因人、因时、因地而易。显然，任何一种公平分配的结果并不是有效率的。就起点公平而言，如若社会把有限的高等教育资源公平地分配到所有社会成员，那势必降低高等教育效率。其二，教育产出具有特殊性，必然导致教育公平与效率之间出现不一致。教育活动是一个系统工程，虽高等教育距产出时间最近，但投入产出的产品效果需要几年甚至几十年才能表现出来，所以，难以根据一时的投入与产出来判断高等教育效率，而应该从长远的角度分析。

高等教育公平与效率的统一性：其一，两者的产生都源自社会实践的需要。随着社会生产力的不断提高，教育成为人们生活中不可缺少的内容，对高等教育的需求渐涨。显然，接受教育对社会中的每一员都具有必要性。然而，在一定的社会发展时期，高等教育资源总是相对稀缺的，因此，对于社会而言，必须制定合理的高等教育资源配置原则，高等教育公平问题由此而生。同时，随着公平问题的产生，面对稀缺的高等教育资源，人们不得不考虑怎样分配有限的高等教育资源最为合理和有效，如此，高等教育效率问题必然出现，那么，高等教育公平与效率关系的问题的产生也在情理之中。所以可以说，高等教育公平与效率以及两者的关系问题的出现是社会发展的必然产物。

其二，两者同受社会生产力发展水平的制约。教育公平涉及的是对教育资源如何分配的问题，是生产关系在教育实践中的表现，它是社会生产力发展的必然产物，受到社会生产力水平的制约。社会生产力发展的水平不仅制约着教育公平，而且制约着教育效率。从社会发展历史来看，原始社会生产力水平极为低下，教育还未能成为独立的社会实践活动，也无教育资源可言，更谈不上高等教育公平与效率的问题。随着社会分工的加快，社会成员的分化现象加剧，脑力劳动与体力劳动不断分离，教育逐渐成为相对独立的社会实践活动。由于教育尤其是高等教育资源的享有与人们的社会地位有着密切联系，所以，教育资源的分配和其他社会资源的分配一样涉及是否公平合理的问题。同时，对有限的高等教育资源的分配过程中也有一个公平效率谁先谁后的问题，按怎样的原则进行分配是最有效的、怎样分配才能在公平的基础上做到有效率等问题一一凸显。

其三，两者相互依存、相互促进。高等教育公平和效率是人类对教育追求的两个目标，从整体和长远来看，它们是相互依存的。如果没有高等教育效率，高等教育既不能促进社会个体的发展，也不能促进整个社会的进步，这样的公平是毫无意义的；反之，如果在高等教育发展过程中，只是一味强调高等教育投入的直接成效，而将全体社会成员的需求和利益置之度外，那么，这样的效率也只是徒有虚名，将会成为社会不和谐因素之一。高等教育的公平与效率的统一还体现为两者相互促进。教育公平要求把有限的教育资源合理地分配给社会成员，满足社会成员个人的需要，从而保证社会的稳定与和谐；教育效率要求把有限的资源更加科学地配置，使有限的投入收到最大的成效，提高整个社会的教育效率，也提高社会个体的收益。高等教育公平与效率的一致性表现在：合理的教育公平能有效地促进教育效率的提高，高效的教育投资则能为更高程度的教育公平的实现创造条件。也就是说，高等教育资源配置的原则越合理，带给社会、个体的效率就越高；反之，带来的效率越低。

其四，两者是高等教育资源分配中质和量的辩证统一。从本质上说，高等教育公平是为了维护社会成员的受高等教育权利，而要体现公平理念，扩大高等教育的规模势在必行，也就是数量的增长。然而，高等教育平等又受到教育资源有限性的制约，假如教育资源可以无限投入，那就无所谓公平问题了。可事实上，任何一个国家面对的都是有限的资源，这就必须考虑到高等教育资源的收益问题。将有限的资源去满足超过其承载量的受教育需求，显然是对教育质量的一种挑战。高等教育增长的目的旨在促进教育公平的实现，维护公民的平等受教育权利，然而单纯的数量上的增加并不必然带来实质上的教育公平，没有质量上的保证，数量上的增加将变得毫无意义，相反还会造成教育资源的浪费，阻碍经济的发展，从而影响教育公平的实现。因此，教育公平与效率之间的关系实质上就是教育公平中质和量的统一。离开质谈教育公平和离开量谈教育效率同样是没有意义的。

3. 高等教育公平优先与效率优先

当公平与效率之间出现矛盾的时候，就有人提出了"效率优先，兼顾公平"与"公平优先，兼顾效率"两种折中的方案。这种选择，要根据实际情况及其进程，权衡利弊而定。在经济与社会转型时期，对改革与发展问题，一般采取的是效率优先、兼顾公平的原则，以加快改革与发展的步伐。例如，在经济政策上，先向发达的东部地区倾斜，让一部分人先富起来；在高等教育政策上，设置重点大学、重点学科，启动"211工程"，以便在国际科技竞争中迎头赶上。当然，所谓"优先"，也应当"适度"：首先，要"兼顾"而不是不顾，效率优先要兼顾公平而不是制造不公平；其次，要根据进程及时调整政策。政策的调整，不仅是为了避免矛盾激化，更是为了寻求更高层次上的公平。这是因为，公平与效率不是同一层面的概念，也不是同一层次的价值。从人类社会发展的终极目标来说，公平的价值高于效率的价值。公平，体现平等、公正、人权等基本理念，是人类社会最高的理想与信念；效率则是体现现实的利益、效果，是人类社会生存与发展的必要条件。社会主义现代化建设最终的价值追求是公平，通过效率的不断提高以实现更高层次的公平。例如，在经济政策上，当向东部地区倾斜时，就要兼顾老少边穷地区的扶贫；当东部发展到一定水平，能够更好地帮助西部开发时，就要倒过来向西部倾斜，从而在公平的原则下，提高国家整体的经济水平，全面奔向小康。一部分人先富起来之后，就要采取某些政策，如提高累进税率、加强扶贫解困力度等，最终达到走共同富裕的道路。在高等教育政策上，重点大学、重点学科的设置与建设，首先是为了尽快地提高国家的科技水平，最终是为了以点带面，提高全国高等教育的质量和学术水平。人类社会的终极目标是追求公平，但必须不断地提高效率。如果不提高效率，所谓公平，只能是低层次的公平。原始社会的分配是公平的，但没有人愿意回到原始社会生活去；历代农民起义的口号之一是"均田地"，但均田地并不能使社会的文明进步得以持续发展。一碗饭，两人吃，饿不死也吃不饱。"不患贫而患不均"，作为革命口号有其鼓动作用，作为建设思想则是错误的。20 世纪 50 年代末的"大跃进"和"教育大革命"，要在 15 年间普及大学教育，遍地开花办高等学校，造成了极大的浪费和破坏。即使到了今天，高等教育大众化发展速度如果太快，教育资源严重不足，也会降低教育质量。低水平的公平是平均主义思想，不断提高效率的公平才是社会主义建设的价值追求。

4. 寻找高等教育公平与效率之间的平衡点

根据上述的分析，可以看出，在我国高等教育中的公平与效率问题，并不是不可调和的。它们之间是存在平衡点的。众多的教育不公平问题，最终都可以还原为政策和制度问题。一是许多不公平问题本身就是政策、制度缺失或不健全所造成的；二是所有的教育不公平问题最终都可以通过政策修订和制度创新进行调节。我们所要实现的是在效率不断提高基础之上的教育公平，而不是单纯地解决公平问题，因此，必须对我国高等教育政策、制度等进行相关研究，主要依靠政策途径来调节和创造公平与效率之间的平衡点，促进公平与效率共生共长，使得高等教育健康发展。当前中国的高等教育公平与效率政策有着值得商榷之处，存在需要改进的地方。

其一，高校大规模扩招意味着就学机会的扩大，但同时也必然带来生源质量的相对下降和办学条件的相对不足，教学管理和课程内容也必须相应地变革以适应新的要求。

其二，教育资源有限是我国高等教育大众化过程中所面临的主要困境。借鉴发达国家的经验，我国开展了向学生收取部分培养费，实行高等教育成本补偿机制的探索。但与此相关的另一个问题是，如何保障低收入或因交不起学费的家庭子女接受与其分数和能力相适应的教育权利，这越来越成为涉及高等教育公平的核心问题。

其三，高等教育公平的实现是一个极为复杂的系统工程，受一些间接因素的制约，高等教育规模的扩大并不会直接带来高等教育公平。每种不公平都是由客观现实造成的，高等教育公平也不例外。目前，影响高等教育公平的因素主要有：一是城乡差距正在改善。虽然城市学生高考入学机会仍然大大高于农村学生，但这一恶化的趋势在减小，同时从总量的、宏观的不均衡，转为隐性的、更深的层面。它主要体现为城乡学生在高等教育系统中的分布。农村学生主要集中在相对薄弱的地方院校，主要分布于农林、军事、教育等收费较低的学科，他们中许多人处于贫困状态。二是阶层差距正在凸显。随着在近年来的社会转型中城乡差距、贫富差距逐渐拉大，高等学校在校学生中的阶层差距逐渐扩大，成为显著的问题。具有更多的文化资本、社会资本和经济资本的优势阶层子女得到越来越多的学习机会，较多地分布在重点学校和优势学科。他们的录取分数低于低阶层家庭的学生。三是大学教育机会是高中教育的扩展和延续。大学教育机会是高中教育的扩展和延续。现实存在的各种高等教育入学机会的差距并不是孤立的现象，而是整个教育体系结构性不均等的一部分，在相当程度上是高中教育阶段机会不均等的一种累积和延续。20世纪90年代末我国高等教育的大发展，不是建立在基础教育的相应发展之上，而是单向突进的。1998~2002年，高等教育的升学率从46.1%上升到83.5%，共上升了37.4个百分点，而初中升高中的升学率却仅仅增长了7.6个百分点。随着高等教育规模急剧扩大，高中教育的发展滞后，成为影响高等教育机会获得的最为狭窄的瓶颈。高等教育政策和制度的功能，就在于通过平衡和协调机制，将差别教育控制在社会各阶层可以接受的限度之内。其四，可以借鉴一些西方国家实行的"教育券"制度，而不是直接向高校投资，以保证高等教育大众化过程中高等教育秩序的公正和起点的公正。"政府有责任投资教育，但却没有必要经营学校。"这是1976年度诺贝尔经济学奖得主，二战后最具影响力的美国经济学家米尔顿·弗里德曼的一贯主张。在弗里德曼看来，政府垄断和竞争不充分是学校办学质量低下的首要原因。他在1955年一篇名为《政府在教育中的角色》的论文里提出了学券制——教育券制度，建议把竞争引入公立学校体系，在"学券"的流动中实现优胜劣汰，医治公立学校的"集权过度症"，适当遏制教育官僚主义的滋长。米尔顿·弗里德曼认为：政府对公立学校的财政支持，造成了公立学校的垄断地位，而垄断有悖于竞争，导致公立教育质量和效率的低下；另一方面，公立学校理所当然地获得政府的财政支持，就容易忽视质量和效率。教育券理论就是他力图解决教育质量和效率问题的对策。教育券原创理论的积极意义就在于坦诚地承认客观存在的教育竞争。

什么是教育券？教育券是指政府把教育经费折算成一定数额的有价证券发给每位学生。家长和学生可自主选择收费标准不同的学校就读，不足部分自己支付，不再受学区或学校类别的限制，而学校把所收集到的教育券向政府兑换现金，用以支付办学费用。于是，学校间为争取学生而互相竞争，争取学生就意味着争取了更多的政府教育经费，就必须努力改善教育质量。开放的，自由的教育市场必然提高学校的效率和效能。从而使整个教育制度更具活力，更趋于公平性。

第三节 人才培养与学校管理

就每一所大学来说，都有属于自己的一套管理办法，问题在于这些制度是否真正把学生作为学校教育的价值主体、动力主体、权利主体和发展主体，紧紧围绕促进学生的成长成才和全面发展的目标。由于长期受到计划经济体制的束缚，再加上集权的政治传统和文化传统的影响，大学管理制度呈现出千篇一律、高高在上和过分封闭的弊端。在经济全球化背景下，人们的价值取向随着自身条件、信念与选择日益呈现出多向化、多维化、多层次、立体化的面貌。面对新情况和新挑战，必须坚持人才培养的知识、能力、素质相协调的基本定位，将培养人与激励人、服务人、发展人统一起来，全面提高人才培养质量；切实推进管理制度创新，构建教学质量保障体系，使高校培养出来的人才满足社会不同层次的需求。

一、建设以人为本的高校内部管理制度

在知识经济时代，现代管理理念被越来越多的企事业单位所采用，人本管理是现代管理理念发展的主要方向与趋势。人本管理强调人是管理活动的核心，把尊重人的价值、全面开发人力资源，以谋求人的全面自由发展作为最终目的。如果高校也将现代管理理念运用于自身的管理，那么作为管理工作的基础性工程，高校内部管理制度建设也必将此理念融入其中。所以，建立以人为本的高校管理制度是人本原理在学校管理中的运用，是当代培养高素质、创新型人才应当追求的一种理想的学校管理模式。

（一）学校人本管理的含义

学校人本管理是人本原理在学校管理中的运用，就是以关心人、尊重人、激励人、解放人、发展人为根本指导思想来进行的学校管理，就是一种把人作为管理的主体，充分利用和开发学校的人力资源，服务于学校组织内外的利益相关者，从而为实现学校目标和学校成员个人目标而进行的学校管理。学校人本管理的含义主要包括以下两点：

第一，所谓"以人为本"，就是以学生和教师的成长、发展为本，这是教育的根本。在学校管理系统中，人既是管理的主体，又是管理的对象，还是管理的产品，因此，人的因素在学校管理中占有重要地位。"以人为本"，首先就是要尊重师生的意愿，尊重

他们成长和发展的规律，按教育教学规律办事。学校人力资源的显著特点是知识性、智力型、教育性，它要求学校管理不仅要尊重人、激活人、调动人的积极性和创造力；更要塑造人、发展人。不仅停留在表面意义上的尊重，实行简单的人文关怀，而是统领学校精神，引导价值追求，在深层意义上即观念层面上，对管理对象中的人施以潜在的、无形的、隐性的再造就；对人施以理性关注、价值观领引和精神锻造；用学校目标影响教师价值选择、转变生存观念、提升人文境界、培育现代教养，进而达到学校目标与个体价值追求的理性整合，使组织和个体进入自为状态，实现组织的持续发展和个人的自由全面发展。

第二，"以人为本"绝不只是办学特色，而是办学的根本指导思想。以人为本，应当统帅并渗透到各种不同类型的管理中去，否则，具体的管理模式就可能发生异化。人本特色是当代学校管理模式发展的根本指导思想，这是因为：第一，人本特色学校模式是富有活力和创造精神的，这种模式主张把社会需要与人的发展紧密地结合起来，使学生获得最需要的也是最能代表社会发展的知识和能力，得到最大的发展满足和教育关怀。第二，创建一个有人性的新培养机制，鼓励和引导学生，使其潜能得到最大的发挥。人本特色的学校模式强调学生主体性，相信每一个学生都具有后天发展的巨大潜能，一旦开发得当，就能发展成才。它倡导学生多元智能发展，并努力保护和培育学生多种新萌发的发展需要。因此，这种学校模式必然摒弃死记硬背的教学方法，反对用一张试卷来要求所有的学生，而是坚持以开发学生优势潜能作为动力，把培养健康全面发展的人作为教育目的。

第三，创建一个师生共同得到发展的教育体，鼓励师生互动发展，教学相长。人本特色的学校模式下，不是教育者单向地领导学生，也不是教师简单地围绕着学生转。在这里，教育者和学生都是学习的主体，师生在教育教学过程中都获得发展。教育者，尊重、爱护、培育学生，为主体的形成和发展提供最好的条件；教育者在教育活动中提升自身，确立教育者的主体精神。以学生为主体，才能使教育者根据学生的发展实际，进行有成效的教育创造，并可借以表现教师特有的创新能力和主体精神；以教育者为主体，才可能按教师每个人独特的认知方式和教育艺术，塑造出无数富有个性的有创造精神的人才。教育者的主体性与学生的主体性不是对立的，恰恰相反，只要使两者在教育过程中统一起来，才能真正绽放出教育的人性光芒，产生真、善、美的教育成果和学校模式。

（二）建设以人为本的高校内部管理制度的现实依据

1.科学发展观的内在要求

"从政治经济学角度而言，一所高校的内部管理制度不能超越这个社会政治、经济和文化的发展水平；从教育学角度而言，它不能脱离教育教学与人才成长的规律；从管理学角度而言，它的提高有赖于人的积极性的发挥，而人的积极性的良好发挥最终源于人性化的管理。"因而，高校内部管理制度也必须随着现实内外环境的变化不断改进、完善，进行制度创新。所谓的制度创新并不是说要建立一种从来不曾有过的制度，而是在现有制度的基础上，进行一种不落后于时代，又不超越阶段，符合高校当前的需要，反映时代精神的高校内部管理制度的创新。新的管理制度，必须与当代中国主流意识形态的价值导向保持一致，必须符合党和国家有关教育法规与政策，必须有利于人才培养的需要。

管理制度作为一种规划性范式，需要用某种意识形态来带动其创新。根据当前的主流意识形态，科学发展观是我国社会主义现代化建设的指导思想，科学发展观的基本内涵是"坚持以人为本，促进经济与社会的全面、协调、可持续发展，统筹城乡、区域等五个方面发展"，其核心价值理念是以人为本、均衡和谐、全面发展。因而，高校内部管理制度的创新必然是依据科学发展观，进行以人为本的制度建设。

2.培养高素质、创新型人才的必然要求

一个学校的管理理念是什么，是否把学生看作具有鲜活生命的人，在很大程度上会影响培养出来的学生。不以人为本的管理，培养出来的学生也必将缺乏实践能力、创造能力和冒险精神。以人为本已经成为保障高校人才培养质量的重要理念之一。面对知识经济社会对高等教育质量的要求，从教学到管理以及配套的制度，都需要人的亲力亲为。严格的制度不等于更加有效的管理，任何管理制度的效用都有一定的限度。如果只有约束，管理制度没有内化为成员心中的自觉性，就容易产生"为实施制度而实施"的消极后果；如果管理制度超出了多数成员所能承受的程度，其效力就会减弱、消失，甚至会产生抵触情绪，使管理达不到预期的效果。所以，高校内部管理制度建设必须要做到以人为本。

3.高校师生员工权利主体意识增强的必然选择

当代高校学生已经成为享受教育资源服务的消费者，支付了费用的消费者必然要求享有相关权利。在高校，他们不仅是受教育者，还是与管理者具有平等地位的权利主体。高等教育成本分摊机制促使高校学生法制意识的增强，他们需要高校提供更为人性化的服务，更加注重保障其合法权益。也就是说，高校管理者应该从学生的主体需要出发，将学生视为具有与其同等地位的主体，将学生作为高校管理工作的服务对象。显然，传

统的高校内部管理方法与管理制度已经与我国高等教育实施收费的现实不相适宜。

作为社会主义的高校，教职员工是学校的主体，管理部门应该为他们服务。高校教职员工对社会具有较强的责任感，他们注重精神上的追求与待遇，他们要求受到尊重的意向比较强烈，如果在这些方面不能满足他们，就可能影响到他们工作积极性与创造性的发挥，而这又是决定教职员工是否能出色地完成工作任务，培养高素质创新型人才的关键所在。当前，我国高校教职员工自身虽然有强烈的主人翁责任感，但并没有与其相应的一系列管理理念与管理制度，行政权力泛化，民主机制不完善，职代会和工会也没有发挥其应有的作用。随着高等教育发展的大众化和国际化，各高校争夺生源和各种教育资源的竞争日益激烈，学校管理的视角必然从"物"的方面转向"人"的方面，以人为本的管理思想必将成为高校内部管理的灵魂，也必定是贯穿于内部管理制度建设的指导思想。

4. 现实制度不能适应当前管理的客观需要

我国高校的管理工作一向都比较注重运用制度管理，善于用完善、严密的管理制度对师生员工进行灌输教育、系统控制和全面监督，注重管理的计划与统一，要求管理对象的绝对服从，并且常用定量的评价方式而较少采用定性评价。建立健全各种管理制度是管理工作的一个重要条件，是保证高校各方面工作有序、有效进行的前提。但是，传统的高校内部管理制度在实施过程中也出现了一些问题，反映出现行管理制度存在的一些局限性。首先，高校内部管理制度强调权力的集中统一，使得高校内部的基层组织和师生员工在管理活动中缺乏为反映和争取自身权利的途径，更不可能对现行管理制度提出任何异义，也就不可能为制度建设贡献自己的才智，不利于创造性才能的发挥。其次，师生员工作为管理对象，只能被动地接受命令和要求，没有内在的动力和积极性，导致管理者在工作中也比较吃力，造成管理工作效率不高。最后，现行管理制度中有许多胁迫式管理条例，如果师生员工在学习、工作、生活中出现了一些错误，很可能被扣分或不能评优或做出处分，而对于一些不合理的处理结果，更是没有申诉的渠道。这样容易使这部分师生员工造成心理压力，出现低落、少动、易退缩的情况，对现实失去信心，对未来持消极态度，影响他们今后的发展。

总之，当前高校内部管理制度造成的问题的实质就是过度强调统一、规范与所谓的实效，而不适应现代人的生理及心理特点。如此管理的结果是，不仅会影响到高校的人才培养，也不利于师生员工利益的保障与自身的全面发展。因而，摒弃管理者权力至上的管制型制度，重新建设一种真正关注师生员工利益与发展的，并能适应当代人与现代管理需要的管理制度，是当前高校内部管理改革的当务之急。将以人为本思想作为这一制度创新的指导方针，是符合现实需要的，对管理制度建设的一种探讨。

（三）坚持以人为本的制度建设原则

以人为本的高校内部管理制度建设，要坚持五个原则：一是系统化原则。制度管理应是多侧面、多层次、多序列，其对象从横向看有党员、团员和群众，从纵向看有校、院、系、班和宿舍，具体的制度设计要依据系统论、控制论，将各项具体的管理制度整合为一个内部相互呼应、互为补充的、和谐的制度体系，发挥管理制度整体与局部的优势。二是科学性原则。坚持贴近实际、贴近生活、贴近学生，在符合教育教学和管理工作的客观规律的基础上，重视包括性格、兴趣和资质在内的个体差异，为师生员工的全面自由发展提供足够的空间。三是公正性原则。高校教师和大学生是具有较高智力、较高文化和较高自尊的群体，对是否受到客观公正地对待十分敏感，特别是管理制度中的评价体系和奖惩条文，因此在管理制度的制定和实施过程中，要充分尊重教师和大学生的知情权、参与权和选择权。四是人性化原则。制度规范不能成为冷冰冰的、一触即死的"高压线"，要充分考虑到师生员工的价值、尊严和发展，切实把依法管理和有情操作有机结合起来，最大限度地发挥出制度的警戒威力和育人功效。五是服务性原则。高校管理者与师生员工之间关系的转变，决定了高校内部管理制度不只是用来规范师生员工的各种行为，还含有为师生员工的基本需求提供服务的目标，以及为促进他们个人发展服务的责任。管理者必须从师生员工的实际需要出发，通过管理制度为师生员工的学习、工作、生活提供优质的服务，满足他们基本的需要，解决他们的后顾之忧，以便更好地投入到学习和工作中去；更要为师生员工追求学业、事业的成功以及个人自由全面的发展提供相应的制度保障。

（四）以人为本的高校内部管理制度建设的对策

1. 在制度建设中树立以人为本的指导思想

以人为本中的"人"，是多元的人，包括学生、教职工、领导者（管理者）。因此，以人为本，就是以这些人为本，充分调动他们的积极性、主动性，并使他们获得不断地发展。高校内部管理制度建设是涉及高校稳定、人才培养及其未来发展的重要工程，必须有一种正确的理念作为其指导思想。

在管理制度建设中树立以人为本的指导思想，就是要在制度建设中尊重师生员工的主体地位、价值、人格、个性和需要；就是要解除传统的束缚，用师生员工的价值尺度和智慧力量去分析、思考和解决制度建设中的问题；就是要在制度建设过程中培养师生员工自主意识和责任感；就是要在制度建设中体现出对师生员工生存与发展命运的一种终极关怀。在高校内部管理制度建设中，树立以人为本的思想，并不是孤立的，它是以科学发展观作为指引高校全局工作与发展这一事实为基础。高校作为一个具有广泛包容性和充分自由度的教育场所，其一切工作应当以高校主体的利益为出发点，其发展应当以促进师生员工自由全面的发展、实现教育目标为归宿。高校内部管理制度建设也应当树立以人为本的指导思想，体现对师生员工地位、价值及发展规律的尊重，依靠他们的力量来建设管理制度，从中保障他们的权力与利益得以实现，使得师生员工能够自觉自愿地遵守制度，并以此培养师生员工的能动性与创造精神，实现他们个人综合素质的提高和全面的发展。

高校内部管理制度建设在起到规范行为、倡导竞争、鼓励创新作用的同时，更应该赋予其人情味，使制度建设成为师生员工自由发展、民主决策、良性竞争的互动平台。要在制度建设中营造一种宽松的氛围，要尊重其独有的个性价值，不要让不符合他们发展规律的条条框框阻碍其成长，使师生员工能最大限度地发挥其潜能，创造性地从事学习、工作活动。要把师生员工的利益作为决定制度建设的价值与发展方向的核心要素和基本标准，当发生矛盾时，在保证高校正常运转的前提下，管理制度必须坚持物让位于人的原则，从制度建设上为师生员工创造条件。要摒弃传统制度建设中对优胜劣汰的片面理解与刻意追求，摆脱程式化的评价模式，使管理制度真正关注于师生员工学习能力、工作水平、全面素质的提高以及个人发展的需要，透射出制度建设对师生员工成长与发展的关心。要在制度建设中帮助师生员工及时修正在学习、工作中的失误，而不是让管理制度成为专挑错误和不足的处罚工具，给他们造成心理负担与压力，要让制度建设成为引导他们少走弯路、促进他们身心健康发展的制度保障。总而言之，要将师生员工的生命发展作为高校内部管理制度建设的出发点与归宿，将以师生员工为本的观念贯穿制度建设的始终。

2. 以人为本的高校内部管理制度的构建

首先，从生成程序和参与者上确保制度的以人为本。制度的生成程序和参与者两个重要方面影响着管理制度能否体现以人为本。当前，会成一些高校管理制度存在诸多问题的根本原因之一，就是制度的生成不规范，没有按照一定的程序来进行。程序是法治的核心，是法治从法律形态到现实形态的必不可少的分水岭，是实体权利的保障。法律程序首先应当体现以人为本，只有这样才能得到"自由"的人的遵循，这也才是对人的自由的真正保障。严密的程序少不了师生员工的广泛参与，师生员工的主体性也应该在相应的生成程序中体现。在校领导和专业职能部门的整体统筹安排下，高校内部管理制度的生成程序需要遵循以下一些环节：校或职能部门领导提出议案—法制部门工作人员调研、立项—法制部门与相关职能部门工作人员起草—相关人讨论—修改—法制部门审核—教职工、学生代表大会或校行政会议审议—校领导颁布、实施。

师生员工在制度生成时的广泛参与是高校制度生成程序中应该追求的目标，这既指参与的广泛程度，又指参与的有效程度。也就是说，在以上各个环节中，师生员工参与的人数要与受到这一制度影响的程度成正比，而且要确保师生员工的参与行为对制度的生成有实际影响力，能被制定者所采纳，并转化为制度的实质性内容。师生员工参与到制度生成程序的各个环节，能够充分发挥他们的主体作用，同时提高制度的适用性，也能减少师生员工对管理制度的怀疑与抵抗情绪。将师生员工的切实参与融入严密的制度生成程序中，是保障制度建设实现以人为本的关键的第一步。

其次，从制度内容中体现制度的以人为本。高校内部管理制度是由不同层面的各个具体制度共同构成的制度体系，涵盖了高校管理工作的方方面面，规范着高校内部这个微型社会的运作。本文尚不对众多制度的具体内容逐一展开，深入研究。仅从几个方面代表性地探讨如何在制度内容中体现以人为本思想。

从法律的角度看。高校内部管理制度建设应该用法治思维和法律意识，不断完善必要的程序和制度，规范师生员工的行为、化解矛盾、维护校内秩序，实现高校的稳定、和谐与发展。高校内部管理制度的内容必须区分其中的法律关系和行政管理关系，对于那些涉及师生员工身份、人身权、财产权等基本权利的，应当从民事法律关系的视角依法制定相关的内容。从另一个层面来讲，营造良好的学习、工作、生活环境，为师生员工的全面发展创造条件，也就是要充分实现法律所赋予他们的一些基本公民权利。制度内容的设计必须建立在对师生员工充分尊重的基础上，以师生员工的权利为本位，而不是以他们的义务为逻辑起点。但师生员工行使权利也必须履行义务，违背义务就要丧失权利。对于那些属于高校作为特定组织，为实现其组织目标必须做出的相应管理措施，如作息时间、职业操守、工作流程等，可以确定为行政管理关系，在不侵犯师生员工人身基本权利的前提下，由高校根据具体情况将其制度化。

从利益协调的角度看。高校内部管理制度建设的内容应当尽量使高校内部各个群体的利益达到均衡。随着高等教育改革的不断深入，高校内部成员的需求也有所变化，不同利益群体之间的目标呈现多元化的趋势。虽然管理者、教师、学生和一般员工在总体目标上是一致的，但在具体利益追求上又各不相同。管理制度的内容设计要在保证高校发展的基础上，有利于融合、协调、兼顾各个群体的利益，让每个群体的地位与价值得到尊重，让每个群体的努力与付出都有回报，让每个群体的自我发展需求都能实现。要善于用制度在利益协调方面的功能，调动每个群体的主体积极性，让他们能够全心投入到高校的整体建设中去。

从制度风格的角度看。建设以人为本的高校内部管理制度，在制度设计上认为，疏导型的内容要比约束、打压式的更富有成效。约束型的制度是刚性的，师生员工被迫服从，就算对制度内容有什么不满之处也还是必须照样实施，容易对制度产生反抗情绪。而疏导型的制度产生的力量是柔中有刚，更为人性化，也更容易得到师生员工的认同。以约束、打压式管理为主要内容的制度，虽然实施起来比较方便、快捷，但师生员工一旦走错了一步，就难有退路，并要为此付出很大的代价。治水之道，不在于堵，在于疏；治人之道，也不在于压，而在于导。人的行为固然要靠一些硬性的措施来约束，但对于高校师生员工这一特定群体而言，他们的文化素质相对较高，引导型的制度对管理效果和师生员工个人的发展更为有利。例如，"逐步放宽教学管理限制，制定有利于培养学生独立性、自主性、选择性、多样性和差异性能力的新型教学管理制度，充分调动学生的自学能力和研究能力，为他们打开探索性、创造性学习的大门，引导学生理智选择"。在人事制度方面，确立目标，进行不断深化、渐进式改革，建立合理、有序的流动机制；改变那种将管理制度当作处罚制度的传统，制度内容要为教职工个人事业的发展创造无限可能，激发他们追求成功的士气；对师生员工在学习、工作中出现的过错，给他们第一次改过的机会，由控制型压力转变为发展型压力，降低制度惩罚的负面影响。这样尽可能地预防矛盾，及时引导师生员工往正确的方向发展，通过一定强制性的规范激发师生员工的自我规范，使他们认识到作为一个有素养的高校成员应当有遵守组织纪律的共同行为准则。

最后，从形式规范上落实制度的以人为本。以人为本的高校内部管理制度，在语言规范上需要注意四点：第一，各项内部管理制度的名称设置应该规范。"条例"一般运用于法律法规的名称，高校内部管理制度是相应国家法律法规的细化与补充，其名称的设置应与国家法律法规有所区别。高校内部管理制度可以用"实施办法""规定"等，尽量与法律法规名称的用法有所区分；第二，各项具体的管理制度之间以及制度中的各个章节之间，在逻辑思维上必须保证清晰，在逻辑结构上必须严谨，应该让人一目了然，要体现出一项制度的科学性、系统性和严肃性。对制度名称的使用也必须合乎规范，做到统一有序，对于适用于阶段性任务的工作性文件和只在小范围内使用的配套措施，不必纳入管理制度的范围，可以以实施意见的形式对外发布；第三，以人为本的管理制度首先是对师生员工主体地位、价值和权利的尊重与维护，在文字表述上，也必须做到"制度面前人人平等"，可以采用一些提倡性的条款，尽量避免"严禁""不准"等带有浓厚命令色彩和禁止意味的用语。对师生员工义务要求地过于苛刻，是对他们合法权利的限制，也是管理者与师生员工之间不平等关系的体现。第四，制度的文字表述应该规范、准确、言简意赅，要让人容易理解，易于做出判断，便于实施与操作。尽量不要使用"一般""考虑""原则上"等含糊不清、模棱两可、容易让人产生歧义的词句。而且，作为与相关法律法规配套的或是有益补充的管理制度，也应该尽量使用法律术语，避免含义不清、难以认定的文字表述。这是保证管理者和师生员工正确理解和运用管理制度的前提。

3. 改进高校内部管理方法

制定了以人为本的高校内部管理制度，并不等于完成了制度建设的全部工作，再好的制度只有与实际管理相结合，才能发挥它的优势。因此，管理方法的完善对实施以人为本的高校内部管理制度——人本管理具有重要意义。

首先，量化管理与模糊管理的有机结合。量化管理作为科学管理的一种方法，被广泛地应用到学校管理实践中，促进了学校管理的标准化、规范化，但只依靠量化的数据来判断师生员工的能力与水平，也未必能真实反映出师生员工的实力。我们这样说，并不是反对量化管理。只是，教师劳动的特点之一是创造性，在进行量化管理时应该给教师一定宽松的环境，以促进教师的成长和发展，激励教师去创新，去培养更多具有创新思维的学生。所以，如何进行恰当的量化，而使量化管理趋利避害是我们要思考的问题。

与量化管理相对应的就是模糊管理。学校中大量存在的模糊现象是值逻辑思维，即非此即彼（非优即劣、非长即短）。比如，对教职工的评价，在某些方面应做到精细，在某些方面应采用模糊管理，既有量化又追求质优，才有可能地接近客观、公正。对教师业务能力的考核，把学生的分数作为重要量化依据，但不是唯一，更注重学生品德和身心素质协调的发展。对于教师完成科研任务的考核，鼓励教师在一定时间内完成课题任务，但也要根据教师的兴趣和特长，关注前沿理论的程度以及联系学校实际和教育改革发展趋势等多重视角考虑，以多出高质量成果为标准，而不是规定论文的篇数。所以，以上这些都不是简单靠量化管理所能有所作为的，是量化管理与模糊管理的有机结合。

其次，注重隐性管理的运用。学校管理有显性管理和隐性管理，前者是通过外在的、有形的管理手段或方法实现的；后者强调环境的作用，旨在通过创造一种良好的环境，使人从中受到潜移默化的影响。隐性管理是以人为本管理的一个重要方式。传统的学校管理注重显性管理，如制度、规范、量化指标的制定，把丰富多彩的人性规范为贫乏、枯燥的数字、条目，这种数字化指标的完成、实现，并不反映完满人性的真正形成。所以，对师生的管理，更应注重隐性文化的熏陶与习染，更多地应采用暗示、认同、探讨的方法，致力于创造出一种民主、和谐、宽松、积极进取的校园文化氛围，使管理制度的刚性与所处环境的柔性吻合一致，真正达到育人的效果。

二、应用全面质量管理理论，构建高校内部教学质量保障体系

高校的根本任务是培养人，教学活动是高校培养人的基本途径，高校的教学质量是高等教育质量的直接体现，应当把高校内部的教学质量保障作为保障国家高等教育质量保障的基石。高校内部的教学质量保障有成效，整个高等教育质量保障才有基础。如何构建高校内部教学质量保障体系？有学者建议将全面质量管理理论引入高校内部教学质量保障体系之中。

（一）关于全面质量管理理论的认识

全面质量管理是企业界的一种管理思想和管理实践，是为了能够在最经济水平上并考虑充分满足用户要求的条件下，进行市场研究、设计、生产和服务，把企业部门的研制质量、维持质量和提高质量的活动构成一体的有效体系。这种管理思想和管理实践，这样一种体系，其管理要素与教学质量管理的相似性，管理程序的规范性，管理理念的先进性，对教育领域特别是高等学校同样适用。

全面质量管理理论有两个核心观念：一是"以消费者为中心"的观念。这是全面质量管理的真正目的。在高等教育领域，质量是一种特殊的产品质量。在这里，既把学生作为"产品"，又作为"消费者"。在把学生作为"产品"时，产品的质量标准要符合社会的多样化要求，既有适应性标准，又有针对性标准，还有创造性标准和学术性标准；既有思想道德标准，又有专业才能标准，更有全面素质标准。因此，要关注学生的社会适应性，关注学生应达到的培养目标和规格的要求，关注社会用人单位的满意度。在把学生作为"消费者"时，消费者需要的是高质量高水平的课程，需要的是良好的教育服务，需要的是能够满足学生个性发展要求的培养方式。因此，要关注对学生的培养过程、培养途径和培养方式的设计、管理与运作，关注学生的学习过程、环境和条件，以及学生参与教学质量管理的积极性，关注学生的满意度。这两个角度都为我们构建高校内部教学质量保障体系提供了一些有益的启示。

质量是指产品或服务满足消费者规定和潜在的需要的特性总和。显然，当把学生作为产品时，消费者就是国家、社会和用人单位。满足消费者规定的或潜在的需要，就是满足国家、社会和用人单位的需要。因此，"产品"满足"规定的"需要，"规定"可以理解为国家教育方针，学校培养目标和规格，毕业生要达到的质量标准。国家教育方针的"规定"，对任何科类、层次的高等学校的"产品"都适用。培养目标和规格的"规定"，是特定高等学校根据各自学校的科类、层次、服务对象，根据特定的社会需要而

确定的，只适用于特定的高等学校的"产品"。"产品"满足"潜在"的需要，"潜在"可以理解为"产品"的长远发展特性，如学生的创新精神和创业能力，也可以理解为"产品"提供服务的可开发特性，也可以理解为"培养有教养的高层次的社会公民"。正如瑞典学者胡森所说："人们期望学校给学生带来的变化，不仅仅局限在认知领域。人们期望学校有助于学生形成某些行为和态度，使学生能恰当地欣赏民族文化，行为受道德的和审美的价值观的指导，从而成为负责的、合作的、参与的和独立的公民。"而当把学生作为"消费品"时，"产品"就是学校。这里就涉及高等学校如何使作为"消费者"的学生更满意的问题。目前学生交费上学，理应取得"等值"的回报。

但在扩招带来资源短缺的情况下，学生往往会遇到一些不尽如人意的事情，取得的教育服务不能使他们满意。即使在没有扩招的情况下，高等学校的教育资源是否就不短缺，或者说教育资源的配置是否就科学合理；即使教育资源不短缺，学校提供的教育服务是否就会让消费者满意。换言之，即使不扩招，即使资源充足，也有一个提高教育服务质量的问题，有一个教学质量保证的问题。高等学校如何为学生提供优质的课程、优良的服务、优雅的环境，如何为学生提供个性充分发展的自由空间，如何给学生提供参与教学质量管理的机会，是一个值得每一位高教工作者研究的课题。

二是"质量的持续提高"的观念。全面质量管理理论认为，"质量是一种与能满足或超过期望的产品、服务、人员、过程和环境相联系的动态的过程"。质量是相对于特定的时间、地点、服务对象以及他们所处的环境而言的。现在被认为是有质量的实体，随着时间的迁移和环境的变化，其质量也会变化。高等教育的质量也具有动态的性质。这可从两方面理解：一方面，对"消费者"来说，他们的质量标准会随着客观环境的变化而不断提高。事实上他们对质量的要求确实是越来越高。另一方面，对高等学校来说，提供给"消费者"的课程和其他教育服务的标准也要随着科技发展、社会进步和教育内容的改变而改变。事实表明：影响高等教育质量的因素远较影响有形物质产品质量的因素多；而且影响高等教育质量的因素本身也在不断发生变化，使得影响的效应更复杂、更令人捉摸不透。高等教育质量的动态性质和影响效应的复杂态势要求高等学校必须"致力于质量的持续提高"。

（二）高校内部教学质量保障体系的内涵

构建高校内部教学质量保障体系应当借鉴全面质量管理的思想、程序和方法。从质量体系的角度讲，所有影响教学质量形成的基础层面的因素如学科、课程、教材、教师、学风（含生源质量）、教学资源、校园环境等都可纳入质量体系，所有制约教学质量持续提高过程的层面因素也可纳入质量体系。由于教学质量不仅表现在教学的最终"产品"——学生质量上，还表现在完整的教学活动过程中，所以，教学过程的控制即质量控制是必要的。同时，为增强外部和内部对教学质量的信任，确保学校质量体系是完备的、质量控制是有效的，必须提供文件化的实证和要素性的实证。

因此，高校内部教学质量保障体系，应该是一个以现代人才质量观为指导，以不断变化和不断提高的社会人才质量要求为标准，以提高教学质量为核心，以培养高素质、创新型人才为目标，在学校内部把教学过程的各个环节、各个部门的活动与职能合理组织起来，形成一个任务、职责、权限明确，能相互协调、相互促进的质量管理系统。

（三）构建完善的高校内部教学质量保障体系的策略

1. 重视高校内部质量保障体系整体设计

现有的高校教学质量保障体系研究主要存在以下不足：一是理论研究趋同，实践操作指导性较弱；二是个性点状经验介绍颇多，缺乏整体设计，规律性和共性不强；三是体系中教学质量保障目标笼统模糊，造成质量保障活动的盲目性；四是质量保障体系控制点不平衡，范围狭窄，多数集中在课堂教学；五是教学质量监控与评估体系有待完善，质量保障的方法、技术应多元化；六是教学质量保障组织及其工作机制不健全，体系的维护与改进探讨较少。

实际上，教学质量保障是一项复杂的系统工程，一套有效的教学质量保障体系应包括：教学质量目标系统、教学质量保障对象系统、教学质量保障组织系统、教学质量保障活动系统、教学质量信息反馈系统、教学研究与服务支持系统。它们之间相互依赖、相互影响，协同运作才能达到保障教学质量的功效。如果把它们割裂开来，只对其中的一项或几项进行改革、创新，对整体提高教学质量不会有太大效果。高校内部质量保障的基本特点是：第一，承认和尊重多元教育质量观和质量标准，但是高等学校应基于自己的质量观和质量标准实施质量管理。第二，坚持协商交流，强调形成质量共识，重视质量文化建设。第三，从以往更多关注质量结果到更加重视质量形成的全过程，从分割的质量控制措施转到系统、全面的质量管理。第四，从坚持高校自我价值导向到关注利益关系人的发展。第五，从过分推崇"大学独立、学术自由"到对外部进行质量承诺。第六，它全面引进工商企业质量管理的技术与方法。第七，高校内部质量保障重视已有管理制度的优化组合，明确质量责任。

2. 明确高校内部教学质量保障体系的基本任务

高校内部教学质量保障体系要达到保障教学质量、提高人才培养质量的功效，明确其基本任务是关键。因为质量既表现在教育的最终结果即学生的质量上，又表现在完整的教育活动过程的各个方面和各个环节。只有这些因素各自有质量并且相互配置合理有效，才能保证高等教育的总体质量。

首先，严把输入关，保证生源质量。好的生源是人才培养的前提，一些名牌大学之所以能为社会输送许多优秀人才，其中很重要的一点，就是其生源是非常优秀的。比如哈佛大学，其学生都是世界各地的佼佼者；我国的清华大学、北京大学的学生也是全国各地最优秀的学生。高等教育在迈向大众化的过程中，由于招生规模的迅速扩大，一些学校为了保证生源数量，录取分数线比精英教育阶段有所降低是必然的。但如果将录取分数线一降再降，或是招生管理不规范，其生源质量难以得到保证，其人才培养质量也就难以得到保证。高校吸引数量充足的优秀生源就是要不断深化教学改革，以高质量的办学水平和特色赢得考生信赖，而不应以牺牲质量为代价，一味降低录取分数来扩大办学规模。当然，随着招生体制的改革，录取标准也会趋向多样化，分数并不唯一，但都会强调新生的质量，从学习成绩、个性特长、综合素质等多个方面来进行考察和筛选。

其次，严格控制"加工"过程，建立人才培养过程的质量监控体系。人才培养的关键在于人才培养过程，而人才培养过程是一个非常复杂的过程。这就要求高校将这一复杂过程简化拆分为若干关键环节，每个环节均应建立相应的质量监控和评价体系，对照评价标准控制每一环节的质量，确保整个人才培养过程的质量。当前国际上较普遍采用的 ISO9000 质量认证体系和全面质量管理体系，在我国推进高等教育大众化过程中尚未探索出更适合的质量保障与监控体系之前是值得借鉴的。

最后，控制输出过程，严防"次品"流入市场。产品质量的好坏最终是由市场、消费者来检验的，但生产者应在产品流入市场之前自己先对产品质量进行检测，以防"次品"流入市场，从而影响生产者的声誉。作为高校也是如此，在精英化高等教育阶段实行的是严进宽出；而在高等教育大众化阶段，入学起点灵活多样、相对宽松，学生毕业之前，应该对其专业知识水平及能力进行考核。如很多学校采用了学分绩点制度和毕业论文（设计）制，只有考核合格才能准许毕业。由于人才具有多样性、复杂性和不确定性，因此，在学生毕业前，学校不仅应对学生的知识和能力进行检测，同时应对其各方面的素质进行全面盘点，有针对性地引导其就业，使毕业生能在其最适合的岗位上发挥专长，最大限度地实现其价值。

（四）高校内部教学质量保障体系的构建

教学是一个不断循环的过程。在每一个循环中，从教育目的和人才培养的目标开始，以教学评估结束。一个循环中的评估，又是下一个循环中进行必要的调整的依据。如此往复运作，就可能形成一套适合校情、自我监控、自我调节、自我完善、良性循环的教学质量保障体系。具体来讲，高校内部教学质量保障是由教学决策指挥系统、教学运行与管理系统、教学评估与反馈系统、教学信息管理与质量监控系统四个子系统组成。各子系统的功能和目标不同，但又相互联系、相互依存，其中教学决策指挥系统是整个体系的中枢，教学运行与管理系统是体系的基础，教学评估与反馈系统是体系运行的动力，教学信息管理与质量监控系统则是体系良性运作的保障。这四个系统形成了一个相互依存、相互促进的闭环系统。

1. 教学决策指挥系统

教学管理是高等学校各方面管理中最为重要的管理，它通过合理分配教学资源，合理安排教学活动时间，提供教学活动所需的物质条件来服务于教学，它又通过对整个教学活动的组织、协调、调度、管理、督促、检查等来指挥教学。要实现教学管理既服务于教学又指挥教学的双重功能，必须建立健全有效的教学指挥系统。只有建立有效的教学指挥系统，进行正确的指挥与决策，才能实现教学管理的民主化、科学化和现代化。这一系统应由学校的主管校长及教务处等有关部门组成。主要任务是确定学校教学质量管理的目标、教学质量的标准，协调学校内部各种教学质量管理活动的关系，制定有关教学活动的政策和措施，总结学校有关教学管理活动的经验和理论，建立规范化、科学化的教学质量管理的运行机制。这个系统是促进学校教学质量不断提高、确保教学目标实现的关键。

（1）教学决策指挥系统构成与理论依据。教学决策指挥系统是全面质量管理体系中的一级子系统，其功能是对整个体系运行方式的具体组织和运作，直接影响到体系整体功能的发挥。高校的教学质量管理不仅是单纯的行政管理，而是"行政管理和学术管理的结合"。所以教学指挥系统由两个分系统所构成，一个是教学行政管理分系统，另一个是学术管理分系统。教学行政管理分系统是由党委领导下，校长为第一责任人，主管教学副校长负责的校教学管理职能部门所构成。其运行方式是按照学校教学行政组织结构所构成的层级来运行的，其主要功能是起指导和保障作用。该分系统运用行政的手段，对教师、管理人员、学生等要素进行管理，对所有的教学活动进行计划、组织、协调、指导，以确保教学质量整体目标的实现，同时对学术管理分系统提供服务和支持。因此，教学行政管理系统要克服衙门作风，增强服务意识，一切为顾客服务。传统的学校组织结构是自高层开始的，校长确定目标，制定大政方针和管理制度，然后由下级去执行，于是形成了一种自上而下的正金字塔等级体系。这样的结构强调的是下一级对上一级负责，按政策办事而不是为自己的顾客着想，导致学校的有些教学或其他活动与学生和其他顾客的要求脱节。为了适应内部顾客链的要求，组织结构应该倒置，形成倒金字塔组织结构。与顾客直接接触的成员处在组织的上层，管理者及校长则处在组织的基础层。倒金字塔这样的组织结构才能真正体现以顾客为关注焦点的教学全面质量管理理念。学术管理分系统由校教学指导委员会和校学术委员会的专家组成。它的主要功能是学校的定位、学科和专业设置、人才培养模式和培养计划的研究、课程建设、教学方法、考试方法、实践教学改革研究等。高等学校由教学管理机构、管理者和教师、学生的教学活动形成的教学管理系统是一个相对独立的系统，同时又是学校系统中的一个子系统。这个系统本身具有信息传递、信息交换、信息流动和信息反馈等过程，通过这个系统的正常运行，完全可实现对其有效控制。因此，根据现代科学方法论中的系统论、信息论、控制论原理，我们可以把学校教学管理活动看成是一个可控制的系统，经过信息交换过程，对教学活动进行观察，提出最佳教学方案，并采取反馈的方法对教学活动实行有效的控制，按信息论的方法做好信息的收集和管理工作，使信息的传递和转换渠道畅通，从而不断提高管理水平和教学质量，最终达到对教学活动有效管理的目的。

（2）教学决策指挥系统有效运行的措施。实现教学指挥系统的有效运行，必须强化与系统息息相关的领导和有关职能部门的作用，加强教学管理队伍建设，提高管理水平。

一是强化教务处在系统中的组织协调作用。教务处作为学校教学管理的主要职能部门，在教学工作指挥系统中具有举足轻重的协调作用。根据责权利一致的原则，学校应赋予教务处相应的权力和地位。凡涉及教师利益的各种决策，校领导均应充分听取和尊重教务处的意见，并支持教务处行使对教学工作的指挥调度权，对教学物资和经费的分配调节权。校长应充分重视选拔和培养教务处处长，把提高教务管理人员的素质和教学管理水平视为己任。教务处应充分履行教学管理职能，一手抓教一手抓学，把培植良好的教风、学风作为教学管理的重要目标。加强教风、学风、考风是提高教学质量的关键。

二是强化院系在教学管理中的主体作用。院系处于教学管理的第一线，直接全面负责教学工作的组织、协调和指挥。院系教学工作的状态如何，直接影响教学秩序的稳定和教学质量的提高。必须调动院、系搞好教学工作的积极性，发挥其在教学管理工作中的主体作用，具体表现在以下几方面：积极支持院系旨在提高教学质量的各项改革；主管教学的院长和系主任直接参与学校的教学管理；开展系列教学工作评估和评比，调动院系搞好教学管理的积极性和主动性。

三是重视校领导特别是校党政一把手对教学工作的领导和保障作用。校长是教学工作指挥系统的核心，他和其他校领导对教学工作和人才培养的认识和思路，对全校形成重视教学、重视人才培养质量的良好环境和氛围至关重要。实施教学全面质量管理，学校领导的作用，关键在于创造一种能够使教学全面质量管理获得持久成功的机制和组织氛围。在学校实施教学全面质量管理过程中，学校领导要发挥好以下作用：建立共同愿景；培育质量文化；承诺和激励。但是应该注意的是，学校领导者在考虑自己的领导方式时，必须把教学全面质量管理的要求考虑进去。尽量分享信息，激励下属对质量的承诺，保持系统地和持续地沟通信息，按照质量的概念、团队建设、过程管理、顾客服务、沟通等要求管理教学，树立榜样，展示自己的人格魅力；贴近顾客，深入基层，倾听顾客和一线员工的声音，给下属自主权，在达成外部顾客满意的同时关注内部顾客和其他合作者的利益。

四是加强教学管理队伍建设，提高管理水平。实现教学指挥系统的有效运行，达到管理目标，必须强化教学管理干部的服务意识和敬业精神，提高管理效率和服务质量。教学管理是否有效，主要取决于建立一支思想觉悟高、业务素质好、有丰富知识且具有创新能力的教学管理队伍，管理人员综合素质的提高是一个非常关键的问题。这就要求我们在重视教师队伍建设的同时，必须注重教学管理人员的业务理论学习，努力提高他们的业务水平和管理能力。对管理人员进行经常性的业务培训和质量教育，定期开展教学管理的学术交流活动，提高他们的质量意识，鼓励管理创新，使他们能运用教学的基本规律，关注和把握人才培养的新情况、新问题，不失时机地开展教学管理改革，切实提高管理水平。

2. 教学运行与管理系统

高校的"教学运行与管理系统"，一般包含两个方面的内容，一是以高等学校人才培养模式为依据的教学体系，二是与之相配合的管理运行方式。它是个动态系统，是保证高校教学工作的目标有效运行的基本程序与手段，具有维持、推动、反馈、调控、保障以及促进工作系统发展等功能。它由两个要素构成，其一是"教学"，包括教育思想、专业设置、课程设置、教学方式、教学内容、教学方法、教学评价等一系列的人才培养环节，即人才培养模式的整体结构。其二是"运行系统"，是指与高校人才培养模式的整体结构有关的管理方式和手段，以及该系统运行的规则。同理，高校全面质量管理的教学运行系统，是保证全面质量管理工作的目标有效运行的基本程序与手段，也同样具有维持、推动、反馈、调控、保障以及促进工作系统发展等功能。教学运行与管理系统的任务是，按照教学决策指挥系统的指令，运用各种有效机制和最优方法，将各教学单位和管理机构科学地组织起来，并使各教学环节和教学活动得到有机协调。

（1）教学运行与管理系统的内涵与构成。教学运行与管理系统是由管理者与教师、学生共同参与的为实现学校教学工作目标的活动体系，它的运行是在一定的体制下，构成运行过程各主体要素教师、学生、管理者和客体要素经费、实施、制度、信息等之间相互联系和作用的制约关系与功能。体系通常有教学人员：教师、学生，教学信息：教材和以各种形式编制的教学软件，教学材料、设备各种形式的教学硬件，管理者包括领导者、职能部门管理者，管理制度包括各种教学管理制度构成，并处在一定的教学和管理环境中，其特点是目的性。其运行始终围绕着一个明确的具体的目标，即通过不断地提高教学管理和质量监控的水平，实现其预定的目标。具有可控性：其运行系统有相对闭合的特点，可通过反馈、调控等手段对系统加以控制，使得系统按预定的目标发展。同时又具有适应性：其系统的设计、运行可因地制宜，根据各校的校情和特点加以调整，具有较灵活的变通性。

（2）教学运行与管理系统的原则。由于教学质量管理具有协调性的特点，所以在质量管理的过程中，必须正确协调好德、智、体、美之间的质量关系，知识、能力与素质的关系，专业、基础与公共课的关系，教学、科研与服务的关系，教学质量与管理工作质量的关系，教师、学生、管理者与领导者质量的关系等。协调平衡是一种动态平衡，需要经常进行质量分析，找出差距与原因，及时解决。使教师具有可施教性，学生具有可接受性，教学内容具有可传授性，教学设施具有可适用性，这是获得全面质量的基本保证。

在运行中必须遵守以下几个原则：全员性原则。人才培养是学校的基本任务，教学工作是学校的中心工作，教学质量离不开全体师生员工的共同努力，其中领导是关键，职能部门是核心，院系是基础，教师是保证，学生是教学的主体。教学质量是全体师生员工共同努力的结果，每个人或每个部门的工作质量出了问题，都会引起"质量链"的中断。只有做到每位人员的质量意识强，教学与管理水平高，工作自觉自律、尽职尽责，才会有高的工作质量。

全面性原则。由于教学质量涉及新生入学的质量和素质、教师的本身素质高低、教学水平的高低、学校教学设施与设备的完备性、教材的先进性以及学校的定位、人才培养目标和教学科研管理等。教学质量管理就是学校对上述因素进行全面质量管理，以及对学生的入学、培养、就业的全过程，对学生的德、智、体、美诸方面，对教学过程的各个因素、各个环节的全面性管理。

全程性原则。在教学管理运行过程中，必须树立"质量形成于教学和教学管理全过程"的观点，强化过程控制，将教学质量管理贯穿于招生、教学计划制订、计划实施、教学运行、辅助教学和考试等全过程的诸环节和各个阶段，如从新生入学经过各学期、各学年直到毕业离校的成长过程，从教学计划的制订、教学大纲的编写、教学内容的讲授、教学环节的安排到教学效果的测评等的教学计划，实施过程从备课、讲课、批改作业到辅导答疑的教师，教学过程从预习、听课、复习、作业到考试的学生学习过程的全程性质量管理。

系统性原则。教学质量涉及教师、学生、教学设施与设备、教材以及学校的定位、培养目标和管理等，是一项系统工程。就管理层面而言，学校、院系、职能部门、教研室、学生班级等构成的多层次、纵横交叉的教学管理系统工程。对学生而言，从入学、培养、就业也是一个相互联系、相互影响的系统工程。

（3）教学运行与管理系统的功能。教学运行系统按照决策指挥系统的指令，与其他系统如教学评估、教学信息管理与质量监控等系统相互支持、相互依存，构成矛盾的统一整体，同时又具有自己相对独立的地位，具有复杂性、程序性、时间性和周期性。

复杂性是指运行系统必须在有效的保障体系支持下，才能得以顺利运行，同时必须在监控体系的监督和调控下，不断得到各种反馈信息，通过正负反馈，才能使系统运行得以稳定。程序性是指各项教学活动本身具有所规定的途径，不能违背。所以教学运行系统也必须遵循人才培养模式所确定的程序，否则将会引起运行系统功能的紊乱。时间性是指系统在不断地运动变化，整个人才培养过程也具有鲜明的时间阶段，所以运行系统必须不失时机地获得信息反馈，以便使系统更加稳定，系统运行更加有效。周期性是指人才培养过程的周期性延续，使得每项教学活动都具有周期性，这也决定了教学运行系统的周期性。

教学运行与管理系统高效运行的动力机制系统的运动是由其机制决定的，有什么样的机制就有什么样的活动。高校全面质量管理体系的作用对象主要是人，运行的目的在于调动教师、学生和管理人员的积极性。所以它的动力机制是整个系统的基点和基础。教学全面质量管理的动力机制主要包含竞争机制、激励机制、创新机制和约束机制。竞争机制，竞争就是优胜劣汰，高校开展竞争的目的是为了调动教师、学生和管理人员的积极性。学校在教育教学过程中通过教学竞赛、教学评估等多种手段达到竞争的目的。激励机制，激励机制是高校教学质量管理的重要机制之一。激励机制的着眼点在于调动人的积极性，尊重人、信任人、关心人是实施激励机制应遵循的基本原则。将教育质量目标与组织和个人的利益挂钩，将教育质量保障与分配、升迁、晋级、奖励等自身需求联系起来，使全体教职工将教育质量保障作为自身的需要，以激发开展教育质量保障的积极性，增强投身教育质量保障的动力。创新机制，创新机制不仅包括教育思想创新和教学内容、教学方法、教学手段、教育制度的创新，而且包括学习方法、学习环境等方面的创新。创新机制渗透到教学过程的各个方面，这是教学质量管理的重要特点之一。约束机制，约束机制是高校教学过程保持相对稳定，教学工作健康发展的重要条件。学校各部门要根据自身的质量目标制定质量标准，进行经常性的检查、评估，判断自身的工作行为与质量目标的偏离程度，并及时予以纠正和改进，进行自我约束。

3. 教学评估与反馈系统

所谓教学评估就是对教学系统的运行状态和输出结果做出观察测评，并与期望的标准进行比较，从而诊断出教学工作的优劣及偏差大小。教学评估是建立健全高校内部教学质量保证机制和不断提高教学质量的有效手段，也直接关系到教学目标的实现和教学运行的效率和效果。根据评估主体的不同，教学评估分为外部评估和内部评估两大类。外部评估主要指国家各级教育管理部门和社会中介机构开展的评估。内部评估是高校内部自行组织的各种评估活动。就高校内部评估而言，教学评估系统包括专家评估分系统、学生评估分系统、教师自评分系统、院系自评系统和用人单位评估系统等。专家评估分系统主要通过对院系教学工作、专业建设、课程建设、教师课堂教学及实践教学环节进行评价和调查，为教学管理决策提供依据。学生评估分系统主要通过课堂教学、实践教学，及时评价教师的教学状况、学生学习状况和学校的教学工作状况，并反馈到教学管理部门。教师自评分系统是以教师为主体性发展为目标的评估。它使教师通过内心的体验，评价内在的价值，及时纠正自己工作中的缺点，发扬自身的优点，调整工作的方向和目标，高效率地开展通向成功的教育教学活动。院系自评系统主要通过院系教学工作的评价指标体系，检查本院系教育教学工作的状况，找出影响教学质量的因素和存在的不足并改进之，有针对性、有重点地对影响教学质量的重要因素进行重点监控和评价，以便不断改进、不断完善、不断提高整体性的教学质量。用人单位评估系统主要对毕业生的岗位适应性、工作能力和知识结构、综合素质进行评价，提出学校专业建设、人才培养模式和方法等方面的建设性意见。

4. 教学信息管理与质量监控系统

（1）教学信息管理系统及其任务

教学信息管理系统由收集、处理、传输教育教学质量信息和将信息反馈给教学决策系统这两部分组成。如何及时获得大量准确、可靠的教学信息是教学信息管理的首要任务，也是落实"根据事实来管理"理念的客观要求。其次，教学信息管理系统的任务是为教育教学管理者提供教学信息服务，因为管理者的主要任务之一就是决策，而正确决策取决于是否掌握大量准确的信息。最后，建立规范的信息管理方式，确立信息标准，建立信息通道，避免管理中的数据可靠性降低，提高管理工作的效率。

为此，高校应建立四支信息管理队伍：一是学生信息员队伍，由学校从各班级聘请的学生信息员及时向学校反馈课内外的各种教学信息；二是教学督导员队伍，由学校从各学科聘请专家，组成教学督导组，开展经常性的课堂教学、实验教学等各教学环节的质量检查，为教学决策提供信息支持；三是领导干部队伍，学校要制定各级领导听课制度，要求他们通过听课等方式深入教学一线，及时掌握各种教学信息。四是教学管理人员队伍，由教务处、院系和相关职能部门的教学管理人员开展经常性的教学检查与巡视，并定期下发和收集统计各种教学情况调查表，为领导决策提供依据。学校还可以通过开辟网上校长信箱、教务处长信箱和教务信息网上论坛等方式，从校园网渠道获取大量网络信息，可以充分体现全面质量管理中的全员参与教学质量管理的理念。

（2）教学质量监控系统及其理论依据

教学质量监控是指在教学活动中对影响教学质量的主要因素进行检查、监督、评价、反馈和控制，使其达到最佳状态。教学质量始终伴随着教学过程，只要有教学就会有教学质量问题。因此，对教学质量的监控也应贯穿始终。教学质量监控的理论依据主要有以下三个理论：一是全面质量管理理论。教学全面质量管理是学校对学生德、智、体、美诸方面，对教学过程的各个因素、各个环节的全面性管理，是全体教职工和学生同时参加质量管理的全员性管理，是对招生、计划制订、计划实施、教学运行、辅助教学、考试、毕业设计等全过程的质量管理。所以，全面质量管理理论是教学质量管理的基本理论；二是高等教育学理论。高等教育的本质是通过有组织、有目的的活动来影响人的成长和发展，培养现代社会需要的高级人才。高等教育的属性是促进受教育者身心发展和促进社会发展。高等教育的功能包含了培养人才、科学研究和为社会服务的三大职能，并通过合格的人才来体现。教学质量管理是对育人工作的管理，其管理过程本身具有明显的教育性，教学质量监控的目的是提高人才培养质量，提高办学水平。而教学质量管理与监控的运行是对教育价值观的一种具体实践。所以，高等教育学理论是教学质量管理与监控的核心理论；三是高等教育管理理论。教学质量管理与监控是以高等教育管理理论为基础的。高等教育管理是一种有目的的社会实践活动，其管理过程是各种教育管理方法综合运用的过程。通过运用高等教育管理方法论即系统方法、信息方法和控制论等方法，对教学系统的监控和系统信息的采集、传递、变换、加工、处理，来保证和控制教学系统的正常运行。

教学质量监控的五大主要要素为：人（教师、学生、管理人员）；物（设施、设备、教材、图书资料）；方法（教学与学习方法）；测量课程（考试、考核）；教学环境（校风、学风、教风）和教学管理（机构、制度、手段）。针对这些要素，我们应按照"预防为主，过程控制"之理念和"紧抓两头，严控中间"的思路，重点加强教学输入过程监控、教学实施过程监控和教学输出过程监控三部分。在加强全程监控的基础上，我们应对教学质量影响比较大的几个教学环节作为监控面进行重点监控。这几个重点监控面是生源质量、师资质量、课程质量、课堂教学质量、实践教学质量、毕业设计质量以及教学计划工作、院系教学工作、专业教学工作、考试管理工作、学籍管理工作、教材建设工作。并针对这些重点监控面制定一系列管理规章制度，保证教学运行的科学性、规范性和有效性。我们在教学质量监控的具体工作实践中要做好全方面统筹，应做好以下几方面的结合：一是全过程与重点监控相结合；二是全方位与主要素监控相结合；三是多渠道与主渠道监控相结合；四是多形式与主形式监控相结合；五是目标管理和过程管理相结合。

（五）构建高校内部教学质量保障体系需要注意的几个问题

1. 正确把握教学质量标准

在教学评估中，对于教学质量标准的把握是一个重要的问题，因为教学质量标准是教学评估的基本依据。比如说，对"好"评价就应当是多方面、多层次的。同样的教学，有人肯定，有人否定。过去有人认为，教师课上讲的明明白白，学生听得清清楚楚，回去复习轻轻松松，这样的教师就是好教师，这样的课程就是好课程。显然，这种衡量教学质量的标准，与我们现在倡导的教师要引导学生进行"参与式、研究式"学习，培养学生的创造精神的要求是不符的。当然，也不能单纯从学生评教的结果来评价教师的好与差。有被学生戏称为"名捕"的老师，即专门抓那些不思学业而又想轻易获得学分的学生不及格，所以一些学生在评教时，将他们评得很差，甚至要求撤换他们。但在应届毕业生的调查中，又有学生把他们誉为是大学阶段遇到的最好的老师之一。可见，对"好教师"的界定是仁者见仁，智者见智，很难用一套评估指标就可以评出来的。但总体来说，与人为师以下几个方面不可缺少，即道德高尚，学生尊敬；学识渊博，学生仰慕；教导有方，学生亲近。

2. 青年教师教学培训的着重点

要提高学校的教学质量，把好源头这一关很重要。教师特别是青年教师的教学培训是教学质量的源头保证。怎样做好青年教师培训工作？（1）教师培训的着重点应放在帮助青年教师树立良好的"师德"和教育观念的更新上。教师职业的神圣，首先在于他对学生的世界观、人生观和价值观形成过程中的极大的影响力。教师应有良好的职业道德，能够在向学生教授知识的同时，也让学生学习做人的道理。青年教师刚刚接触教学，对教学还了解不多。缺乏育人经验、缺乏教学艺术和教学技巧的训练和积累，尤其缺乏对现代教育思想的关注和了解，缺乏对当前教育教学现状的了解。通过与著名学者、德高望重的教学大师的交流切磋、培训研讨、观摩领悟等，帮助他们塑造优秀教师的形象，引导他们关注和了解现代教育思想观念，是培训工作的首要任务。（2）发挥青年教师的优势，尽快形成教学骨干队伍。青年教师学术思想活跃、有较好的科研功底和学科专长、教学上的悟性高，很多人都有国外留学的经历。对一些从西方回来的教师而言，他们既接受了东方相对正规的教育，又感受到了西方相对自由、探索式的教育方式，如果能热爱教学、热爱学生，在教学中必能引导学生主动研究学习，培养学生的创新精神，从东西方文化教育的比较中开创教育创新的新模式。为此，要引导青年教师在教学中既不墨守成规，也不轻狂浮躁，而要认真研究教学。要通过一系列培训和教育，使青年教师在教学、科研活动中发扬团队精神，在集体中取长补短，相得益彰，相映生辉，尽快形成一支教学骨干队伍。（3）教学培训与评估应鼓励教师的个性发展。教师培训如何从青年教师的实际出发，既不拘泥于传统方式，又要形成一套规范可行、有实效的做法，需要做深入的探讨和实践。对教师的培训和评估，如采用灌输式的单一模式，刻板守旧的评估标准，就可能造成墨守成规、"千人一面"的错误导向。鉴于目前对教师的教学评估的做法和内容还不完善，实施中争论较多，我们既要坚持不懈，又应不断深入研究和实践，

3. 完善教学质量保障机制

我国高校的教学管理部门（教务处、研究生院等）几乎都是同一模式，其工作性质的特点是"行政管理和学术管理的结合部"，多数被繁杂的日常事务所困，成为全校最繁忙的部门之一。正确认识和处理两种功能的关系，防止陷入繁重的行政事务管理、削弱乃至淹没学术管理功能，对于提高高校管理水平，促进素质教育，处理好学术管理与行政管理的关系，是非常重要的。我们应通过教学行政管理职能保证教学服务工作正常运行，通过学术管理职能规划、设计、组织好教学工作，把教学工作从整体上提高到比较高的层面上，以有利于培养出高水平的教师、高质量的课程、高素质的人才。

目前，建立教学质量保障体系，已成为许多学校所共识。教学质量保障体系涉及教学决策、标准、评估、培训、政策、执行等。这个系统的组织机构主要面向教师实施行政管理功能，为加强学校关键教学岗位骨干队伍及其后备力量的建设，确保各类核心课程的教学质量，不断提高课程改革与建设水平，还要实施教学培训和评估等质量监控功能。在这个系统中，也应包含学术管理的功能，如对实施教学质量保障的责任的研究，对质量标准的研究，对系统功能实施的研究等。在教学体制改革中，如何建立新的体制，使学校的教学质量管理工作既能强化学术管理功能，又能积极推进教学行政管理的现代化，提高管理水平和效益，是当前不少高校都在积极探讨和实践的问题。

第四节　人才培养与教育理念

　　教育理念决定着学校的思维方式和发展方向，不仅决定其今天，更决定其明天。在与社会关系的互动中，某个阶段的教育理念总是要受社会发展阶段、政治经济发展水平、教育政策、社会思潮等种种因素的影响和制约，但同时，教育理念对人才培养和社会的发展又总是起着非常重要的作用。

一、大学精神对人之发展的价值

　　大学是有精神的，她不仅反映在对大学功能、定位的认识上，还反映在如何认识办学的基本要素方面。我们所探讨的大学精神对人之发展的价值，是对大学精神的深层关注，是基于这样的思考：价值不只是满足人的需要和社会的需要，而且还体现着人的主动追求，即人总是以把教育是要唤醒人的潜在本质和能力、使人逐渐认识自我并探索道德。因此，教育和受过教育的人获得了这样一种自明："我们在生活秩序的边缘看见国家、精神以及人性本身是人的活动的根源，这些根源并不进入任何生活秩序，虽然它们是使生活秩序成为可能的基本因素。"大学必须适应其所依存的社会所发生的变革。正如埃利奥特在其就职宣言中所说："在任何社会中，高等教育机构都往往是一面鲜明反映该国历史与民族性格的镜子。""在这个变动不羁的国家里，大学与社会之间存在的这种互动应比那些较少变化的社会表现得更灵敏、更为快捷。而现代生活的紊乱使我们难以理解实际发生的事情。我们正在一片未经标测的海洋上航行，无法到达这样一个岸口：在其上我们可以获得观察全体的清晰视野。或者，用另一种比喻来说，我们是在一个漩涡里旋转。这个漩涡仅仅向我们显露种种事物，因为我们在它的涡流里被拖着前行。"因此，大学的发展也需要灯塔，以到达理想的彼岸。大学精神就是大学的指路明灯，它是大学人对未来的希望，而全体人的发展又是以单个个人教育发展为基点的。大学精神的理想指向是源于对人的发展的无限可能性的坚信——这是大学精神对人之发展的价值。

（一）人的潜能的发展与发掘

　　大学精神的发展价值最直接体现在大学及大学人对人的发展的无限可能性的追问与诉求。"人存在着"这件事本身具有终极、绝对的意义。大学之于人，就是要唤醒人的天性中的沉睡的洞见和勇气，以促使人领悟其自身存在的价值和使命。正如费希特所说，"人的最终目标必定是不能达到的，达到最终目标的道路必定是无限的。因此，无限的接近这个目标，就是他作为人的真正使命，而人既是理性的生物，又是有限的生物，既是感性的生物，又是自由的生物。如果把完全的自相一致称为最高意义上的完善，就像人们能够理所当然地称呼的那样，那么完善就是不能达到的最高目标；但无限完善是人的使命。人的生存目的就在于道德的日益自我完善，就在于把自己周围的一切弄得合乎感性：如果从社会方面来看人，人的生存目的还在于把人周围的一切弄得合乎道德，从而使人本身日益幸福。"这是由人的认识问题的方式决定的，"……人可能使自己成为认识的对象。……这种认识方式的意义在于通过存在和意识的同一而克服冲突。依这种认识方式，在一种无张力的状态中得到完善的纯粹的生活被不自觉地当作可以达到的理想。这样的社会秩序被相信是可能的，即，其中的无意识一旦被清除所有的情结，就能与意识和睦相处；这样的种族生命力也被看作是可能的，即，经过有效的人工选择过程之后，将导致一种健康身心的普遍化，于是所有的人都将在一种完善的生活中得到满足。……这种认识方式代表了人的自然存在，它反对个体自我或自我实存，把后者当作某种可悲的、自我孤立的、病态的和夸张的东西。""但是，人的自然存在所反对的道路正是第二种可能的认识所沿循的道路。在这条道路上，人发现自己就是各种张力的主体。这些张力被肯定地看作是生活中不可避免的界限状况的产物，它们由于个体自我的绝对要求而变得显著起来。如果人不再被当作存在（他现在是存在），那么他就发现自己在认识上处于绝对可能性的悬置状态。他在这种状态中经验到对他的自由的呼吸，由于这种自由，他能够成为他之可能者。不过，迄今为止他尚未如是。作为自由，他在存在中召唤他的隐秘的超越者。"大学教育的意义就在于养成超越者。

大学人相信，"没有了上帝"，并不意味着人被杀戮了，感到自己毫无价值。而是只有尽力去为不可为、不可能之事，才能达到可能性。因为，人是一个过程，他在途中，通过他拥有的自由，做出决定，采取行动，能够从自身中创造他的将来。人具有自己成为认识的对象的可能性，因为，"人不是一种代代重复自身的完成了的生命，也不是一种向人明白地显示其自身的生命。人'打破'了恒久重复的、消极的同一循环。他依赖于他自身的主动性，由此，他的生命进程便走向一个未知的目标。"在大学人的眼中，"人的未来只能是一种开放的可能性""所有的人都具有提高自己的可能性""人们成为他们之所是，不单纯是经过了出生、哺育和教育，而且经过了每个人以其自我实存为基础的自由"。正是由于这条路导向了每一个人的思想方式可以形成整个民族的自我教育，而后代的教育意义则来自这个自我教育的精神。如要建立持久的自我教育进程的民主制度,最重要的是青年教育,而且是整个民族的教育。民主、自由和理性皆靠这种教育而存在,只有通过这种教育才能保持我们存在的历史性内涵, 而成为一股创新生命力的力量, 充实我们在新的世界境遇中的生活。正是在这样的大学生活世界当中使学生学会了一整套学会学习的方法,关心人类命运、关注入类问题的向上的精神,增强了他们的社会责任感,激发了他们的潜能和创造的激情。最为重要的是培养和提高学生学习的能力及多方面的技能, 发展有效交际技能; 提高分析能力; 加强解决问题的能力; 发展做出重要判断的能力; 提高社会交往的老练程度; 理解人与环境的关系; 发展认识和理解当今世界的能力; 发展对艺术和人文学科知识的理解能力和感受性。

(二) 人格与品行的陶冶

伯顿·克拉克认为, "无论是关心教育的现代公众的期望, 还是政府官员们的兴趣,或是高等教育工作者的态度, 都离不开三个基本的价值体系。我们可以把第一个体系确定为正义, 把第二个确定为能力, 把第三个确定为自由。此外, 各国政府还建立了另一个强大的价值体系。我们可以把它称作忠诚。代表这些价值观念的行为经常互相发生抵触, 甚至发生对抗, 这就需要做出调整, 以便缓和冲突, 允许各种价值观念的同时表现。"大学正义、能力、自由和忠诚的价值观念对大学人的人格和品行的陶冶产生着深远的影响。大学给受过大学教育的人提供一种独特的智力修养, 它把大量知识和思想传递给下代,使他们不仅学会了在知识中发掘谬误, 在思想交流与创造中寻求疑点, 还对他们的人格和品行进行陶冶。大学为大学人的发展创造了一种精神生存空间, 让每个人能够, 而且必须在这种精神空间里争取他自己的独立生存。大学对学生的人格陶冶是源自无止境的求知欲, 大学就是全面发展人的潜能, 激励学生无止境的出于自愿的求知欲, 以寻求个人的独立发展, 在这种陶冶中长大的人是不会误人迷津的。人生的求知目标, 虽然不能由单纯的知识来决定, 但可以通过对真理的追问, 达到一种对社会认识的澄明。通过大学的陶冶, 促进了人性的发展, 使人能够达到 "聆听他人陈述的理由, 理解他人, 设身处地地为他人着想, 对人诚恳, 对生活抱着严肃的态度"的境界。

二、现代大学精神对人才培养的作用

大师、大楼、大气是现代大学精神的应有之义。大学之所以大, 根本之处在于它的两大最直接产品——学生和学术。也就是说, 大学之大在于学生之大, 大学之大在于学术之大。一所大学要想培育出优秀的学生和始终占据学术前沿, 需要具备大师、大楼、大气三大基本要素。

（一）大师对人才培养的作用

梅贻琦先生当年曾说："大学者，非谓有大楼之谓也，有大师之谓也。"说明他非常看重大师的作用。"山不在高，有仙则名；水不在深，有龙则灵。"对于一所大学而言，大师就是这所大学的"仙"和"龙"，是学校的灵魂之所在。大师不但有渊博的知识，有原创性、奠基性、开拓性、前沿性的学术成就，还能做到文以载道，是知识和品格的完美代表，是知行统一的典范。有一流大师，才会有一流学生；有一流大师，才会有一流学术。"一个大学，人才不是在课堂上教出来的，而是在大师所创造的氛围中熏陶出来的。没有一流大师，就没有一流学生。"所以，一所大学不仅要推崇大师，吸引大师，还要让自己成为培育大师的土壤，让大师者充分展现他们的光芒，让有潜力成为大师者在这样的土壤上健康成长。在这方面，当前以科学的方法、坚定的态度推进新一轮人事制度改革和分配制度改革是带有根本性的重大举措。国家的希望在于教育，教育的关键在于教师。如果没有相宜的管理体制、良好的运行机制、科学的评价机制，永远不可能产生世界一流大师。

（二）大楼对人才培养的作用

梅贻琦先生当年关于大师、大楼的论述，未必就不重视大楼，只是大楼相对于大师而言，略微逊色一些。但是在知识经济社会的今天，大楼无论如何都是非常重要的。现今意义上的大楼，是指学校有一定的能体现学校文化底蕴的标志性建筑和现代化的科研设施。大学里富于启迪的雕塑、静谧优美的环境，能激发学生求真的欲望，为人才的成长提供无声的教益。如果有了创新的灵感却找不到合适的设备去实验，那么，大多数创新的热情都会被扑灭。因此，要培养出高素质、创新型人才和出高水平的研究成果，还必须拥有现代化的办学设施和条件。可以说，大楼是大学物质设施和文化环境的代名词，它不是一个纯粹的物体，而应是文化的产物，也是科学的载体，它必须融合文化因素和现代科技因素，必须服务于学校高层次人才培养的目标。因此，我们必须树立传统与现代融合的观念，尊重和遵循大学物质文化的特性和规律，把大学建成传统与现代交织的特殊文化氛围的园区。

（三）大气对人才培养的作用

大气主要指一个学校的学术视野、学术氛围、学术气度、学术胸怀。大气不仅是一所学校风貌的反映，更重要的是对一所学校的发展、学生的培养、学术的成就产生根本性的影响。大气体现了大学发展中科学精神与人文素质的统一，体现了开放精神，还体现了兼容并蓄的精神。

　　科学精神与人文素质相结合。大学的科学精神与人文精神犹如车之两轮，鸟之两翼，缺一不可。二者是相辅相成、不可分割的。大学不仅有着科学知识层面的文化精神，而且有着人文观念层面的文化精神。科学技术的进步将使人文关怀获得新的理性工具、实证方法和技术手段，而人文关怀则向科学技术注入真、善、美的文化底蕴，把科学精神和人文素质的融合作为培育大学精神的一个重要取向既重要又迫切。随着人类进入 21 世纪，科学技术正以其前所未有的深度和广度改变着世界的面貌，直接影响着人们的生产方式、生活方式、思维方式、思想意识和价值观念。同时，人类在享受科技进步带来的便利之时，也越来越多地面临着精神道德领域的挑战。21 世纪的大学，应该起到科学和人文精神重新整合的作用，它的核心理念是重建科学精神与人文精神的统一性。大学作为培养高素质、创新型人才的重要基地，在传授学生科学知识的同时，应注重对学生人文精神的培养，使学生在科学与人文精神整合的氛围中，感受时代气息，在交汇中孕育创造灵感，培育创新精神。

　　开放的精神。一所大学要有活力和创新的能力，就必须有开放精神。保持对外开放，是高水平大学保持生机和活力的关键。随着时代的发展，大学必须学会利用自己的各种资源和优势，为社会政治、经济、文化发展和公民生活提供更为便捷的各种服务，在保持本土特色的同时，站在人类共同发展的战略高度来加强与世界各国大学、有关国际组织之间的交流与合作。如果没有这种精神，学校的发展就会受到阻碍。

　　兼容并蓄的精神。"海纳百川，有容乃大"，可以说是大学文化所特有的特质，这一特质也表征出，虽然大学之中有群体之分、学科专业门类之别，而且不同专业间、甚至同一专业领域都有着不同的流派之争，有时彼此间存在着相互间的不理解、观念与观点的分歧或对立，但并不影响他们之间的和平共处，之所以能够如此，其根本性的缘由则在于学术自由。大学只有具有学术自由的理念以及有着制度性的保障，才能够使大学文化具有容忍性和包容性。大学不能孤芳自赏，要在竞争的同时善于合作。大学之间竞争的目的不在于竞争本身，而在于通过良性的竞争，互相促进，不断完善自己，发展自己。如果只为眼前的局部利益而忘却大学的根本宗旨，不具有兼容并蓄，共同发展，相互促进的精神，这样的大学很难健康发展。正如只有大气的学者才能成为真正的大师一样，只有大气的大学才能成为真正的大学。

三、21世纪教育思想观念的变化对我国人才培养的启示

（一）重视以人为本

从2000年开始，我们发现，国际组织所做的事情，还有我们中国所做的事情，都是以人为本的教育。当前，国外教育人性化趋势日益明显。无论是学校的教育目标、内容、方法和有关政策方面，处处体现了对人性和谐完美的追求。德国、日本把人性教育当作新教育的标志。欧洲人公认的19个核心价值观，尊重人是最基本的价值观。以人为本的价值理念不能仅仅停留在空洞的口号上，而是把开发人作为各项工作的立足点和价值取向。以人为本就是让每个人都感受到生命的价值和生命的乐趣，把教育和人的自由、尊严、幸福、终极价值紧密联系起来，尊重人们的主体地位，让每个人的个性得到充分发展。让人们思想上解惑，文化上解渴，心理上解压，能力上解弱，去感受生命的过程，感受生命的价值，从而内化为行动。

（二）重视人格和价值观

美国首先认识到要培养公民，科学家是从公民中产生的。教育的首要任务不是培养科学家、学者，而是培养公民。教育的目的不是简单的传授知识，而是建立一种新的文化，包括我们的生活态度、思维方式和价值取向。教育所要聚焦的目标就是为学生立德、立业。立德就是教育学生形成诚实、守信、接受生活、崇尚自然、善于接纳他人和与他人合作等基本的道德素养；立业就是培养学生形成善于学习、善于发现、善于创新的能力和勤奋学习的品质。哈佛大学科尔斯教授提出德商的观点，他认为品格胜于知识。一个有高德商的人，一定会受到信任和尊敬，自然会有更多的成功的机会。现实中大量的事实证明，许多人失败，不是能力的失败，而是做人的失败，道德的失败。要学会做事，更要学会做人。

（三）重视中小学教育

从表面看起来，中小学教育与大学的人才培养没有多大的关系。其实不然，中小学的发展与大学建设是相辅相成的，中小学教育最大的特征就是它的基础性，如果说高等教育是今天的生产力，中小学教育就是明天的生产力。不要以为科学家都是从大学产生的，只要把大学建好了，大学实验室建好了，科学家就培养出来了。其实，教育是一个完整的系统，整体进步才能产生最大效益。

1957年，苏联人造卫星的成功发射震撼了美国。美国感到在科学领域落后之际，首先想到的是教育改革，并认为最重要投资应该是对中小学教育投资。从小培养起来的新

一代，更有希望，也更为重要。1995 年，美国颁布了历史上第一部国家科学教育标准，2007 年全美进行学生科学素质的评估，现在正在研究如何评估和向高中扩展；向 5 岁以下的幼儿阶段扩展；向技术教育领域扩展；向情绪能力培养扩展。许多发达国家和发展中国家也都在 20 世纪末相继公布了国家的科学教育标准，开展了幼儿园和中小学的探究式科学教育改革，以使新一代的国民有效地掌握科学的概念和概念之间的联系，以及正确的推理方法和模型，培养探究能力和研究的热情，培养科学精神和合作精神。

目前，我国中小学教育是不利于高素质、创新型人才培养的，创新能力和创造热情在儿童时期已经被消磨殆尽，到大学阶段，许多学生已经失去了学习和研究的热情，这应当引起我们的警醒。

（四）重视精英教育

日本计划 50 年内出 30 名诺贝尔奖获得者，培养 240 万高素质、创新型人才。为了达到这个目标，日本教育部选定全国 26 所重点高中培养最有潜力的学生，为培养出顶尖人才创造条件。日本为办好重点高中，加大投资，每所学校每年给 2500 万日元，并且每过一段时间再扩展一批重点中学。德国教研部 2004 年初提出了创建精英大学的计划。2006 年 10 月 13 日，德国由政府组织的专家委员会在波恩宣布，卡尔斯鲁尼大学、慕尼黑大学和慕尼黑理工大学为首批精英大学，在接下来 5 年内将得到联邦政府 1.2 亿欧元的重点支持。韩国制订了引进世界一流大学开办研究生院的计划，计划到 2012 年建立 10 所具有世界水平的研究型大学。

可见，在当今高等教育大众化的同时，精英教育受到了各国的重视。精英教育是国家培养英才的一种模式。简言之，是为国家培养无论是在科技、教育、军事、外交和文化等社会各个领域，还是在政府、行政机关等不同的管理部门中都能起重要作用的精英人才。精英教育不仅包括博士、硕士研究生等高层次学位、学历教育，还包括高等学校的优秀本科生的培养教育。精英教育是高等教育发展的一个方向，是大众化教育的有力补充。大众化阶段精英教育的根本目的是为社会培养高素质、高层次的"拔尖创新人才"，它以学术价值的追求为主，着重理论水平的提高，以适应和满足社会对拔尖创新人才的需求。

（五）重视创新能力

西方发达国家对人才的取向从资历取向转向能力取向，现在正在向创新能力取向发展。美国、韩国、英国、德国的教育是紧紧咬住 21 世纪创新潮流。从时间节点上，是针对 21 世纪，信息时代，知识经济时代；从空间节点上，是针对全球经济的国家定位。美国把自己定位在最伟大的 21 世纪国家。他们的国家目标是明确的，美国的国家目标是第一，韩国的国家目标就是世界排名第七，为了这个目标，他们需要最伟大、最具有创新精神的国民。

学生身上的创新能力，是学生本来就具有的天性，不是教育者的给予，也不是通过教育才被赋予的或获得的。每一个学生都是创新宝藏的携带者，他们进入校园，使学校成为充满各富个性的"矿群"。这是一切教育的基础和起源，也是教育的依赖之物，而不是依赖教育，他们才能得到这一宝藏。教育者应对学生的创新能力怀着崇敬和敬畏、珍惜和善待，因为这就是生命，并以此构建教育生活。

参考文献

[1] 白凤翔，罗滨．现代教育技术技能教程 [M].北京：中国铁道出版社，2007.

[2] 本书编委会．现代高校公共体育管理与体育科学研究 第 5 卷 [M].北京：中国建材工业出版社，2006.

[3] 曹邦英，戴丽红．理工高校素质教育与经管专业教育教学改革研究 [M].成都：电子科技大学出版社，2012.

[4] 陈厥祥．高素质应用型人才培养模式探索与实践 2006-2007 学年教学工作大会文集 [M].杭州：浙江大学出版社，2007.

[5] 陈寿灿．人才培养与教学改革 浙江工商大学教学改革论文集 2011[M].杭州：浙江工商大学出版社，2012.

[6] 成刚虎等．印刷企业管理 [M].北京：印刷工业出版社，2012.

[7] 崔运武，高力．东陆之光 公共管理学院卷 [M].昆明：云南大学出版社，2013.

[8] 戴迪萍，仓勇涛，张瑾．国际化经济金融人才培养的新范式 基于上海外国语大学的实践探索 [M].上海：上海人民出版社，2016.

[9] 鄂义太，陈理．加强教学建设 提高人才培养质量 中央民族大学本科教学研究 第 14 辑 [M].北京：中央民族大学出版社，2013.

[10] 樊一阳，徐玉良．创业学概论 [M].北京：清华大学出版社，2011.

[11] 范云峰等．地方高校工商管理类专业学生硬技能培养理论与实践 [M].成都：西南交通大学出版社，2012.

[12] 傅志军．构建提高教学质量长效机制的实践与探索 [M].西安：西安电子科技大学出版社，2011.

[13] 傅志明．财经院校高水平教育教学研究 [M].长春：吉林大学出版社，2008.

[14] 龚敏．西部高校应用型本科人才培养的理论与实践 [M].成都：西南交通大学出

版社，2008.

[15] 顾志良．新经济背景下的现代服务业 理论研究与人才培养 [M].北京：电子工业出版社，2010.

[16] 贵州大学教务处．本科实践教学研究与探索 [M].贵阳：贵州大学出版社，2008.

[17] 荆楚理工学院教务处组．高等教育应用技术型本科教学研究 [M].武汉：华中科技大学出版社，2014.

[18] 孔繁敏．建设应用型大学之路 [M]．北京：北京大学出版社，2006.

[19] 孔令一．财务管理学 [M]．沈阳：东北财经大学出版社，2018.

[20] 李道芳，姚和平．企业管理概论 [M].北京：高等教育出版社，2011.

[21] 李定清，曾林．现代财务与会计探索 [M].成都：西南交通大学出版社，2014.

[22] 李建平．高等教育教学管理研究 [M].重庆：重庆出版社，2006.

[23] 李能武．新建民族本科院校师资队伍建设研究 [M].成都：西南交通大学出版社，2012.

[24] 李瑞华，宝金，许海清．连锁经营管理 [M].北京：高等教育出版社，2013.

[25] 刘莉．管理类专业教学改革与创新研究 [M].重庆：重庆出版社，2006.

[26] 刘善华．现代人力资源管理 [M].广州：暨南大学出版社，2009.

[27] 刘亚．改革与探索 对外经济贸易大学本科教育教学论文集 [M].北京：对外经济贸易大学出版社，2011.

[28] 刘亚臣，蔚筱偲．卓越计划下高等教育人才培养模式探索与改革 [M].沈阳：东北大学出版社，2015.

[29] 刘延平．多视角下的经济管理人才培养模式研究 [M].北京：电子工业出版社，2009.

[30] 刘英，王治金．人才培养模式改革的研究与实践 [M].哈尔滨：哈尔滨工业大学出版社，2010.

[31] 朱命榴，刘建堤．人才培养模式与教学改革研究 [M]．武汉：华中科技大学出版社，2005.

[32] 刘友金，廖湘岳．教学改革与人才培养 [M]．长沙：中南大学出版社，2009.

[33] 刘志强．应用型人才培养 学生工作研究与实践 [M]．长春：吉林人民出版社，2013.

[34] 卢铁城．创新型人才培养的理论与实践 四川省高等教育学会 2006 年学术年会论文集 [M].成都：四川科学技术出版社，2007.

[35] 卢毅，黄黎平，翟静．多维互联市场营销创新人才培养机制 方法、案例及训练手册 [M]．北京：清华大学出版社，2012.

[36] 母国光，翁史烈．高等教育管理 [M]．北京：北京师范大学出版社，1995.

[37] 潘懋元．应用型本科院校人才培养的理论与实践研究 [M]．厦门：厦门大学出版社，2011.

[38] 潘琰．应用型本科人才培养的探索与实践 基于财务与会计人才培养视角 [M]．厦门：厦门大学出版社，2013.

[39] 钱国英，闫国庆．面向产业、创新教育、构建服务型教育体系 宁波市金融保险应用型专业人才培养基地成果选编 上 [M]．杭州：浙江大学出版社，2010.

[40] 青岛英谷教育科技股份有限公司．电子商务管理与运营 [M]．西安：西安电子科技大学出版社，2015.

[41] 上海海洋大学经济管理学院．以培养创新型人才为己任 [M]．上海：同济大学出版社，2014.

[42] 孙惠敏．应用型人才培养的新探索 [M]．杭州：浙江大学出版社，2016.

[43] 陶秋燕．经管类创新型人才培养探索与实践 [M]．北京：知识产权出版社，2015.

[44] 王丽英．应用型管理人才培养研究 [M]．北京：冶金工业出版社，2006.

[45] 王文举，王传生，赵慧军．教育教学改革研究与实践 [M]．北京：首都经济贸易大学出版社，2011.

[46] 王兴成，陈贵．中国管理科学文献 [M]．北京：对外经济贸易大学出版社，2009.

[47] 王亚朴．高等教育管理文摘 [M]．上海：华东师范大学出版社，1987.

[48] 王永生．本科人才培养模式改革的研究与实践 北京交通大学本科教学改革论文集 2009 上 [M]．北京：北京交通大学出版社，2010.

[49] 吴家清．人才培养与专业建设 [M]．沈阳：东北财经大学出版社，2007.

[50] 夏建国．技术应用型本科教育探索与实践 [M]．上海：东方出版中心，2008.

[51] 夏明忠，任迎虹．本科教学质量标准与监控 西昌学院的实践 [M]．北京：北京理工大学出版社，2013.

[52] 向国成，周光明．创新教育与人才培养 [M]．长沙：中南大学出版社，2010.

[53] 杨国祥．创新人才培养理念与模式 [M]．江苏：江苏大学出版社，2007.

[54] 杨宜．地方高校金融学特色专业建设与改革 [M]．北京：北京邮电大学出版社，2012.

[55] 应小陆.本科应用型人才培养的路径、方法与实践 [M].上海：上海财经大学出版社，2015.

[56]余石.独立学院工商管理专业人才培养模式研究 [M].武汉：华中师范大学出版社，2013.

[57]袁树民.金融会计创新及相关问题研究 [M].上海：上海财经大学出版社，2016.

[58]张奋勤.经管类应用型人才培养的探索与实践 [M].北京：高等教育出版社，2011.

[59]张金珍，刘吉柱.企业经济管理实用大全 [M].济南：山东大学出版社，1991.

[60]张玲娜.商院国际化与国际化商院：北京联合大学商务学院国际化理论与实践[M].北京：北京交通大学出版社，2013.

[61]张思强，卞继红，陈素琴.财务管理理论与实务 [M].北京：中国农业大学出版社，2008.

[62]张新国.工商管理教学改革与学科发展 [M].北京：中国财政经济出版社，2006.

[63]张毓华，陈婷婷.建设应用型大学研究 3[M].北京：北京燕山出版社，2006.

[64]章剑林，张佐，吴泠.创新创业型电子商务人才培养的探索与实践 阿里巴巴商学院教学改革研究论文集 [M].北京：清华大学出版社，2013.

[65]章新蓉，曾林.会计专业教育教学改革研究 [M].成都：西南交通大学出版社，2011.

[66]赵乃真等.信息系统设计与应用 [M].北京：清华大学出版社，2005.

[67]赵长城等.地方高校发展若干问题的思考 [M].北京：中国经济出版社，2012.

[68]郑吉昌.高级应用型人才培养模式探索 [M].杭州：浙江大学出版社，2007.

[69]钟晓敏.高等财经教学与教学管理 [M].杭州：浙江大学出版社，2006.

[70]周烈，邱鸣.教育教学探索·改革·创新 北京第二外国语学院本科教学改革与创新论文集 3[M].北京：旅游教育出版社，2012.

[71]周作斌.教学理论与实践研究 [M].西安：陕西人民出版社，2007.

[72]章萍，鲍长生.财务管理 [M].上海：上海社会科学院出版社，2015.

[73]李航星.财务管理学 [M].成都：四川大学出版社，2013.

[74]巩雪茹.应用型本科财务管理、会计学专业精品系列规划教材 财务分析[M].北京：北京理工大学出版社，2015.

[75]熊细银.高级财务管理 [M].北京：北京理工大学出版社，2012.

[76]赵光忠.财务主管才干增长阶梯 财务管理高端人才职业发展通道 [M].北京：中

国经济出版社 , 2005.

[77] 汪平 . 财务管理 理论·实务·案例 [M]. 北京：经济管理出版社 , 2007.

[78] 郭冰 . 财务管理方法论 [M]. 北京：中国物价出版社 , 2003.0

[79] 陆耀新 . 外向型人才成长之路 [M]. 北京：中国商务出版社 , 2013.

[80] 陈霞玲 . 大学管理沟通与领导艺术 [M]. 北京：北京理工大学出版社 , 2015.

[81] 舒天戈，邱卫东 . 危机管理 积极应对企业经营中的困境 [M]. 成都：四川大学出版社 , 2016.

[82] 伍中信 . 企业财务控制和评价 基于人本与成本理念的创新研究 [M]. 北京：经济管理出版社 , 2006.

[83] 王淑敏 . 财务管理体系设计全案 [M]. 北京：人民邮电出版社 , 2012.

[84] 周勇 . 新编管理理念与实务 现代商务管理 [M]. 上海：立信会计出版社 , 1995.

[85] 李亚等 . 民营企业人才管理实务与案例 [M]. 北京：中国发展出版社 , 2009.